VENTURE CAPITAL DEVELOPMENT IN CHINA 2020

中国创业投资发展报告 2020

主　编　胡志坚　张晓原　贾敬敦　副主编　梁颖达　郭　戎　郑健健　张明喜

科学技术文献出版社
SCIENTIFIC AND TECHNICAL DOCUMENTATION PRESS
·北京·

图书在版编目（CIP）数据

中国创业投资发展报告. 2020 / 胡志坚，张晓原，贾敬敦主编. —北京：科学技术文献出版社，2020. 12

ISBN 978-7-5189-7447-4

Ⅰ. ①中… Ⅱ. ①胡… ②张… ③贾… Ⅲ. ①创业投资—研究报告—中国—2020 Ⅳ. ① F832. 48

中国版本图书馆 CIP 数据核字（2020）第 243973 号

中国创业投资发展报告2020

策划编辑：李　蕊　　责任编辑：王　培　　责任校对：张吲哚　　责任出版：张志平

出　版　者　科学技术文献出版社
地　　　址　北京市复兴路15号　　邮编　100038
编　务　部　（010）58882938，58882087（传真）
发　行　部　（010）58882868，58882870（传真）
邮　购　部　（010）58882873
官 方 网 址　www.stdp.com.cn
发　行　者　科学技术文献出版社发行　全国各地新华书店经销
印　刷　者　北京时尚印佳彩色印刷有限公司
版　　　次　2020 年 12 月第 1 版　2020 年 12 月第 1 次印刷
开　　　本　889 × 1194　1/16
字　　　数　339千
印　　　张　19
书　　　号　ISBN 978-7-5189-7447-4
定　　　价　150.00元

委员会

参与和支持单位（排名不分先后）

科学技术部资源配置与管理司
中国科学技术发展战略研究院
科学技术部火炬高技术产业开发中心
科学技术部科技经费监督管理服务中心
国家科技风险事业开发中心
商务部外国投资管理司
国家开发银行投资业务局
中国进出口银行业务开发与创新部
中国社会科学院金融研究中心
中国科技金融促进会
中国台湾创业风险投资商业同业公会
亚洲创业基金期刊集团（中国香港）
中国风险投资研究院
中国风险投资有限公司
《中国科技投资》杂志社
北京清科创业风险投资顾问有限公司
北京市科学技术委员会
北京创业投资协会
北京市科技金融促进会
天津市科技局
天津市创业投资协会
上海市创业投资行业协会
重庆市科技局
重庆市科技创业投资协会
河北省科技厅
河北省科学技术情报研究院
河北省石家庄高新技术产业开发区科技局
山西省科技厅
山西省科技基金发展有限公司
内蒙古自治区生产力促进中心
内蒙古自治区科技风险基金管理办公室
四川省科技厅
四川省成都生产力促进中心
四川省高新技术产业金融服务中心
四川省绵阳高新技术产业开发区创业服务中心
贵州省科技厅
贵州省科技评估中心
云南省科技厅
云南省科学技术院
辽宁省股权和创业投资协会
辽宁省沈阳科技风险投资有限公司
辽宁省大连高新技术产业园区金融办
辽宁省阜新高新技术产业开发区管理委员会科技局
吉林省长春市科技局
吉林省高技术创业服务中心
吉林省科技厅
黑龙江省科技厅
黑龙江省哈尔滨市创业投资协会
黑龙江省科技资源共享服务中心
湖北省科学技术厅创投引导基金管理中心
湖北省创业投资同业公会
湖北省武汉市科技局
湖北省武汉市科技金融创新促进中心
湖北省武汉东湖新技术开发区产业发展和科技创新局
河南省科技厅
湖南省科技厅
山东省科技厅
山东省科技服务发展推进中心
山东省青岛市科技局
山东省青岛生产力促进中心
江苏省科技厅
江苏省创业投资协会
江苏省南京市科技局
江苏省无锡新区科技金融投资集团
浙江省科技厅
浙江省创业投资协会
浙江省杭州市科技局
浙江省宁波市科技局
安徽省科技厅
安徽省科技成果转化服务中心
江西省科技厅
江西省科技金融管理服务中心
福建省高新技术创业服务中心
福建省厦门市科技局
福建省厦门火炬高技术产业开发区管委会
广东省科技厅
广东省风险投资促进会
广东省珠海高新区科技创新和产业发展局
深圳市科技金融服务中心
海南省科技厅
甘肃省科技厅
甘肃省兰州高科创业投资担保有限公司

宁夏回族自治区科技厅
宁夏回族自治区生产力促进中心
陕西省科技厅
陕西科技控股集团
陕西省西安高新技术产业开发区管理委员会金融服务办公室
陕西省杨凌农业高新技术产业示范区地方金融监督管理局
陕西省创业投资协会
陕西省宝鸡高新区科技局
新疆维吾尔自治区科技厅
新疆新科源科技风险投资管理有限公司
广西壮族自治区科技厅
西藏自治区科技厅
西藏自治区科学信息研究所
青海省国有科技资产经营管理有限公司
甘肃兰白试验区创新基金管理有限公司
广东省佛山高新区科技创新局
广西科技情报研究所
贵阳高新技术创业服务中心
湖南省技术产权交易中心
吉林省吉林市科技信息研究所
辽宁省大连市科技局
辽宁省大连市创新创业创投服务中心
辽宁省科技厅
贵阳高新区管委会
山西省高新技术创业中心
浙江宁波市科技金融服务中心

摘 要

2019 年中国创业投资市场调查分析及展望

全国创业投资调查组[①]

2019 年，国际国内宏观经济环境复杂，内外部风险叠加，创业投资（简称“创投”）受到影响。国际方面，受全球局势变动、中美贸易摩擦、海外股票市场大幅波动等影响，中国创业投资市场风险增加，对外投资大幅下滑。国内方面，我国经济增长放缓，民间投资下滑，叠加国内金融去杠杆、银行募资通道受阻、监管趋严等因素，行业洗牌加剧，投资趋于谨慎。

另外，我国持续扩大对外开放，提高外资利用水平，产业龙头企业和投资机构积极布局海外市场。同时，针对下行的经济形势和中小企业面临的实际困难，我国出台了一系列减税降费政策，积极改善营商环境，激发市场主体活力，技术进步与产业升级也为创业投资市场带来新机遇。

一、2019 年度行业发展的主要特征

一是新募基金面临较大困境，基金增速下跌。中国创业投资市场延续了 2018 年的资本寒冬，2019 年表现依然不容乐观。受宏观政策影响，创业投资基金设立难度增大，增速大幅放缓。2019 年，中国在营的专业化创业投资机构 2994 家，增幅为 3.6%，其中，创业投资基金 1916 家，创业投资管理机构 1078 家，当年新增基金机构仅 51 家，较往年大幅下滑（图 1）。相应地，2019 年中国创业投资机构募集的管理资金规模增速延续放缓趋势，资本扩张主要源于部分头部基金的再融资。2019 年，全国创业投资管理资本总量达到 9989.1 亿元，较 2018 年增加 810.1 亿元，增幅仅为 8.8%；基金平均管理资本规模为 3.34 亿元（图 2）。

① 全国创业投资调查写作组人员：张俊芳、张明喜、李希义、魏世杰、朱欣乐、周代数、郭滕达、白瑞亮等。本摘要执笔人：张俊芳、张明喜。

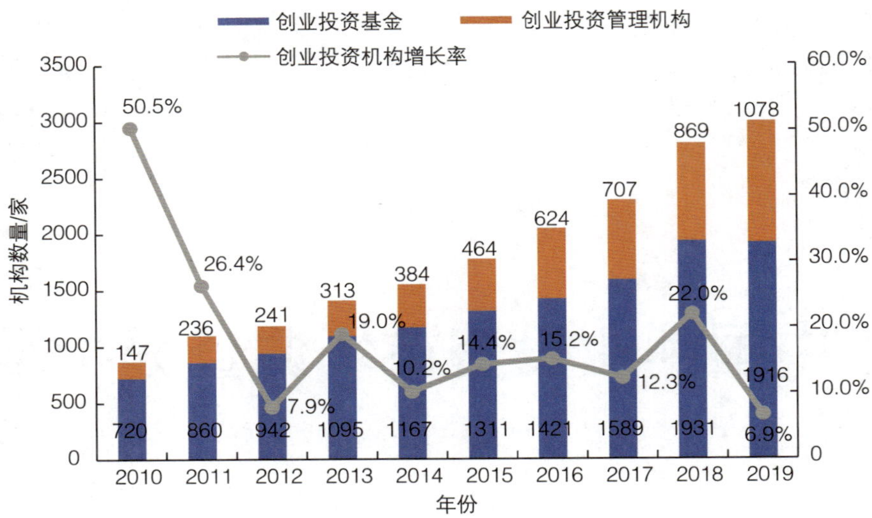

图 1　2010—2019 年中国创业投资机构总量

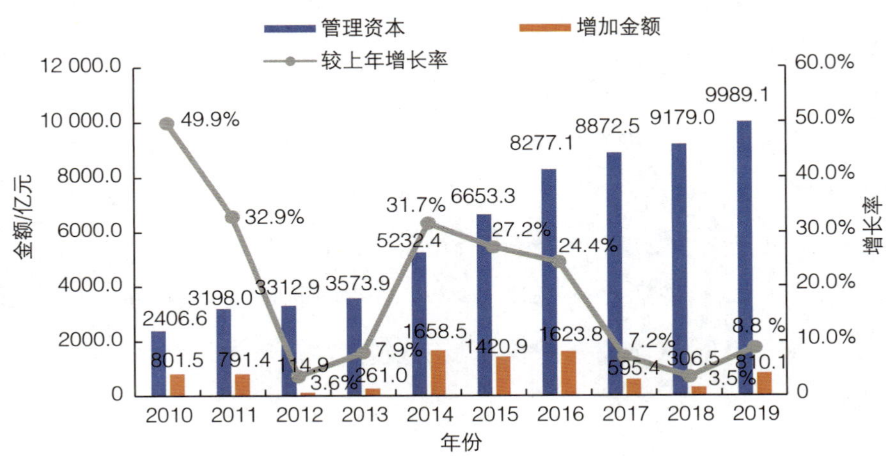

图 2　2010—2019 年中国创业投资管理资本总额

二是资金来源渠道受阻，金融机构投资占比大幅缩水。受相关政策影响，继 2018 年大幅下滑以来，来自银行、保险、证券等金融机构的投资再次下降了 3.87 个百分点，合计仅占总资本来源的 3.10%。银行资本几乎退出了创业投资市场。其他方面，国有资本仍然是我国创业投资的主要来源，2019 年来源于国有独资投资机构（15.12%）、政府引导基金（8.71%），以及其他政府财政资金（7.60%）的资本合计占比 31.43%，较 2018 年略有上升，但政府资金投入占比有所减少。此外，2019 年高净值个人投资占比 6.22%，较 2018 年大幅缩水。

三是行业投资头部效应凸显，大型投资增加。尽管 2019 年新募基金与资本量大幅缩水，但头部投资机构表现依然良好。2019 年，中国创业投资市场披露的投资项目达到 3015 项，披露项目投资金额为 866.8 亿元，均较 2018 年有所上升。这主要源于头部创业投资机构表现良好，一些大型投资项目的出现带动了行业总体投资金额上升，如红杉资本当年投资了 76 家企业，深圳创新投资集团当年投资了 119 家企业。

四是加速布局以芯片为代表的高端制造业。2019 年，在中美贸易摩擦和科创板的推动下，国内创业投资机构加速布局以芯片为代表的高端制造业。从投资细分行业来看，当年投资较多的行业集中于半导体（8.53%）、传统制造（8.13%），以及医药保健（8.11%）。从投资板块来看，主要集中于绿色经济（10.69%）、人工智能（7.54%）、物联网与大数据（7.37%）。从投资趋势来看，半导体行业投资增幅最大，较 2018 年增幅超过一倍，传统制造业、新能源领域投资增长均超过 50%，而 IT 服务业的投资金额和投资项目均明显下滑。

五是区域活跃度进一步分化，集聚效应凸显。延续前几年的发展态势，受益于地方经济发展水平与良好政策环境营造，北京、江苏、浙江、广东地区的创业投资更加集聚，2019 年 4 个地区创业投资机构合计占全国总量的 65.8%，管理资本总量占全国的 72.1%，占比进一步上升；而中西部地区（除山东、湖南、陕西）的创业投资发展大多停滞或出现衰退迹象（图 3、图 4）。

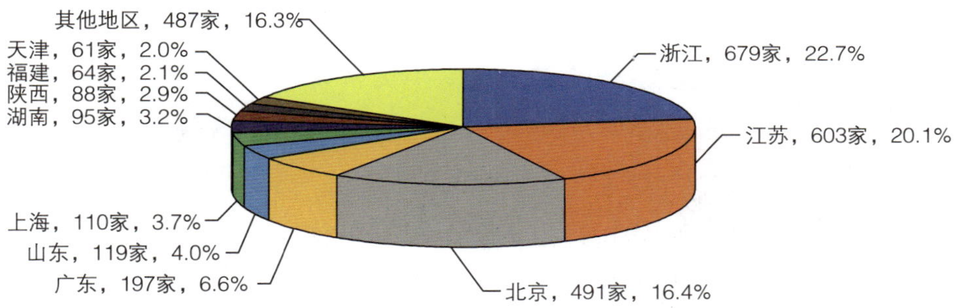

图 3　2019 年中国创业投资地区机构总量

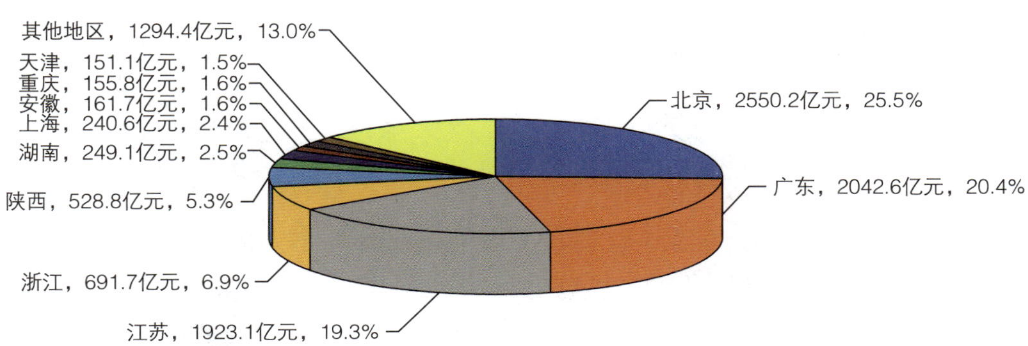

图 4　2019 年中国创业投资地区管理资本总量

六是上市退出较为活跃，投资收益表现良好。2019 年，我国不断加快资本市场改革，推出科创板并试行注册制，改革创业板并深化新三板分层与交易机制，沪深交易所实现 IPO 企业 203 家，首发募资总额 2532.48 亿元，分别同比增长 93%、84%。不断完善的资本市场也为创业投资机构提供了良好的退出途径。据披露数据显示，2019 年，我国共有 955 家创业投资企业实现退出，其中，通过 IPO 方式实现退出的企业达 125 家，占比为 13.09%，较 2018 年略有上升；并购退出项目占比为 27.43%；回购仍然是我国创业投资企业实现退出的主要方式，占比为 42.30%。从收益表现来看，全行业的项目退出收益率达到了 236.01%，年均收益率为 41.51%，较 2018 年增长了 33%。但亏损项目占比有所增加，行业两极分化现象更加明显。

七是政府引导基金持续发挥重要作用。我国政府创业投资引导基金在行业低谷期发挥了重要作用，为创新创业发展和经济平稳做出了重要贡献。调查显示，截至 2019 年年底，政府引导基金带动的创业投资参股基金累计 510 支，政府引导基金累计出资 959.65 亿元，带动创业投资机构管理资金规模 5696.98 亿元。获得引导基金支持的创业投资机构投资资金主要集中在半导体、医药保健、传统制造业、新能源 / 节能、其他制造业等领域，投资占比高达 47.2%。且投资布局更早，种子期与起步期项目投资合计占比 65.1%，高于未获得引导基金的投资机构（57.9%）。

八是外资创业投资营商环境持续改善，但受中美贸易摩擦影响，对华投资大幅下滑。2019 年，我国持续对外开放，放宽外资准入，为外资进入中国营造良好环境。调查显示，外资创业投资机构更加青睐大健康和 TMT 领域的投资，在医药保健、网络产业、软件产业、IT 服务业等产业的投资项目占比均超过内资创业投资机构，外资创业投资对于政策环境的评价持续改善，且好于内资创业投资。但自 2018 年以来，美国通过新的投资并购审查与出口监管政策，升级更广泛的“金融脱钩”等行为，导致外资对华投资大幅下滑。

二、2020 年行业景气调查

一是投资者信心不足，对 2020 年行业发展总体持悲观态度。行业调查显示[①]，对于 2020 年投资前景，中国创业投资机构整体上给出了较为悲观的预测。认为 2020 年投资前景“不好”和“非常不好”的机构占比分别为 17.3% 和 3.5%，合计较上年提高了 15.5 个百分点。相应地，对 2020 年投资前景预期相对乐观的机构占比大幅下降至 26.9%。此外，认为 2020 年投资前景不确定的机构占比进一步提高到 7.7%（图 5）。大约 80.3% 的机构认为目前宏观经济对行业影响大，其中超过两成的被调查企业认为影响非常大。

① 有效调查样本为 1970 份。

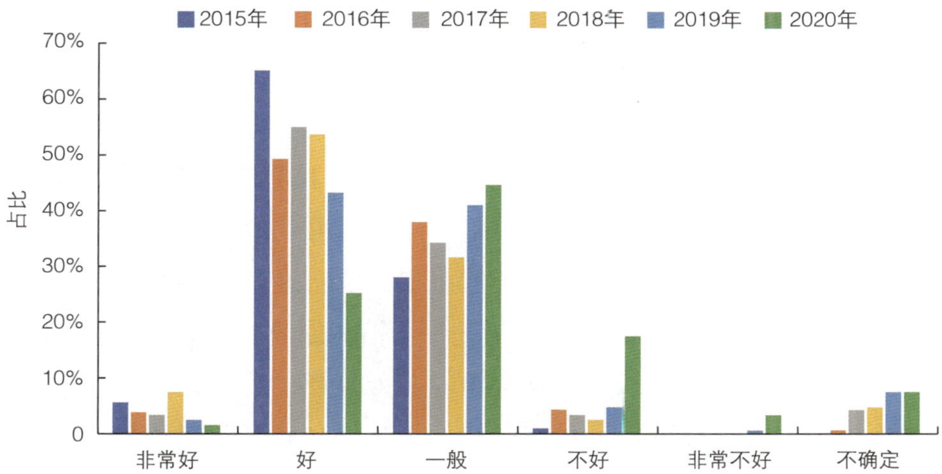

图 5　2015—2020 年投资机构投资前景预测的分布

二是 2020 年投资者最看好的投资领域主要集中在“医药与生物科技”等领域。调查显示[①]，受 2020 年暴发的新冠肺炎疫情影响，“医药与生物科技”成为 2020 年机构最看好的投资领域，且占比连续 3 年呈上升态势，从 2018 年的 19.8% 提升至 2020 年的 25.9%。此外，包含人工智能行业在内的“计算机、通信等电子设备制造业”占比为 24.7%，位居最看好领域的第 2 位，“新能源环保行业”“软件与网络行业”分别以 14.5%、11.2% 的占比位列第三、第四。

三是 2020 年投资者的政策需求主要集中于“完善税收优惠”“加快资本市场改革”等方面。据调查显示[②]，30.5% 的投资者认为，2020 年创业投资行业最大的政策需求仍然是“完善创业投资行业的税收优惠”。17.6% 的创业投资机构希望政府继续推动资本市场注册制改革，加快建立场内外市场之间的转板机制。15.3% 的创业投资机构希望通过设立政策性基金带动创业投资行业发展。10.1% 的创业投资机构认为政府应当出台鼓励科研人员创新创业的相关政策，进一步激发创新创业热情，促进科技成果转化。

三、政策环境营造

2019 年，为应对复杂动荡的国际国内形势，国家出台了一系列政策，以缓解创业投资市场发展的困境，主要表现在 4 个方面。

一是放宽创业投资资金募集渠道，降低行业准入壁垒。针对基金募资渠道收紧的问题，2019 年 10 月，六部委联合发布《关于进一步明确规范金融机构资产管理产品投资创业投资

① 有效调查样本数为 1973 份。
② 有效调查样本数为 1944 份。

基金和政府出资产业投资基金有关事项的通知》，落实了“资管新规”对两类基金相关规定另行制定的要求。针对符合要求的两类基金配套适度“豁免”原则和新老划断原则，明确了两类基金的定义及过渡期安排，一定程度上缓解了两类基金募资压力。另外，2019年2月，中共中央办公厅、国务院办公厅印发《关于加强金融服务民营企业的若干意见》，要求“取消保险资金开展财务性股权投资行业范围限制”；2020年7月，李克强主持召开国务院常务会议，会议指出，取消保险资金开展财务性股权投资行业限制，在区域性股权市场开展股权投资和创业投资份额转让试点。此举有望进一步拓宽创业投资募资渠道，引来源头活水。

二是拓宽创业投资退出渠道，优化退出环境。2019年，我国资本市场进一步完善，科创板开闸，作为中国资本市场的重大创新，科创板从筹备到开板仅用了7个多月的时间。调查显示[①]，88.6%的创业投资机构认为上交所设立科创板有积极作用，科创板的推出有利于解决IPO“堰塞湖”问题，引导创业投资行业投资创新型硬科技项目。2020年3月，证监会对《上市公司创业投资基金股东减持股份的特别规定》进行修订，明确创业投资基金项目投资时满足“早期企业”“中小企业”“高新技术企业”3个条件之一即可享受反向挂钩政策，进一步引导创业投资企业投资阶段前移。

三是进一步完善创业投资税收优惠政策。2019年1月，财政部、税务总局、发展改革委及证监会联合发布了《关于创业投资企业个人合伙人所得税政策问题的通知》，明确了创业投资基金可以选择按单一投资基金核算或按创业投资基金年度所得整体核算，分别采用20%税率或5% ~ 35%的超额累进税率对其个人合伙人来源于创业投资企业的所得计算个人所得税应纳税额，在很大程度上缓解了此前引起业内强烈反响的投资人税负过重问题。

四是继续开放市场，优化外资创业投资政策环境。2019年11月，国务院发布《关于进一步做好利用外资工作的意见》，提出要深化对外开放、加大促进投资力度、深化投资便利化改革等措施。12月，国务院常务会议通过《中华人民共和国外商投资法实施条例》，围绕鼓励和促进外商投资、保护外商投资合法权益、规范外商投资管理、持续优化外商投资环境、推进更高水平对外开放等方面制定相关法律。此外，发展改革委、商务部等部门，以及中关村示范区等也在贸易投资自由化、便利化方面进行制度改革，为外资项目落地做准备，为进一步缩减负面清单做出有益探索。

四、政策建议

随着股权投资市场规模不断壮大，市场参与者活跃度与成熟度进一步提升，配套政策逐步完善，未来股权投资市场向专业化、精细化、多元化和规范化发展。为应对国际格局

① 有效调查样本数为1963份。

的新挑战，应持续增强技术创新能力，不断优化创业投资市场环境，促进创业投资行业长期良性发展；同时，积极吸引外资，不断加大对初创期科技企业的稳健投资。

一是持续扩宽资金融资与退出渠道，为行业引入源头活水。进一步出台相关政策，有序放宽银行、保险资金合规进入创业投资领域；鼓励证券、国有企业和个人资本流入创业投资领域；推广投贷联动等股债相结合的创新投融资模式；稳健发展科创板市场，不断完善多层次资本市场建设。

二是持续培育优秀项目源，不断提升行业绩效水平。持续加强科技创新能力建设，加大企业自主创新能力培育，通过建立国际合作孵化器、加速器、科技园区等方式，加快优秀项目的培养与挖掘，增加优质项目成熟度；加快专业化创业投资人才体系的建设，提高创业投资基金的规范化管理与专业化运作水平，提升行业风险识别能力。

三是持续优化行业发展环境，提升金融服务于科技创新的整体效能。进一步完善创业投资发展环境，制定包括创业投资在内的私募基金相关法律，推进落实创新容错机制，实施差异化的监管政策；继续加强对初创期科技型企业融资的政策措施，积极推动包括创业投资在内的资本市场、科技银行、科技保险及金融中介服务体系建设，推动金融服务于科技创新的整体效能提升。

四是进一步开放国内产业资源，拓展经贸合作伙伴。继续开放国内产业优势资源，积极吸引外资投资机构将全球投资的前沿创新成果在境内落地。在国家外汇宏观审慎监管的前提下，完善境外投资功能，积极吸引外资。维护多边经贸体制，参与新一代国际投资规则的制定，并在国际经贸新规则的制定中争取话语权，为我国创业投资创造更好的外部条件。

Summary

An Investigation Analysis on China's Venture Capital Market in 2019 and Prospects

National Venture Capital Investigation Group①

The international and China's macroeconomic environments were complicated in 2019 and venture capital (VC) was affected by superposing internal and external risks. Internationally, China's VC market is facing with increasing risks and the investments abroad drop significantly as a result to influences by global situation changes, Sino–US trade frictions, and strong fluctuation of overseas stock market. In China, the economic growth slows down and private investment declines. Influenced by domestic financial deleveraging, blocking banks from financing and increasingly strict supervision, the industry reshuffle is intensified and investment tends to be more and more cautious.

On the other hand, China continues to open to the outside world and increase the utilization level of foreign capital. Leading enterprises and investment organizations of different industries take the initiative to explore overseas markets. Moreover, China has formulated a series of tax abatement and reduction policies to cope with the downturn economic trend and practical difficulties of middle and small–sized enterprises, aiming to improve the business environment and stimulate vitalities of market entities positively. Besides, technological progresses and industrial updating also bring new opportunities to the VC market.

① Writers of National Venture Capital Investigation Group: Junfang Zhang, Mingxi Zhang, Xiyi Li, Shijie Wei, Xinle Zhu, Daishu Zhou, Tengda Guo, Ruiliang Bai, etc. This abstract is written by Junfang Zhang and Mingxi Zhang.

1. Main characteristics of industrial developments in 2019

Firstly, new funds were facing with great challenges and the growth rate of funds declined. China's VC market was still not optimistic in 2019 due to the extended influences of capital winter in 2018. Influenced by macro policies, VC funds are facing with great challenges in initial setting and dramatic reduction of growth rate. In 2019, there were 2994 professional VC institutions under services, showing a growth rate of 3.6%. Among them, there were 1916 VC fund institutions and 1078 VC management institutions, and only 51 VC fund institutions were new in the year, which was significantly lower than those in previous years (Fig.1). Accordingly, the growth rate of management funds raised by China's VC institutions continued to decline in 2019 and capital expansion is mainly from refinancing of some head funds. Moreover, the total national VC amount reached 998.91 billion yuan①, which was increased by 81.01 billion yuan (8.8%). The average scale of VC funds is 334 million yuan (Fig.2).

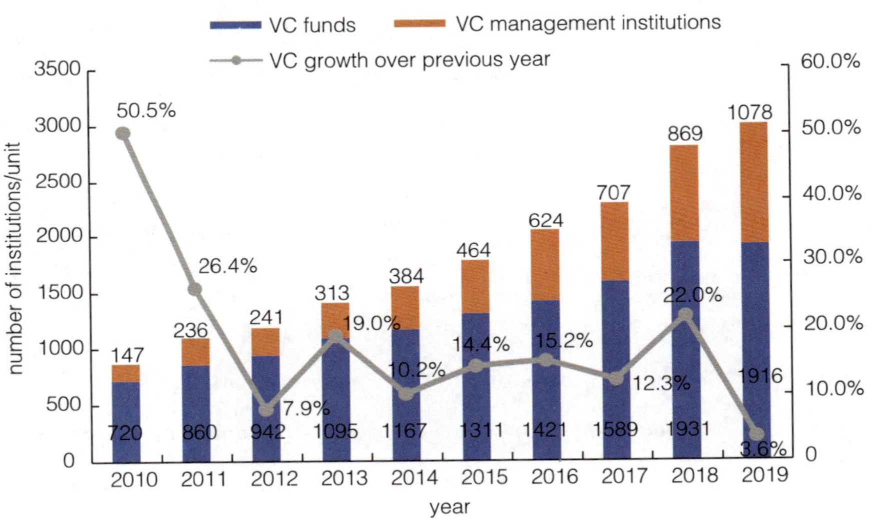

Fig.1 2010–2019 total quantity of VC institutions in China

① China's VC state becomes more and more complicated continuously and there's a large-scaled capital nesting. Therefore, repeated capitals between the mother fund and sub-fund and between funds and entrusted management company are deleted when calculating the management capital amount.

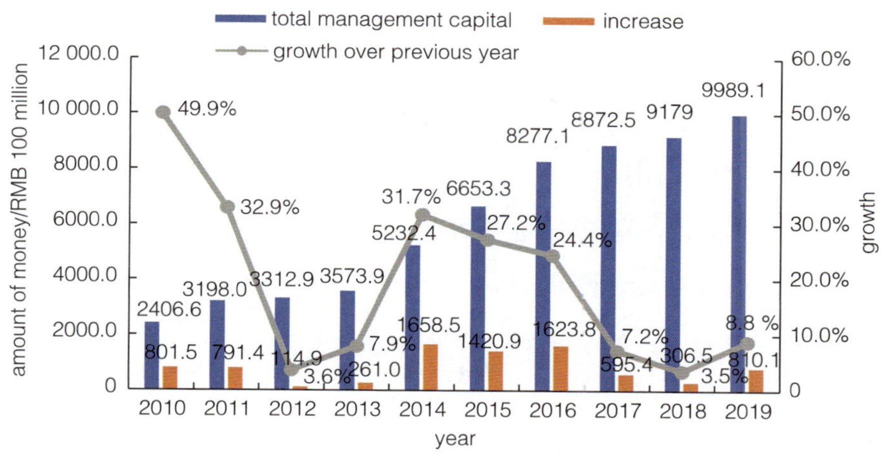

Fig.2 2010–2019 total VC management capitals in China

Secondly, the capital source channels were blocked, and the proportion of financial institutional investments decreased significantly. Influenced by relevant policies, investments from financial institutions, such as banks, insurances and securities, decreased by another 3.97% in addition to the sharp reduction in 2018. The proportion of financial institutional investments only accounts for 3.10% of total capital sources. In particular, bank capitals almost withdraw from VC market completely. In view of other aspects, government capital still assumes the major source of VC in China. In 2019, solely state-owned investment institution (15.12%), government guidance fund (8.71%) and other government fiscal funds (7.60%) accounted for 31.48% of total VC, which was slightly higher than that in 2018. However, the proportion of government capitals declined. Besides, the high-net personal investment accounted for 6.22% in 2019, which was significantly lower than that in 2018.

Thirdly, the head effect of industrial investment was highlighted and large-scaled investment increased. The head investment institutions still had good performances regardless of the sharp reductions in new funds and capital volume in 2019. There were 3015 investment projects exposed by China's VC market, which covered 86.68 billion yuan of investment and it was slightly higher than that in 2018. This was mainly because the head VC institutions performed well and some large-scaled investment projects drove the increase of total industrial investment amount. For instance, Sequoia Capital offered investments to 76 enterprises and Shenzhen Innovative Investment Group invested in 119 enterprises in 2019.

Fourthly, accelerating development of high-end manufacturing industries represented by chips. In 2019, Chinese VC institutions were speeding up to develop high-end manufacturing industries represented by chips under the driving of Sino-US trade frictions and science and technology innovations. In view of refined investment industries, most VC investments were offered to semiconductor (8.53%), traditional manufacturing (8.13%) and health care (8.11%). In view of investment sectors, VC investments focus on green economy (10.69%), artificial intelligence (7.54%) and Internet of Things and big data (7.37%). According to investment trend, semiconductor industry achieved the highest growth rate of investment and the investment in 2019 was more than doubled than that in 2018. The growth rates of investments to traditional manufacturing industry and new energy resources were higher than 50%. On contrary, investment amount and investment projects in the IT service industry decreased significantly.

Fifthly, the regional activity was further differentiated and clustering effect was highlighted. VC in Beijing, Jiangsu, Zhejiang and Guangdong was further clustered, which was attributed to the development trends in few years ago and the local economic development level as well as creation of good policy environments. In 2019, VC institutions in Beijing, Jiangsu, Zhejiang and Guangdong accounted for 65.8% of total quantity in China and the total management capitals accounted for 72.2% of the national volume. Such proportions were further increased. Differently, VC development in central and western China (except Shandong, Huanan and Shaanxi) was mainly stagnated or declined (Fig. 3、Fig. 4).

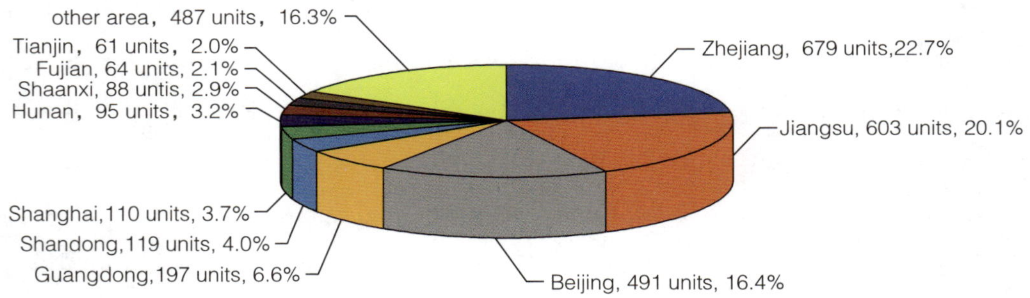

Fig.3 2019 total quantity of VC institutions in regions of China

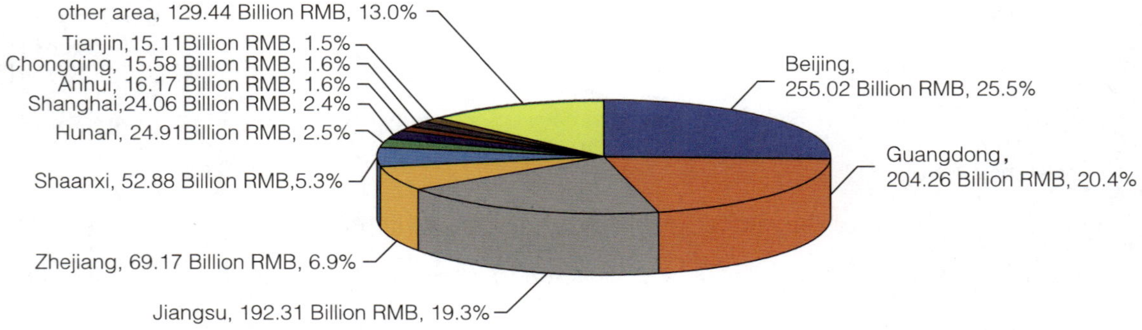

Fig.4 2019 total management capitals in VC regions of China

Sixthly, there were active exits of listing companies and the return on investment was good. In 2019, China was accelerating reform of capital market continuously, launched the science and technology innovation market and tried the registration system, reformed the growth enterprise market and deepened the layering and transaction mechanisms of new three markets. In the Shanghai Stock Exchange and Shenzhen Stock Exchange, a total of 203 enterprises realized IPO and the total initial fundraising amounted to 253.248 billion yuan, which were 93% and 84% higher than those in 2018. The capital market which had been perfecting continuously also provided a good exit way for VC institutions. According to financial disclosures, 955 VC enterprises exited successfully in China in 2019, including 125 (16.75%) exited through IPO. This proportion was slightly higher compared to that in 2018. Moreover, the proportion of projects exiting through mergers and acquisitions (M&A) was 27.43%. Buy-back is still the main exit way of VC in China and it accounted for 42.3%. It can be seen from revenues that the rate of return on project exits in the whole industry reached 236.01% and the annual average rate of return was 41.51%, which was 33% higher compared to that in 2018. Nevertheless, the proportion of defective projects increased to some extent. In a word, the polarization phenomenon in the industry was further intensified.

Seventhly, government guidance funds continued to play an important role. The government VC guidance funds in China played an important role during industrial downturns and they made outstanding contributions to innovative VC development and economic stability. According to an investigation, there were a total of 510 VC equity funds driven by government guidance funds by the end of 2019. The cumulative government guidance funds reached 95.965 billion yuan, which drove 569.698 billion yuan of management capital scale of VC institutions. Investments from VC institutions which are supported by guidance funds mainly focus on semiconductor, health care, traditional manufacturing industry, new energy resource / energy conservation and other manufacturing industries, which accounted for as high as 47.2%. Moreover, the investment layout started earlier. The total investments in the seed phase and start-up phase account for 65.1%, which was higher than the investment institutions without guidance funds (57.9%).

Eighthly, the business environment for foreign VC was improved continuously, but foreign investment to China had a sharp reduction as a response to Sino-US trade frictions. In 2019, China continued to open to the outside world, give foreign investment greater market access, and create a good environment for the entry of foreign capitals into China. According to an investigation, foreign VC institutions prefer massive health and TMT field. The proportions of investments to industries like health care, network industry, software industry and IT service industry were higher than that of domestic VC institutions. Moreover, evaluation of foreign VC to policy environment was improved continuously and foreign VC was superior to domestic VC. However, foreign investment to China dropped significantly since 2018, which was caused by updating a more extensive "financial disconnection" through new policies concerning approval for investment M&A and export supervision.

2. Investigation on industrial prospects in 2020

Firstly, investors lack of confidence to the overall situation of industrial development in 2020. According to an industrial investigation①, China's VC institutions generally are not optimistic to the prospects in 2020. Specifically, 17.3% and 3.5% of VC institutions reported that the investment prospects in 2020 will be "bad" and "very bad". Such proportion was 15.5% higher compared to that in the previous year. Accordingly, the proportion of China's VC institutions which advocate relatively optimistic prospects of investment in 2020 decreased sharply to 26.9%. Moreover, the proportion of China's VC institutions which believed uncertain investment prospects in 2020 was increased to 7.7% (Fig.5). About 80.3% institutions agree that current macroeconomy can exert great impacts on industries. More than 20% of investigated enterprises pointed out that current macroeconomy can influence industries significantly.

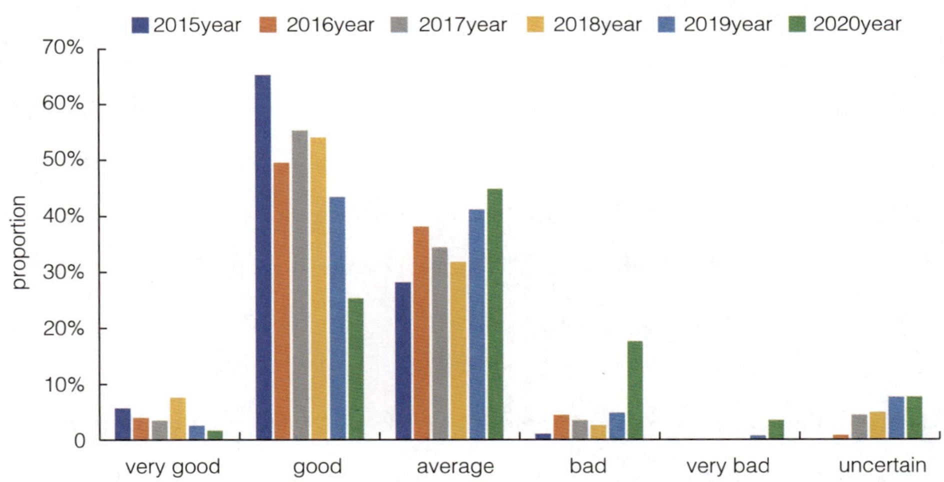

Fig.5 2015–2020 distributions of investment prospect prediction by VC institutions

Secondly, the most promising investment fields in the opinion of investors focus on "Medicine

① There were 1970 valid survey samples.

and Biotechnology" in 2020. It is reported through an investigation that [①] influenced by the COVID–19, "Medicine and Biotechnology" becomes the most promising investment field in 2020 and its proportion is increasing continuously for the third year from 19.8% in 2018 to 25.9% in 2020. Additionally, the proportion of "Electronic equipment manufacturing industry of computer and communication", including the artificial intelligence industry, is 24.7%, ranking the second of the most promising fields. The "new environmental–friendly energy source industry" and the "software & network industry" rank the third and fourth positions for 14.5% and 11.2%, respectively.

Thirdly, policy demands of investors in 2020 mainly concentrate in aspects like "perfecting tax preference" and "accelerating capital market reform". It is reported[②] that 30.5% investors view "perfecting tax preference for VC industry" as the primary policy demand in 2020. Additionally, 17.6% VC institutions hope the government to promote reforms in the registration system of capital market continuously and accelerate switching mechanism between internal and external markets. 15.3% VC institutions want to drive VC industrial development by setting up policy funds. 10.1% VC institutions suggest that government shall formulate some policies to encourage innovative entrepreneurship of scientific researchers, thus enabling to further stimulate enthusiasm on innovative entrepreneurship and promote transformation of technological fruits.

3. Policy environments

China has introduced a series of policies to cope with the complicated and changing international and domestic situations in 2019, aiming to relieve dilemma against VC market development. These policies mainly focus on the following four aspects:

Firstly, it was suggested to relax restrictions over VC fundraising channels and decrease barriers to industrial entry. To address the shrinking fundraising channels, six competent ministries issued the *Notices on Further Clarify and Standardize Affairs Related with Venture Capital Funds from Asset Management Product Investment of Financial Institutions and Government Industrial Venture Capital Funds* on October, 2019, and implemented special requirements of "new regulations on asset management" to these two types of funds. According to the satisfying supporting appropriate "exemption" principle for two types of funds and the new–old breaking principle, definitions of these two types of funds and arrangement in the transition period are introduced, which relieves

① There were 1973 valid survey samples.

② There were 1944 valid survey samples.

their fundraising pressure to some extent. On the other hand, General Office of the CPC Central Committee and General Office of the State Council printed *Several Opinions on Strengthening Financial Services to Private Enterprises* on February, 2019, which requested to "studying and cancel restrictions over the scope of financial equity investment industry for insurance assets". On July 2020, Li Keqiang held the executive meeting of the State Council, which proposed to cancel restrictions over financial equity investment industry for insurance assets and implement pilot project of share transfer of equity investment and venture capitals in regional equity market. This is expected to further expand the VC fundraising channels and attract more sources.

Secondly, it had to expand channels for VC withdraw and optimize the withdrawing environment. In 2019, China's capital market was further perfected and the science and technology innovation market was opened. As a great innovation of China's capital market, the science and technology innovation market took only more than 7 months from preparation to launching. According to an investigation[①], 88.6% VC institutions confirmed the positive effect of launching the science and technology innovation market in Shanghai Stock Exchange. The launching of the science and technology innovation market is conducive to solve the "barrier lake" problem of IPO and guide investment innovative science and technological projects in the VC industry. On March, 2020, the China Securities Regulatory Commission (CSRC) revised the *Special Regulations for Shareholders of Venture Capital Funds of Listed Company to Reduce Holding-shares*, which determined that VC fund project can enjoy the reverse linking policies if it meets one of "early enterprise", "middle and small-sized enterprises" and "high-tech enterprises". The revised regulations can further guide VC enterprises to migrate toward the investment stage.

Thirdly, tax preference policies for VC investment were further perfected. On January, 2019, the Ministry of Finance, the State Administration of Taxation, the National Development and Reform Commission and CSRC released *Notices on Individual Income Tax Policy Problems for Partners of Venture Capital Enterprises*, which regulated that VC funds can be checked independently as a single investment fund or checked generally according to the annual return on income tax of VC. The amounts of individual income tax payable of individual partners of a VC enterprise are calculated according to 20% tax rate or 5%–35% progressive tax rate in excess of specific amount. This relieves the highly concerned excessive tax burden for investors in the industry to a large extent.

Fourthly, it was suggested to continue to open the market and optimize the policy environment

① There were 1963 valid survey samples.

for VC. On November, 2019, the State Council released *Opinions on Making Better Use of Foreign Investment*, which proposed to deepening opening to the outside world, increasing investment promotion, deepening reforms on investment conveniences, etc. On December, the executive meeting of the State Council passed the *Regulations for the Implementation of the Law of the People's Republic of China on Foreign Investment*. Relevant laws were formulated for several aspects, such as encouraging and promoting foreign investment, protecting legal rights and interests of foreign investment, standardize management of foreign investment, continue to optimize foreign investment environment, promote opening to the outside world more, etc. Besides, departments (e.g. National Development and Reform Commission and Ministry of Commerce) and regions (e.g. Zhongguancun Demonstration Area) also implemented institutional reform in trade and investment liberalization and convenience to prepare for settle down of foreign investment project and make useful explorations to further decrease the negative list.

4. Policy suggestions

With the continuous expansion of equity investment market, the activity and maturity of market participants are further increased, accompanied with gradual perfection of supporting policies. In future, equity investment market will develop to be more professional, refined, diversified and standard. To cope with new challenges from the international pattern, efforts shall be made continuously to strengthen technological innovation capability, optimize environment for VC market, and promote the long-term benign development of VC industry continuously. Moreover, it shall take the initiative to attract foreign investment and increase sound investment to scientific and technological enterprises in the initial stage.

Firstly, continue to expand channels for financing and withdrawing, and bring new active sources to the industry. China shall further introduce relevant policies to relax legal entry of bank and insurance capitals into the VC field, encourage entry of securities, state-owned enterprises and individual capitals into VC field, promote innovative investment and financing mode which integrates stock and debts (e.g. investment-loan combination), protect sound development of the scientific and technological market, and perfect construction of multilayer capital market continuously.

Secondly, continue to train excellent project sources and improve industrial performance level continuously. On one hand, China shall continue to strengthen construction of scientific and technological innovation ability, improve training of enterprise independent innovation ability, accelerate training and exploration of excellent projects by establishing international cooperation incubator, accelerator and science parks, and increase maturity of excellent projects. On the other hand, China shall accelerate to establish a professional VC talent system, increase standardized management and professional operation of VC funds, and strengthen ability of industrial risk identification.

Thirdly, continue to optimize the industrial development environment and improve overall efficiency of financial services to technology. China shall further perfect the VC development environment, formulate laws on private funds including VC capitals, promote implementation of innovative fault tolerance mechanism, and implement differential supervisory policies. Moreover, it is suggested to continue to strengthen policy measures for financing of science enterprises, promote construction of capital market including VC investment, banks of science and technology, science and technology insurance and financial intermediary service system, and improve the overall performance ability of financial services to scientific and technological innovation in the early stage.

Fourthly, continue to open domestic industrial resources and expand economic and trade cooperation partners. China shall continue to open dominant industrial resources to the outside world and take the initiative to attract foreign investment institutions to settle down the leading innovation fruits of global investment. Under the premise of national macro-prudential regulation on foreign exchange, China shall perfect the overseas investment functions and attract foreign investment positively. Moreover, efforts shall be made in maintaining the multilateral economic and trade system, participating in formulation of the new generation of international investment rules, fighting for the right of speech in formulation of new international economic and trade rules, and create better external conditions for venture capitals in China.

目 录

1

中国创业投资机构与资本

1.1 2019 年度调查概述

2020 年 1—5 月，科技部、商务部、国家开发银行等部门联合启动第 18 次全国创业投资年度调查工作，按照国家统计局要求（国统制〔2018〕196 号），组织全国 31 个省（区、市）、60 个调查实施机构和 135 名调查员进行网上填报。各类创业投资机构认真贯彻落实《统计法》，积极配合调查工作。10 余年来，本项统计调查工作为中央引导地方科技发展专项资金、科技成果转化引导基金申报，以及创业投资年度评奖等工作提供了有效的数据支持，也为我国创业投资业内重要政策的制定提供了有力支撑，成为我国科技金融工作的重要组成部分。

本报告所调查的创业投资机构主要包括以下两类：①创业投资企业（基金），包括以政府资金直接设立创业投资基金，或者采用引导基金方式参股的创业投资；②创业投资管理企业，其受创业投资基金委托，筛选投资项目，提出投资决策建议，并受托进行投后管理。创业投资机构的组织形式主要包括公司制、合伙制企业、契约制等。

根据创业投资的标准概念，我们剔除以下样本：①行业性和综合性投资公司，如电力投资集团、工交投资集团、投资主业模糊不清的投资类公司等；②以基建、房地产等大建设投资为主业的产业投资基金；③以并购、夹层融资等为主业的私募股权投资基金（PE）；④主要从事担保业务、信托业务的金融机构（但持续地开展了创业投资业务的机构除外）；⑤在境外注册设立、在境内仅以办公室形式开展商业活动的私募股权机构。

统计显示，截至 2019 年年底，累计 7894 家机构[①]通过“中国创业风险投资信息系统”（ivcc.casted.org.cn）参加“全国创业投资调查”，其中，2019 年首次参与调查的机构 632 家。

① 包括关停并转等注销机构。

1.2 中国创业投资机构和管理资本

募资是创业投资行业设立与运作的前提。近年来，我国经济增长放缓、民间投资下滑、叠加资管新规的实施等，均影响了创业投资行业新募基金募集与设立。2019 年，中国创业投资机构达到 2994 家[①]，较 2018 年增加 194 家，增幅 6.9%，增幅较往年大幅下跌。其中，创业投资基金 1916 家，创业投资管理机构 1078 家（表 1–1、图 1–1）。

表 1-1 2010—2019 年中国创业投资机构总量及增量[②]

年份	2010	2011	2012	2013	2014	2015	2016	2017	2018	2019
现存的创业投资机构 / 家	867	1096	1183	1408	1551	1775	2045	2296	2800	2994
其中：创业投资基金 / 家	720	860	942	1095	1167	1311	1421	1589	1931	1916
创业投资管理机构 / 家	147	236	241	313	384	464	624	707	869	1078
当年新募集基金[③] / 家	261	250	204	147	230	283	248	199	252	51
创业投资机构增长率 /%	50.5	26.4	7.9	19.0	10.2	14.4	15.2	12.3	22.0	6.9

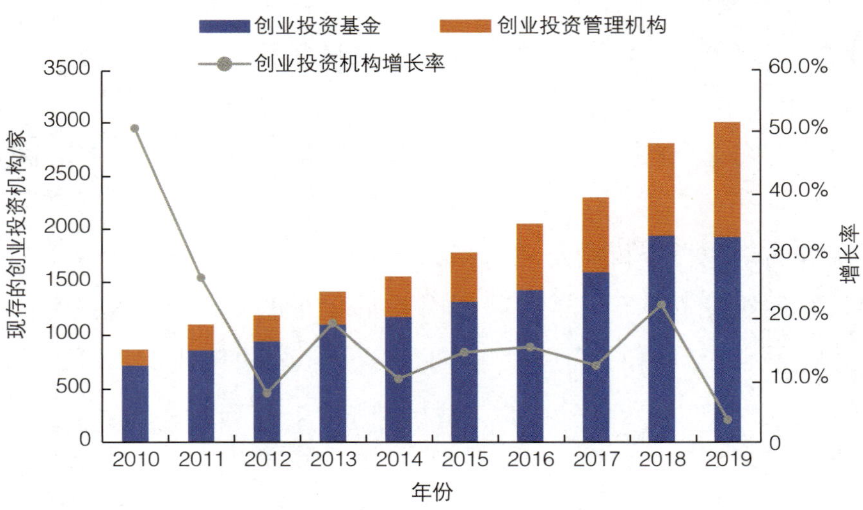

图 1-1 2010—2019 年中国创业投资机构总量及增量

① 为实际存量机构数，主要包括创业投资基金（企业）、创业投资管理机构。该数据已剔除不再经营创业投资业务或注销的机构数。

② 由于我国创业投资行业的迅猛发展，基金形态日趋多样，从 2010 年起，按照国际惯例区分基金和基金管理公司，并对前期数据进行了追溯调整。

③ 这里仅指创业投资基金，不包括创业投资管理机构。由于创业投资基金每年存在注销现象，所以尽管当年有新募集基金，但基金总量出现下滑。

相应地，2019 年中国创业投资机构募集的管理资金规模增速放缓，资金扩张主要源于部分头部基金的再融资。2019 年全国创业投资管理资本总量达到 9989.1 亿元[①]，较 2018 年增加 810.1 亿元，增幅 8.8%；基金平均管理资本规模为 5.21 亿元，较 2018 年略有增长（表 1–2、图 1–2）。

表 1-2　2010—2019 年中国创业投资管理资本总额及增量

年份	2010	2011	2012	2013	2014	2015	2016	2017	2018	2019
管理资本 / 亿元	2406.6	3198.0	3312.9	3573.9	5232.4	6653.3	8277.1	8872.5	9179.0	9989.1
较上年增长率 /%	49.9	32.9	3.6	7.9	46.4	27.2	24.4	7.2	3.5	8.8
基金平均管理资本规模 / 亿元	3.34	3.72	3.52	3.26	4.48	5.07	5.82	5.58	4.75	5.21

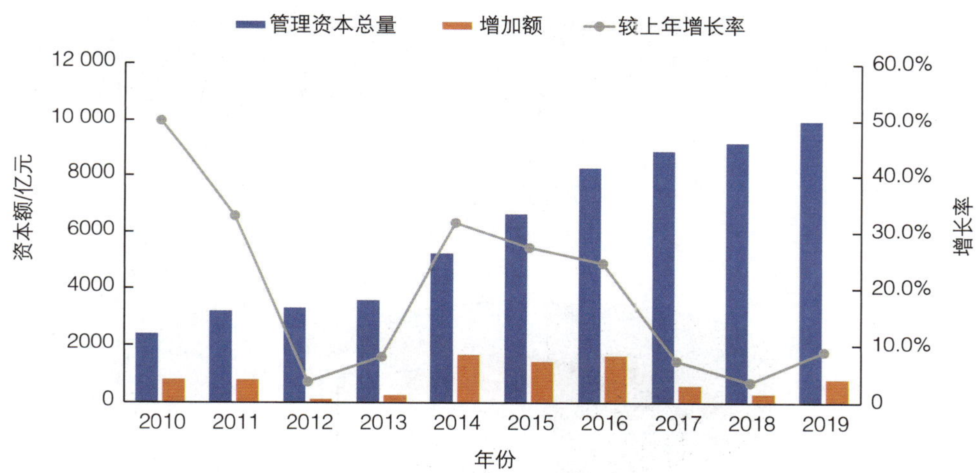

图 1-2　2010—2019 年中国创业投资管理资本总额及增量

1.3　中国创业投资的资本来源

考虑到不同资本来源属性之间的交叉关系，以及近年来创业投资资金来源日趋多元化的特点，我们采用两个维度对我国创业投资的资本来源进行划分。

第一个维度按照资金来源的机构性质进行分类如下：①政府引导基金；②其他政府财政资金，包括各级政府（包括事业单位）对创业资本的直接资金支持；③国有独资投资机

① 我国创业投资的业态不断复杂化，存在大量的资嵌套。因此，在计算管理资本量时，我们对母子基金，以及基金与受托管理公司之间重复的资本量进行了剔除。

构投资，指国有独资公司直接提供的资金，包括企业和银行等国有金融机构；④混合所有制投资机构投资；⑤民营投资机构投资；⑥社保基金；⑦高净值个人；⑧境内外资，指通过已在中国大陆境内注册并运作的外商独资（含港、澳、台）和合资合作企业取得的创业投资资本；⑨境外资金，是指从境外机构获得的创业投资资本；⑩其他资金。

据统计，2019 年中国创业投资的构成中，政府引导基金出资占比 8.71%，其他财政资金出资占比 7.60%，国有独资投资机构出资占比 15.12%，三者合计占比 31.43%，较 2018 年上升了 1.25 个百分点，主要源于国有投资机构出资的增长。高净值个人投资占比 6.22%，受宏观经济影响，投资人出资意愿下降，个人出资占比较 2018 年大幅下降。此外，受金融市场开放和结汇便利化政策的影响，来自境外的资本占比 3.46%，出现较大增长（表 1–3、图 1–3）。

表 1-3　2018—2019 年中国创业投资资本来源占比（维度一）[①]　　单位：%

年份	国有独资投资机构	政府引导基金	其他政府财政资金	民营投资机构	混合所有制投资机构	高净值个人	境外投资机构	境内外资机构	社保基金	其他
2018	12.66	9.05	8.47	24.61	2.19	9.13	1.05	0.70	0.33	31.82
2019	15.12	8.71	7.60	15.77	3.41	6.22	3.23	0.23	0.15	39.56

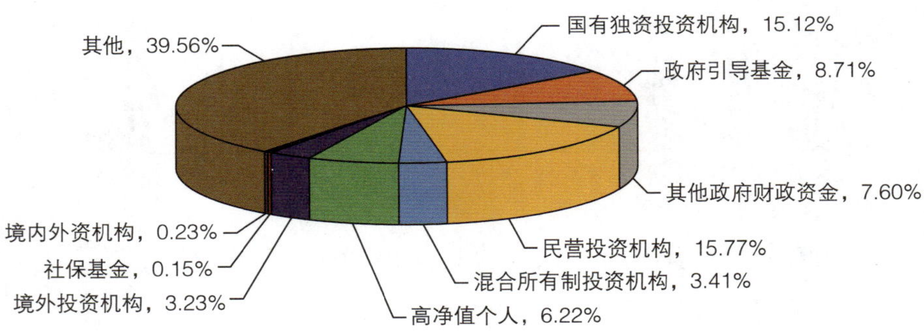

图 1-3　2019 年中国创业投资资本来源占比（维度一）

第二个维度按照资金来源的金融属性划分，银行、保险、证券等金融机构资本合计占比仅 3.17%，继 2018 年后，再次下降了 3.8 个百分点。特别是《关于规范金融机构资产管理业务的指导意见》（银发〔2018〕106 号）政策实施以来，银行资本占比继续大幅下滑，几乎退出了创业投资市场。相比而言，其他金融资本占比大幅上升至 47.18%，这主要源于私募股权投资；非金融资本占比下滑至 49.65%（表 1–4、图 1–4）。

① 有效样本数为 2001 份。

表 1-4　2018—2019 年中国创业投资资本来源占比（维度二）[①]　单位：%

年份	非金融资本	其他金融资本	银行	保险公司	证券公司	信托公司
2018	65.99	26.97	3.49	2.31	0.90	0.34
2019	49.65	47.18	1.98	0.35	0.53	0.31

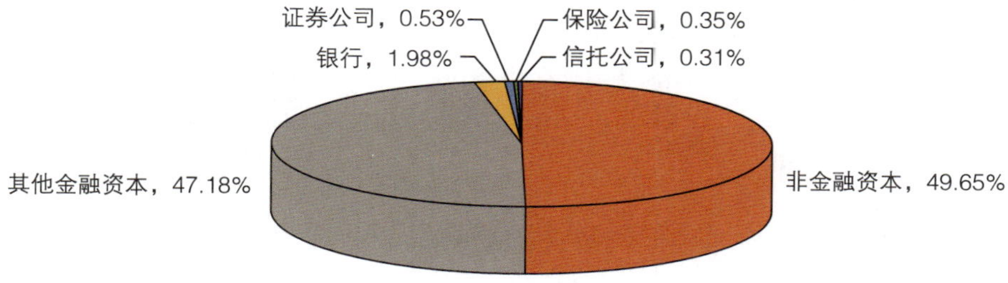

图 1-4　2019 年中国创业投资资本来源占比（维度二）

1.4　中国创业投资机构的资本规模及分布

总体而言，2019 年创业投资机构管理资本规模的两极化趋势更加明显，平均管理资本规模略有上升。从资金分布情况看，管理资本规模在 5000 万元以下的创业投资机构占机构总数的 32.6%，保持稳定；管理资本规模在 5000 万 ~ 1 亿元的机构占比略有上升；管理资本规模在 5 亿元以上的机构占比为 13.8%，进一步上升；管理资本规模在 1 亿 ~ 2 亿元，以及 2 亿 ~ 5 亿元的机构占比均较 2018 年略有下滑（表 1–5、图 1–5）。

表 1-5　2018—2019 年中国不同规模创业投资机构分布　单位：%

年份	5000 万元以下	5000 万 ~ 1 亿元	1 亿 ~ 2 亿元	2 亿 ~ 5 亿元	5 亿元以上
2018	32.6	19.9	17.5	17.3	12.6
2019	32.6	20.4	16.2	16.8	13.8

① 有效样本数为 2001 份。

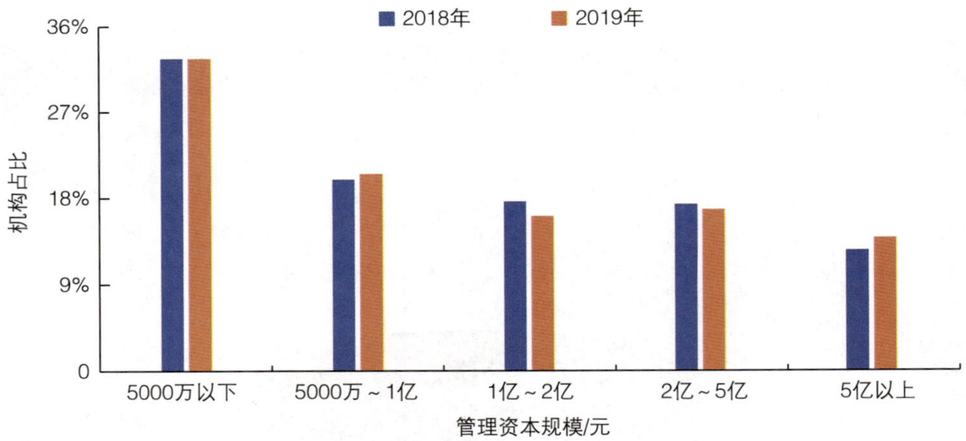

图 1-5　2018—2019 年中国不同规模创业投资机构分布[①]

按机构管理资本规模划分，2019 年管理资本规模在 5 亿元以上的机构占比较 2018 年略有下降，而管理资本规模在 5000 万元以下的机构占比较 2018 年略有上升（表 1–6、图 1–6）。

表 1-6　2018—2019 年中国不同规模创业投资机构管理资本分布[①]　　单位：%

年份	5000 万元以下	5000 万～1 亿元	1 亿～2 亿元	2 亿～5 亿元	5 亿元以上
2018	1.1	2.2	3.6	7.4	85.7
2019	1.2	2.5	3.6	7.7	85.0

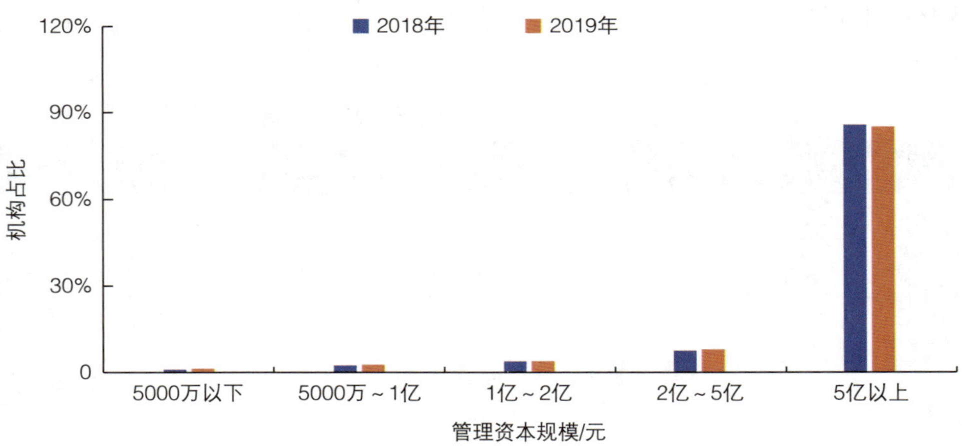

图 1-6　2018—2019 年中国不同规模创业投资机构管理资本分布

① 有效样本数为 3464 份。

1.5 中国创业投资的总体投资情况

2019 年，中国创业投资市场披露的投资项目达到 3015 项，披露项目投资金额为 866.8 亿元，项目平均投资额为 2893 万元，均较 2018 年有所上升。主要原因：一是投资阶段后移，大型投资增多；二是批露项目增加。其中，投资于高新技术企业项目 921 项，投资金额为 186.9 亿元，均较 2018 年有所上升，项目平均投资额为 2029 万元，与往年基本持平（表 1–7、图 1–7）。

表 1-7　2012—2019 年中国创业投资机构当年披露投资情况[①]

年份	当年投资项目总数 / 项	投资高新技术企业项目数 / 项	当年投资金额 / 亿元	投资高新技术企业项目金额 / 亿元
2012	1903	850	356.0	172.6
2013	1501	590	279.0	109.0
2014	2459	689	374.4	124.8
2015	3423	820	465.6	117.2
2016	2744	634	505.5	92.1
2017	2687	825	845.3	153.8
2018	2740	682	527.2	134.3
2019	3015	921	866.8	186.9

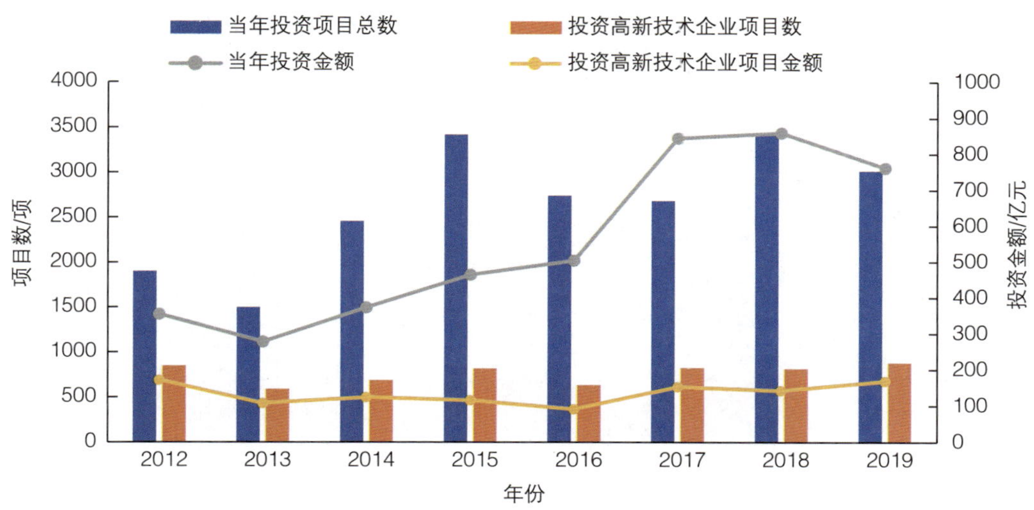

图 1-7　2012—2019 年中国创业投资机构当年披露投资情况

① 有效样本数为 2190 份。

截至 2019 年年底，中国创业投资机构累计投资项目数达到 25 411 项，累计投资金额 5635.8 亿元，其中，投资高新技术企业项目 10 200 项，投资金额 1944.1 亿元，占比分别为 40.1% 和 34.5%（表 1–8）。

表 1-8　2012—2019 年中国创业投资累计投资情况①

年度	累计投资项目总数 / 项	投资高新技术企业项目数 / 项	累计投资金额 / 亿元	投资高新技术企业项目金额 / 亿元
2012	11 112	6404	2355.1	1193.1
2013	12 149	6779	2634.1	1302.1
2014	14 118	7330	2933.6	1401.9
2015	17 376	8047	3361.2	1493.1
2016	19 296	8490	3765.2	1566.8
2017	20 674	8851	4310.2	1627.3
2018	22 396	9322	4873.4	1774.5
2019	25 411	10 200	5635.8	1944.1

① 本表格涉及样本数：累计投资样本数为 2032 份，高新企业样本数为 1702 份，累计投资金额样本数为 2031 份，投资高新企业金额样本数为 1697 份。

2

中国创业投资的投资分析

2.1 中国创业投资行业特征

2.1.1 中国创业投资行业分布①

与2018年相比，2019年中国创业投资在行业选择上出现明显变化。从投资金额看，主要集中在半导体，传统制造业，医药保健，新能源、高效节能技术，新材料工业等行业；从投资项目看，主要集中在医药保健、科技服务、网络产业、半导体、生物科技等行业（表2–1）。

表 2-1 2018—2019 年创业投资行业分布（按投资金额与投资项目）② 单位：%

投资行业	2019 年		2018 年	
	投资金额	投资项目	投资金额	投资项目
半导体	8.53	5.64	3.00	3.48
传统制造业	8.13	3.3	5.79	4.21
医药保健	8.11	8.67	10.79	7.38
新能源、高效节能技术	7.15	4.14	5.23	3.89
新材料工业	6.11	5.37	3.78	4.34
网络产业	6.02	5.77	5.13	5.29
传播与文化娱乐	5.46	2.60	2.66	3.89

① 有效样本数为2271份。

② 表格中数据按2019年投资金额排序。表格中将“其他制造业”和“其他行业”统一放在表格最后。表2–2、表2–3采用相同的处理方式。

续表

投资行业	2019 年		2018 年	
	投资金额	投资项目	投资金额	投资项目
科技服务	4.08	7.97	2.91	4.52
金融保险业	3.87	4.05	3.60	2.90
生物科技	3.70	5.59	4.48	5.61
IT 服务业	3.63	5.06	9.54	8.78
软件产业	3.48	5.11	5.70	6.79
光电子与光机电一体化	2.29	2.60	1.79	2.04
消费产品和服务	2.19	4.10	2.03	3.76
通信设备	2.15	2.47	1.19	2.04
环保工程	1.77	2.51	1.80	1.86
农林牧副渔	1.13	0.79	0.97	1.22
批发与零售业	0.96	1.32	1.65	1.9
计算机硬件产业	0.84	1.85	2.26	2.58
交通运输仓储和邮政业	0.77	0.75	0.68	0.90
社会服务	0.57	0.97	4.19	3.21
建筑业	0.56	0.40	0.63	0.59
其他 IT 产业	0.48	1.23	3.47	2.76
人工智能	0.37	0.26	—	—
水电煤气	0.37	0.22	0.08	0.09
企业服务	0.33	0.18	—	—
房地产业	0.31	0.31	0.78	0.36
采掘业	0.15	0.09	0.38	0.09
核应用技术	0.10	0.09	0.01	0.05
VR/AR	0.06	0.04	—	—
电信与增值服务	0.00	0.04	—	—
其他制造业	8.78	8.63	6.09	6.47
其他行业	7.52	7.88	9.40	9.00

按投资金额划分，2019 年半导体、传统制造业和医药保健行业投资占比排在前 3 位；按投资项目划分，投资在医药保健、科技服务和网络产业行业的项目较多；从投资趋势来看，相较 2018 年，半导体、传统制造业的投资金额有明显提高，而 2018 年较受投资机构青睐的 IT 服务业，投资金额和投资项目占比都有明显下滑（表 2-2、表 2-3）。

表 2-2　2010—2019 年主要投资领域分布（按投资金额）

单位：%

年份	2010	2011	2012	2013	2014	2015	2016	2017	2018	2019
半导体	1.20	1.30	1.44	1.40	1.35	0.65	0.96	0.84	3.00	8.53
传统制造业	10.10	7.70	10.10	7.19	7.64	3.77	1.99	3.99	5.79	8.13
医药保健	5.30	3.80	4.85	10.04	7.35	5.37	3.65	8.96	10.79	8.11
新能源、高效节能技术	8.30	6.20	7.19	8.69	2.94	2.95	1.97	2.02	5.23	7.15
新材料工业	9.30	8.70	7.81	7.13	3.72	5.66	3.36	1.91	3.78	6.11
网络产业	2.80	2.50	2.05	1.90	4.02	5.07	34.03	1.95	5.13	6.02
传播与文化娱乐	2.10	2.20	6.35	6.16	5.44	5.50	3.02	1.85	2.66	5.35
科技服务	2.30	1.60	1.64	1.02	2.18	1.76	1.61	1.33	2.91	3.94
金融保险业	7.80	2.40	5.42	10.12	2.86	5.71	6.97	5.12	3.60	3.87
生物科技	3.90	3.90	2.80	2.27	3.68	2.13	1.89	8.04	4.48	3.70
IT 服务业	3.20	2.80	3.14	3.58	3.00	3.03	3.30	2.68	9.54	3.63
软件产业	2.90	2.10	2.41	2.02	7.37	7.54	9.58	2.16	5.70	3.48
光电子与光机电一体化	4.20	3.30	3.49	4.62	1.89	0.85	0.85	0.80	1.79	2.29
消费产品和服务	7.10	9.40	6.27	5.00	1.57	2.14	1.43	2.86	2.03	2.19
通信设备	1.00	2.80	3.63	3.11	13.76	18.59	0.95	0.67	1.19	2.15
环保工程	3.30	2.60	2.81	2.89	2.83	2.31	1.47	1.78	1.80	1.77
农林牧副渔	4.10	4.10	6.07	6.33	2.00	1.94	0.96	2.37	0.97	1.13
批发和零售业	0.70	1.20	0.85	0.50	3.82	1.24	0.43	0.47	1.65	0.96
计算机硬件产业	1.10	0.70	1.10	0.68	4.15	1.65	1.27	0.84	2.26	0.84
交通运输仓储和邮政业	—	1.40	0.35	2.57	0.18	1.86	1.60	0.89	0.68	0.77
社会服务	—	0.70	1.09	1.86	2.36	3.42	0.90	2.70	4.19	0.57
建筑业	—	1.60	1.94	1.32	0.62	0.76	1.98	14.37	0.63	0.56
其他 IT 产业	1.20	1.50	1.68	0.36	1.02	0.48	0.64	0.32	3.47	0.48

续表

年份	2010	2011	2012	2013	2014	2015	2016	2017	2018	2019
水电煤气	—	0.10	0.29	0.25	0.44	0.46	0.24	0.26	0.08	0.37
房地产业	—	4.90	1.24	0.21	1.99	0.94	0.37	0.14	0.78	0.33
采掘业	2.50	0.60	1.30	0.51	0.00	0.06	0.01	20.19	0.38	0.15
核应用技术	0.00	0.40	0.24	0.17	0.06	0.08	0.04	0.01	0.01	0.10
其他制造业	—	8.20	4.83	5.30	3.31	3.67	1.65	2.97	6.09	8.78
其他行业	15.70	11.20	7.62	2.65	8.45	10.41	12.90	7.52	9.40	7.52

表 2-3　2010—2019 年主要投资领域分布（按投资项目）

单位：%

年份	2010	2011	2012	2013	2014	2015	2016	2017	2018	2019
医药保健	5.80	4.40	6.18	9.99	5.28	4.05	5.44	6.09	7.38	8.67
科技服务	2.50	1.80	2.58	1.94	2.60	3.05	4.51	5.35	4.53	7.79
网络产业	4.80	3.20	2.82	3.74	8.88	10.61	11.35	4.52	5.30	5.77
半导体	2.50	1.70	1.44	2.51	1.78	1.16	1.30	3.09	3.49	5.64
生物科技	5.60	3.30	4.80	4.17	4.11	3.47	4.37	5.26	5.61	5.59
新材料工业	10.10	9.50	8.76	7.61	5.93	5.48	5.53	4.39	4.35	5.37
软件产业	7.00	3.50	3.12	5.32	9.40	7.41	7.58	7.18	6.79	5.11
IT 服务业	4.20	4.10	3.42	4.17	5.67	5.75	6.70	5.13	8.78	5.06
新能源、高效节能技术	7.80	6.00	7.20	6.75	4.16	4.17	3.77	3.74	3.89	4.14
消费产品和服务	4.10	7.20	3.54	3.45	2.56	2.66	3.07	4.92	3.76	4.10
金融保险业	4.10	2.00	4.20	6.54	3.59	5.17	3.12	3.48	2.85	4.05
传统制造业	7.30	8.00	8.82	6.03	4.98	4.44	3.58	4.70	4.21	3.30
光电子与光机电一体化	6.00	4.60	3.78	4.89	2.86	2.05	2.14	1.74	2.04	2.60
传播与文化娱乐	1.90	2.40	5.28	5.24	3.81	4.32	5.26	5.13	3.89	2.51
环保工程	3.30	3.20	3.06	3.95	3.03	3.09	3.12	3.39	1.86	2.51
通信设备	2.50	3.20	3.72	3.16	8.32	5.79	2.00	1.48	2.04	2.47
计算机硬件产业	1.40	1.30	1.50	1.22	1.69	1.81	1.91	2.39	2.58	1.85
批发和零售业	0.70	1.20	0.72	0.36	1.86	1.08	0.70	1.44	1.90	1.32
其他 IT 产业	2.30	2.40	1.92	1.01	1.60	1.04	1.02	1.44	2.76	1.23

续表

年份	2010	2011	2012	2013	2014	2015	2016	2017	2018	2019
社会服务	—	1.30	2.34	1.87	1.65	3.09	1.95	1.87	3.21	0.97
农林牧副渔	3.20	4.80	4.74	3.66	2.73	2.01	1.91	1.78	1.22	0.79
交通运输仓储和邮政业	—	0.80	0.24	1.15	0.17	0.89	0.88	1.39	0.91	0.75
建筑业	—	1.80	1.62	1.22	0.56	0.58	0.56	1.39	0.59	0.40
房地产业	—	0.30	0.54	0.29	0.22	0.35	0.23	0.22	0.36	0.31
水电煤气	—	0.10	0.42	0.29	0.22	0.31	0.05	0.30	0.09	0.22
采掘业	1.20	0.70	0.48	0.57	0.04	0.04	0.09	0.43	0.09	0.09
核应用技术	0.00	0.50	0.48	0.29	0.04	0.04	0.09	0.09	0.05	0.09
其他制造业	—	8.30	4.98	4.67	4.11	5.25	4.09	7.22	6.47	8.63
其他行业	11.70	8.40	7.26	3.74	8.14	10.85	13.67	10.44	9.01	7.88

按行业大类统计，新能源和环保业，计算机、通信和其他电子设备制造业，信息传输、软件和信息服务业仍然是2019年的投资热点，且无论是投资金额还是投资项目，均进一步增多。但相较2018年，信息传输、软件和信息服务业投资金额和投资项目占比明显下降（表2–4）。

表2-4　2018—2019年主要投资领域分布（按行业大类）　单位：%

<table>
<tr><th rowspan="2">代码</th><th rowspan="2" colspan="2">行业划分</th><th colspan="2">2019年</th><th colspan="2">2018年</th></tr>
<tr><th>投资金额</th><th>投资项目</th><th>投资金额</th><th>投资项目</th></tr>
<tr><td rowspan="4">C9</td><td rowspan="4">新能源和环保业</td><td>核应用技术</td><td rowspan="4">15.13</td><td rowspan="4">12.11</td><td rowspan="4">10.82</td><td rowspan="4">10.14</td></tr>
<tr><td>环保工程</td></tr>
<tr><td>新材料工业</td></tr>
<tr><td>新能源、高效节能技术</td></tr>
<tr><td rowspan="4">C7</td><td rowspan="4">计算机、通信和其他电子设备制造业</td><td>半导体</td><td rowspan="4">13.81</td><td rowspan="4">12.56</td><td rowspan="4">8.24</td><td rowspan="4">10.14</td></tr>
<tr><td>光电子与光机电一体化</td></tr>
<tr><td>计算机硬件产业</td></tr>
<tr><td>通信设备</td></tr>
</table>

续表

代码	行业划分		2019 年		2018 年	
			投资金额	投资项目	投资金额	投资项目
I	信息传输、软件和信息服务业	IT 服务业 其他 IT 产业 软件产业 网络产业	13.61	17.17	23.84	23.62
C8	医药生物业	生物科技 医药保健	11.81	14.26	15.27	12.99
C12	其他制造业		8.78	8.63	6.09	6.47
CA	传统制造业		8.13	3.30	5.79	4.21
O	其他行业		7.54	7.88	9.40	9.00
N	传播与文化娱乐		5.35	2.51	2.47	3.89
J	金融保险业		3.87	4.05	3.60	2.90

2019 年，针对概念板块的投资情况进行统计后发现①，绿色经济、人工智能、物联网与大数据仍然是投资机构关注的热门概念板块②（表 2–5）。与 2018 年相比，从投资项目看，物联网与大数据超过人工智能，成为 2019 年投资机构最为关注的概念板块；从投资金额看，绿色经济超过物联网与大数据和人工智能，成为 2019 年投资机构投资金额最高的概念板块（图 2–1、图 2–2）。

表 2-5　2019 年创业投资概念板块分布（按投资金额与投资项目）　单位：%

概念板块	投资金额	投资项目
绿色经济	10.69	6.03
人工智能	7.54	12.45
物联网与大数据	7.37	12.62
金融科技	2.89	4.48

① 近年来，由于新技术的出现，许多行业已经难以再采用传统的行业分类方式进行划分。例如，金融科技产业可能部分属于网络产业，部分属于金融保险行业；而人工智能产业则可能分布于多个领域。因此，从 2017 年的调查起，我们除了按照传统行业进行行业划分统计外，另采用了概念板块进行投资分布统计。

② 有效样本数为 1807 份。

续表

概念板块	投资金额	投资项目
互联网教育	1.95	2.32
一二三产融合	1.54	1.38
共享经济	0.45	0.83
扶贫	0.02	0.17
其他	67.55	59.71

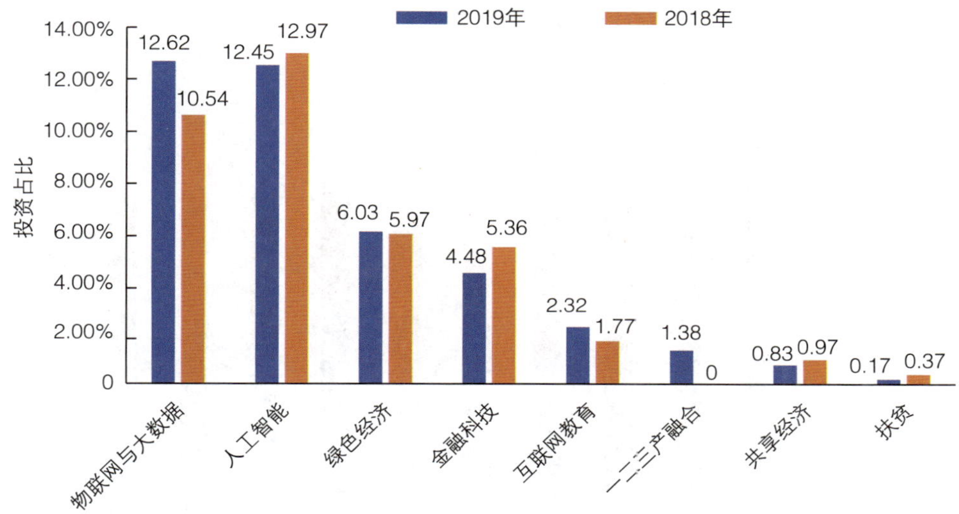

图 2-1　2018—2019 年创业投资概念板块分布（按投资项目）

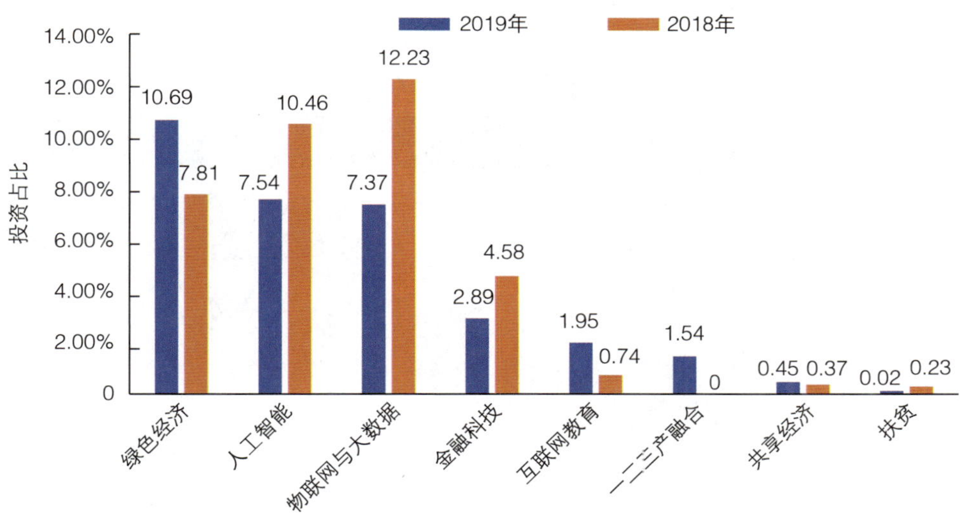

图 2-2　2018—2019 年创业投资概念板块分布（按投资金额）

2.1.2 中国创业投资对高新技术产业与传统产业的投资比较①

对比创业投资对高新技术产业和传统产业的投资情况，可见投资机构更加青睐于高新技术产业。从投资金额看，高新技术产业投资比重较 2018 年略有下降，但仍较传统产业高出 16.8 个百分点。从投资项目看，对高新技术产业投资占比较传统产业项目占比高出 28 个百分点，且较 2018 年有所上升（表 2–6、图 2–3、表 2–7、图 2–4）。

表 2-6 2010—2019 年投资金额行业分布

单位：%

年份	2010	2011	2012	2013	2014	2015	2016	2017	2018	2019
高新技术产业	52.4	44.9	47.6	50.4	59.3	58.2	65.6	54.5	61.5	58.4
传统产业	47.6	55.1	52.4	49.6	40.7	41.8	34.4	45.5	38.5	41.6

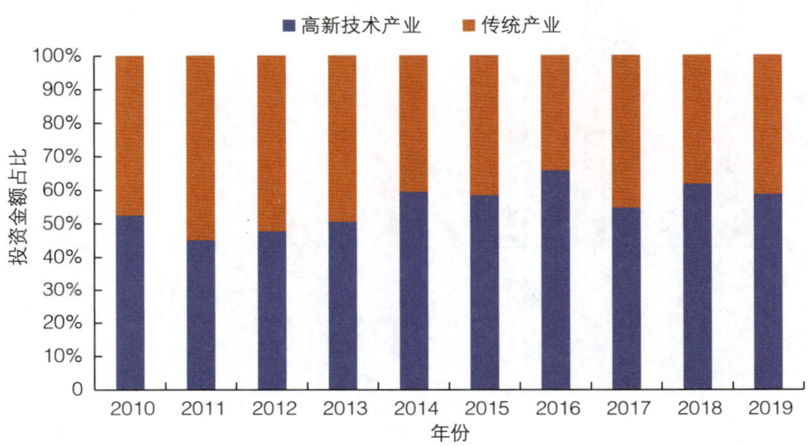

图 2-3 2010—2019 年投资金额行业分布

表 2-7 2010—2019 年投资项目行业分布

单位：%

年份	2010	2011	2012	2013	2014	2015	2016	2017	2018	2019
高新技术产业	67.0	53.4	55.3	61.3	65.4	59.0	60.9	55.7	61.5	64.0
传统产业	33.0	46.6	44.7	38.7	34.6	41.0	39.1	44.3	38.5	36.0

① 本部分涉及样本数：高新技术产业项目有效样本数为 1453 份；传统产业项目有效样本数为 800 份。

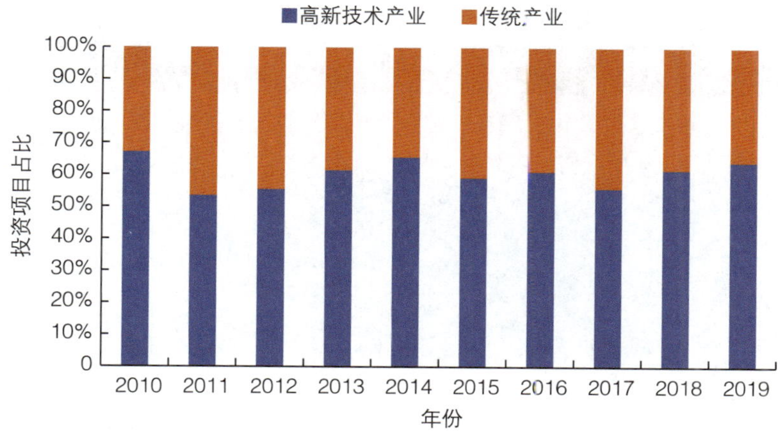

图 2-4　2010—2019 年投资项目行业分布

2.2　中国创业投资的投资阶段

2.2.1　中国创业投资所处阶段总体分布[①]

2019 年，中国创业投资机构的投资阶段主要集中在起步期和成长（扩张期），按投资金额划分，两个阶段占比分别为 34.8% 和 35.7%；按投资项目划分，两个阶段占比分别为 39.5% 和 32.0%（表 2–8）。

表 2-8　2019 年投资所处阶段分布（按投资金额与投资项目）　　单位：%

成长阶段	投资金额	投资项目
种子期	15.6	22.2
起步期	34.8	39.5
成长（扩张）期	35.7	32.0
成熟（过渡）期	13.7	6.0
重建期	0.2	0.3

从近 10 年的投资金额看投资趋势，2019 年投资于种子期和起步期的金额比例分别达到最高，二者累计占比首次超过 50%，较 2018 年高出 6.5 个百分点；从投资项目看，投资于种子期和起步期的项目占比较 2018 年略有回落，但二者累计占比仍达到 61.70%（表 2–9、图 2–5、表 2–10、图 2–6）。

① 有效样本数为 2219 份。

表 2-9　2010—2019 年投资所处阶段分布（按投资金额）　　单位：%

年份	2010	2011	2012	2013	2014	2015	2016	2017	2018	2019
种子期	10.20	4.30	6.55	12.22	5.63	8.11	4.33	4.54	10.94	15.60
起步期	17.40	14.80	19.32	22.38	25.23	21.53	30.30	20.76	32.96	34.80
成长（扩张）期	49.20	55.00	52.00	41.42	59.04	54.40	38.50	44.66	44.61	35.70
成熟（过渡）期	20.20	22.30	21.56	22.82	10.05	15.24	26.31	29.86	10.42	13.70
重建期	3.00	3.60	0.57	1.16	0.05	0.72	0.55	0.17	1.07	0.20

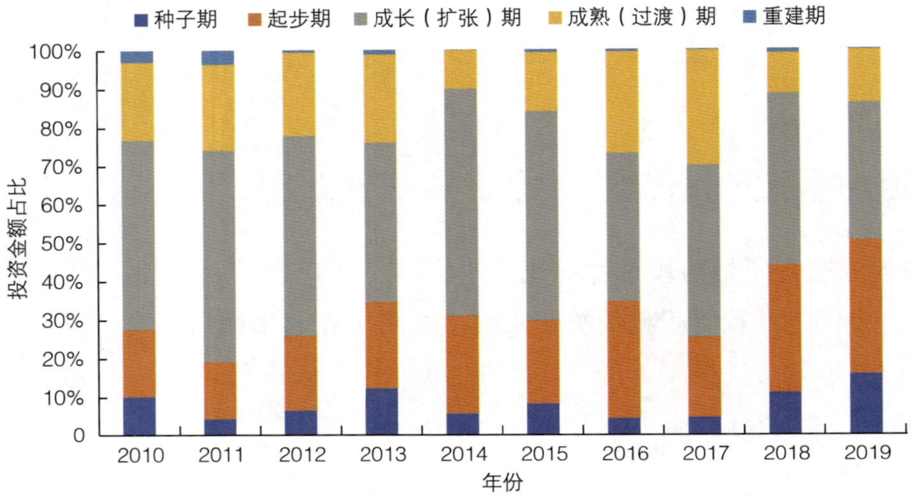

图 2-5　2010—2019 年投资所处阶段分布（按投资金额）

表 2-10　2010—2019 年投资所处阶段分布（按投资项目）　　单位：%

年份	2010	2011	2012	2013	2014	2015	2016	2017	2018	2019
种子期	19.90	9.70	12.33	18.36	20.76	18.22	19.62	17.77	24.10	22.20
起步期	27.00	22.70	28.66	32.46	36.55	35.55	38.92	39.51	40.30	39.50
成长（扩张）期	40.90	48.30	44.98	38.21	35.94	40.15	35.00	36.22	29.46	32.00
成熟（过渡）期	10.00	16.70	13.24	10.00	6.49	5.41	5.71	5.91	5.36	6.00
重建期	2.20	2.60	0.79	0.97	0.26	0.66	0.75	0.59	0.79	0.30

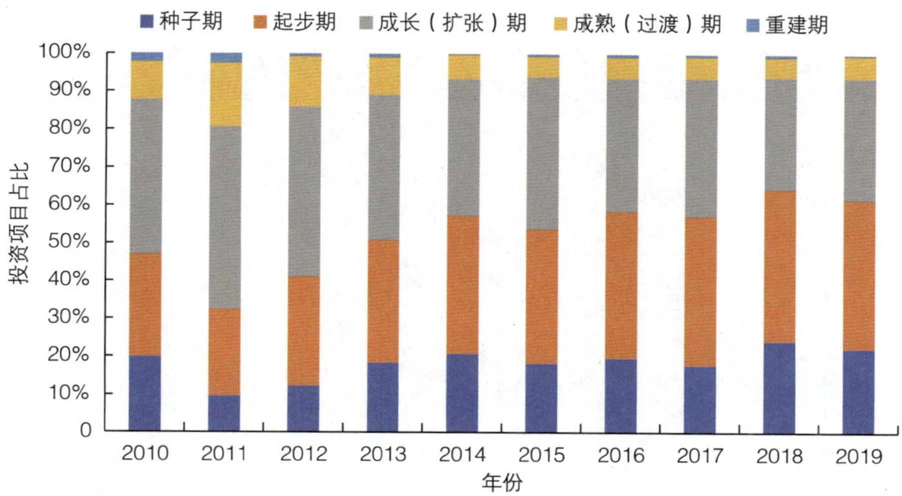

图 2-6　2010—2019 年投资所处阶段分布（按投资项目）

2.2.2　中国创业投资在主要行业投资阶段分布

从投资阶段看各个行业的投资分布情况。2019 年，按投资金额划分，建筑业，新能源、高效节能技术、网络产业的投资金额在种子期最多。除部分传统行业外，半导体，生物科技，其他 IT 产业，科技服务，新能源、高效节能技术等行业的投资项目中，早前期（种子期、起步期）的投资金额占比都超过了半数（表 2-11）。

表 2-11　2019 年主要行业投资阶段分布（按投资金额）[①]　　单位：%

投资行业	种子期	起步期	成长（扩张）期	成熟（过渡）期	重建期
建筑业	64.39	3.58	32.03	0.00	0.00
新能源、高效节能技术	49.20	11.06	26.59	13.15	0.00
网络产业	35.38	11.49	32.53	20.60	0.00
房地产业	34.50	0.00	36.94	4.27	24.29
金融保险业	28.21	21.71	44.07	5.32	0.69
其他 IT 产业	26.43	46.84	26.73	0.00	0.00
软件产业	21.88	22.16	44.74	11.21	0.00
医药保健	19.05	25.54	42.02	13.39	0.00
消费产品和服务	18.81	30.30	47.25	3.18	0.45
科技服务	17.28	46.74	26.51	9.47	0.00

① 有效样本数为 2271 份。

续表

投资行业	种子期	起步期	成长（扩张）期	成熟（过渡）期	重建期
新材料工业	13.70	29.59	48.60	8.11	0.00
IT 服务业	12.64	37.70	39.77	9.88	0.00
批发和零售业	12.37	13.59	47.93	26.11	0.00
其他行业	11.72	50.68	26.57	10.98	0.04
生物科技	11.36	55.18	32.73	0.73	0.00
通信设备	8.53	24.58	55.56	11.34	0.00
光电子与光机电一体化	7.45	13.76	52.16	26.64	0.00
社会服务	6.55	16.93	29.56	46.95	0.00
环保工程	6.08	21.92	37.86	34.15	0.00
半导体	5.19	68.76	24.41	1.63	0.00
计算机硬件产业	5.11	34.17	60.00	0.72	0.00
其他制造业	4.99	22.52	49.16	21.93	1.39
核应用技术	3.85	0.00	96.15	0.00	0.00
传播与文化娱乐	2.75	41.32	12.84	43.09	0.00
农林牧副渔	2.63	76.02	21.35	0.00	0.00
传统制造业	1.08	62.21	22.66	14.05	0.00
交通运输仓储和邮政业	0.52	42.10	49.58	7.80	0.00
采掘业	0.00	66.67	33.33	0.00	0.00
水电煤气	0.00	1.42	78.82	19.76	0.00

注：表格中数据按种子期占比排序，表 2-12、表 2-13、表 2-14 同。

从投资项目看，调查中所涉及的 29 个行业中，有 22 个行业投资早前期的项目占比超过了 50%。根据种子期投资项目占比情况看，核应用技术、其他 IT 产业、批发和零售业是占比较多的 3 个行业。从早前期累计占比情况看，其他 IT 产业、消费产品和服务两个行业投资早前期占比分别为 85.18% 和 81.72%，科技服务、生物科技和传播与文化娱乐分别是 77.64%、72.00% 和 70.18%（表 2-12）。

表 2-12　2019 年主要行业投资阶段分布（按投资项目）[①]　　单位：%

投资行业	种子期	起步期	成长（扩张）期	成熟（过渡）期	重建期
核应用技术	50.00	0.00	50.00	0.00	0.00
其他 IT 产业	44.44	40.74	14.81	0.00	0.00
批发和零售业	34.48	31.03	27.59	6.90	0.00
科技服务	31.06	46.58	19.88	2.48	0.00
金融保险业	30.38	37.97	24.05	5.06	2.53
社会服务	28.57	28.57	33.33	9.52	0.00
房地产业	28.57	0.00	42.86	14.29	14.29
医药保健	27.23	35.08	30.37	7.33	0.00
软件产业	26.61	36.70	31.19	5.50	0.00
传播与文化娱乐	26.32	43.86	26.32	3.51	0.00
IT 服务业	25.45	40.91	30.91	2.73	0.00
新能源、高效节能技术	24.18	29.67	32.97	13.19	0.00
消费产品和服务	23.66	58.06	16.13	1.08	1.08
通信设备	23.21	35.71	30.36	10.71	0.00
光电子与光机电一体化	20.69	27.59	48.28	3.45	0.00
其他行业	18.67	43.98	30.12	6.63	0.60
其他制造业	18.65	31.61	37.31	11.92	0.52
网络产业	18.11	48.82	28.35	4.72	0.00
半导体	17.19	41.41	39.84	1.56	0.00
农林牧副渔	16.67	22.22	61.11	0.00	0.00
环保工程	16.07	37.50	44.64	1.79	0.00
生物科技	16.00	56.00	25.60	2.40	0.00
计算机硬件产业	14.63	41.46	41.46	2.44	0.00
新材料工业	12.30	41.80	36.89	9.02	0.00
建筑业	11.11	11.11	77.78	0.00	0.00
传统制造业	6.94	29.17	44.44	19.44	0.00
交通运输仓储和邮政业	5.88	35.29	52.94	5.88	0.00
采掘业	0.00	50.00	50.00	0.00	0.00

① 有效样本数为 2210 份。

按投资的概念板块划分，从投资金额看，2019 年互联网教育、扶贫、绿色经济的种子期投资金额占比排名前 3 位，全部超过 40%。从早前期的累计占比看，扶贫、互联网教育、绿色经济和人工智能都超过了 50%。物联网与大数据、金融科技的投资金额主要集中在成长（扩张）期，一二三产融合和共享经济则主要集中在成熟（过渡）期（表 2–13）。

表 2-13　2019 年概念板块投资阶段分布（按投资金额）①　　单位：%

概念板块	种子期	起步期	成长（扩张）期	成熟（过渡）期	重建期
互联网教育	68.12	11.92	19.95	—	—
扶贫	43.54	56.46	—	—	—
绿色经济	41.69	29.14	23.98	5.19	—
人工智能	17.37	47.14	26.90	8.59	—
金融科技	15.86	32.63	41.27	9.23	1.01
物联网与大数据	9.09	33.31	49.12	8.48	—
其他	8.59	40.55	37.04	13.41	0.40
共享经济	2.48	27.86	14.59	55.07	—
一二三产融合	0.48	20.97	14.16	64.38	—

从投资项目看，除扶贫板块外，2019 年人工智能、互联网教育、金融科技、物联网与大数据、绿色经济等与互联网相关行业投资在种子期的项目占比相对较为接近，人工智能和互联网教育的投资项目占比在起步期较多，分别为 45.50% 和 46.34%（表 2–14）。

表 2-14　2019 年概念板块投资阶段分布（按投资项目）②　　单位：%

概念板块	种子期	起步期	成长（扩张）期	成熟（过渡）期	重建期
扶贫	33.33	66.67	0.00	0.00	0.00
人工智能	27.03	45.50	22.07	5.41	0.00
互联网教育	26.83	46.34	26.83	0.00	0.00
金融科技	26.32	36.84	25.00	9.21	2.63
物联网与大数据	25.89	42.41	29.02	2.68	0.00
绿色经济	22.64	34.91	35.85	6.60	0.00

① 有效样本数为 1836 份。

② 有效样本数为 1881 份。

续表

概念板块	种子期	起步期	成长（扩张）期	成熟（过渡）期	重建期
其他	20.67	38.19	34.86	5.90	0.38
共享经济	13.33	40.00	40.00	6.67	0.00
一二三产融合	4.00	48.00	36.00	12.00	0.00

2.3 中国创业投资的投资强度

2.3.1 中国创业投资强度的变化趋势与行业差异①

数据显示，我国创业投资强度自 1995 年以来总体呈上升趋势，到 2011 年达到顶峰，此后逐年下滑，2016 年到达谷底后 2017 年开始探底回升，2019 年延续 2018 年的上升趋势，投资强度为 1232.26 万元 / 项（表 2–15、图 2–7）。

表 2-15　2010—2019 年创业投资强度　　单位：万元 / 项

年份	2010	2011	2012	2013	2014	2015	2016	2017	2018	2019
投资强度	1356.53	1550.53	1322.66	1282.12	1129.53	1089.26	1014.76	1085.55	1222.06	1232.26

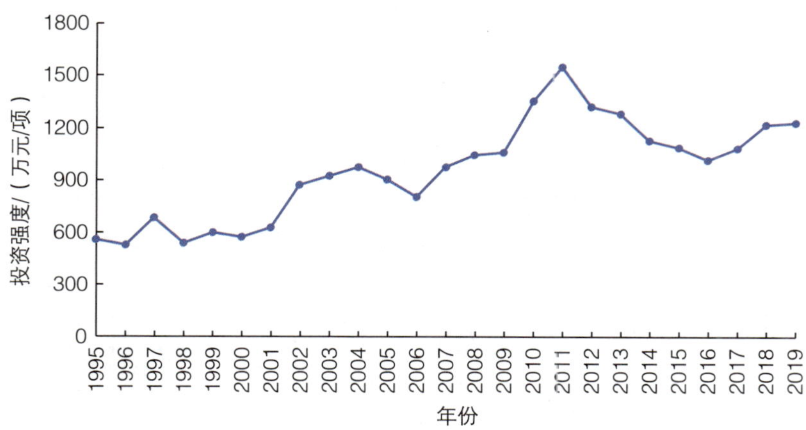

图 2-7　1995—2019 年创业投资强度

按行业划分，2019 年投资强度较高的项目主要集中在采掘业、核应用技术、房地产业、水电煤气等传统行业领域，而一些新兴产业或与“互联网 +”创业相关的行业投资强度较小，这主要与行业性质、是否需要基础设施投入等因素有关（表 2–16、图 2–8）。

① 有效样本数为 2404 份。

表 2-16　2011—2019 年不同行业投资强度

单位：万元 / 项

年份	2011	2012	2013	2014	2015	2016	2017	2018	2019
采掘业	1184.3	2130.4	1537.8	200.0	3002.0	290.0	1968.4	6000.0	3750.0
核应用技术	1517.3	757.4	1008.3	2500.0	4000.0	1176.0	352.5	180.0	2600.0
房地产业	1492.2	1523.9	1237.5	511.0	2193.6	365.0	2160.0	634.3	2223.5
水电煤气	866.7	1050.0	1512.5	1232.5	1845.4	—	2790.0	1315.9	1698.3
传统制造业	1754.9	1390.3	1409.1	1032.4	1115.1	1122.4	1356.7	1239.2	1593.7
金融保险业	977.6	1653.0	1885.6	929.0	1216.9	1469.1	931.3	1166.4	1579.4
医药保健	1444.5	1144.5	1351.0	1429.6	1190.4	1212.9	1321.3	1805.7	1442.4
半导体	1608.3	1312.6	963.9	1322.8	856.4	1064.9	892.6	1133.0	1396.3
光电子与光机电一体化	1420.0	1288.3	1294.2	863.4	769.8	708.2	1290.4	1113.1	1353.7
其他制造业	1825.3	1483.5	959.4	1181.2	1107.6	921.1	1031.7	999.4	1291.4
新材料工业	1639.7	1224.5	1444.0	1006.4	1416.6	1033.1	1194.9	1176.0	1280.6
生物科技	1369.0	904.5	960.5	1059.2	1130.9	1091.2	1110.0	1227.1	1249.8
建筑业	1466.7	1834.0	1989.3	1346.9	1181.1	700.3	1809.1	1644.5	1244.4
新能源、高效节能技术	1647.8	1373.0	1420.2	1059.2	1054.3	1089.9	1430.0	1390.4	1204.5
通信设备	1791.6	1439.3	1704.3	1540.4	1268.5	1200.5	948.5	899.0	1100.2
IT 服务业	1208.5	1216.5	963.0	843.4	895.5	854.1	1005.4	1064.5	1087.3
批发和零售业	1642.8	1810.3	2410.0	1638.7	947.8	1075.6	1069.3	762.8	1063.6
软件产业	976.3	1029.8	677.8	945.0	907.7	751.3	939.7	1031.6	1063.0
科技服务	1391.7	842.4	944.0	903.1	854.1	708.9	709.2	990.5	1036.7
交通运输仓储和邮政业	2163.9	2244.7	1432.4	1762.5	1633.9	1148.4	1198.3	825.9	1032.4
计算机硬件产业	1117.0	799.6	581.5	1225.9	1067.8	908.0	991.1	1294.7	1002.2
农林牧副渔	1505.4	1836.0	1516.6	1036.7	1517.0	1073.9	1107.3	1217.9	996.9
其他行业	1628.9	1110.4	1075.7	1400.5	1156.7	1179.8	1204.1	1135.0	962.4
环保工程	1368.9	1402.3	1268.6	1559.3	1311.4	1184.6	1291.8	846.1	947.2
消费产品和服务	2102.0	2036.9	1712.8	1053.3	1260.2	781.0	877.3	833.2	889.6

续表

年份	2011	2012	2013	2014	2015	2016	2017	2018	2019
社会服务	1150.3	728.5	1370.1	1147.2	752.7	771.4	977.3	1058.3	885.6
其他 IT 产业	1297.0	1171.2	616.4	971.1	849.4	695.7	729.3	1342.8	868.5
传播与文化娱乐	1458.1	1398.6	1441.9	1543.3	951.0	907.5	872.3	865.4	859.4
网络产业	1487.4	1028.8	721.0	742.8	794.4	1007.9	891.1	1022.3	772.4

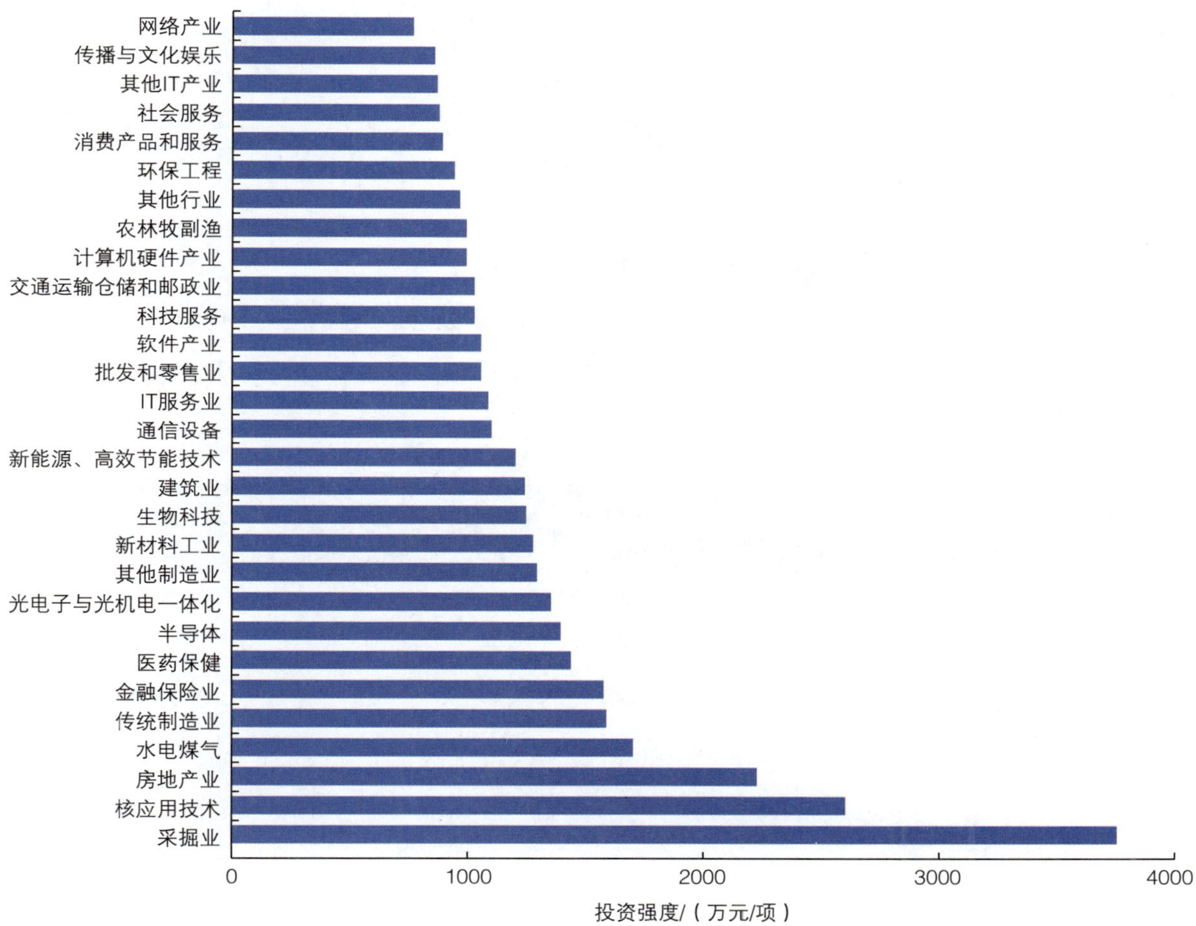

图 2-8　2019 年不同行业投资强度

从概念板块看[①]，2019 年绿色经济板块的投资强度最高，其后是一二三产融合和互联网教育，而扶贫的投资强度最小，除了与行业性质相关外，与投资阶段也有一定关系（表 2–17）。

① 有效样本数为 1807 份。

表 2-17　2019 年概念板块投资强度

单位：万元 / 项

概念板块	投资强度
扶贫	229.67
共享经济	1210.67
物联网与大数据	1301.02
人工智能	1349.57
金融科技	1434.98
互联网教育	1865.92
一二三产融合	2485.05
其他	2519.97
绿色经济	3947.77

2.3.2　中国创业投资机构单项投资规模分布①

2019 年，创业投资单项投资金额分布主要集中在 500 万 ~ 2000 万元，占比为 42.7%，其后为 100 万 ~ 500 万元，占比为 32.0%（表 2–18）。

表 2-18　2010—2019 年单项投资金额分布

单位：%

年份	100 万元以下	100 万 ~ 300 万元	300 万 ~ 500 万元	500 万 ~ 1000 万元	1000 万 ~ 2000 万元	2000 万元以上
2010	13.4	15.5	8.9	17.5	21.5	23.2
2011	6.8	10.6	10.2	20.6	25.7	26.2
2012	10.2	13.1	11.3	21.2	24.7	19.5
2013	8.4	17.6	14.6	20.0	20.1	19.3
2014	12.3	19.1	13.9	18.3	20.4	15.9
2015	14.5	17.5	15.3	19.9	17.2	15.6
2016	15.9	18.1	15.5	20.9	15.8	13.8
2017	10.7	18.0	17.7	21.2	18.1	14.2
2018	8.9	18.1	16.9	20.0	18.3	17.9
2019	8.9	16.0	16.0	23.2	19.5	16.5

① 有效样本数为 2498 份。

2.3.3 中国创业投资的投资策略（联合投资）

2019 年，联合投资项目主要集中在中等规模项目，其中，100 万 ~ 500 万元占比为 37.6%，较 2018 年上升了 7.7 个百分点；500 万 ~ 2000 万元占比为 43.6%；100 万元以下投资项目占比为 2012 年以来最低；2000 万元以上投资项目占比同样是近 10 年来的最低水平（表 2-19、图 2-9）。

表 2-19　2010—2019 年联合投资项目投资金额分布[①]　单位：%

年份	100 万元以下	100 万 ~ 500 万元	500 万 ~ 1000 万元	1000 万 ~ 2000 万元	2000 万元以上
2010	10.3	15.4	24.1	23.1	27.2
2011	6.1	22.0	18.3	25.6	28.0
2012	13.0	28.7	20.9	20.0	17.4
2013	12.0	32.0	28.0	12.0	16.0
2014	16.0	27.6	10.4	23.3	22.7
2015	11.4	28.5	23.2	21.3	15.6
2016	14.6	32.5	20.4	10.7	21.8
2017	11.1	32.9	19.6	19.6	16.9
2018	15.0	29.9	18.7	20.9	15.5
2019	10.3	37.6	21.2	22.4	8.5

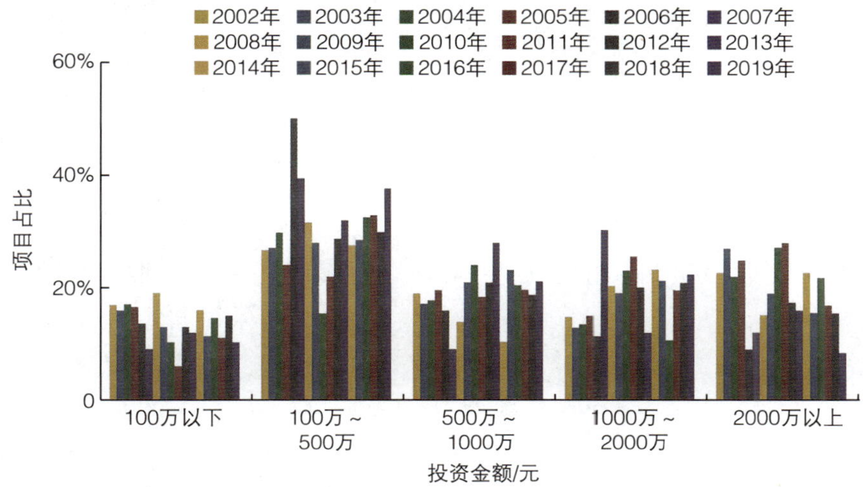

图 2-9　2002—2019 年联合投资项目投资金额分布

① 有效样本数为 165 份。

2.4 中国创业投资的首轮投资与后续投资

2019 年，中国创业投资项目的首轮投资和后续投资占比分别为 70.3% 和 29.7%。与 2018 年相比，首轮投资占比降低了 0.6 个百分点，后续投资占比上升了 0.6 个百分点。总体而言，2019 年我国创业投资机构对被投资项目的首轮投资仍然居于主导地位（表 2–20、图 2–10）。

表 2-20 2010—2019 年首轮投资和后续投资占比 单位：%

年份	2010	2011	2012	2013	2014	2015	2016	2017	2018	2019
首轮投资	86.2	83.4	80.1	77.5	68.1	62.7	69.0	72.7	70.9	70.3
后续投资	13.8	16.6	19.9	22.5	31.9	37.3	31.0	27.3	29.1	29.7

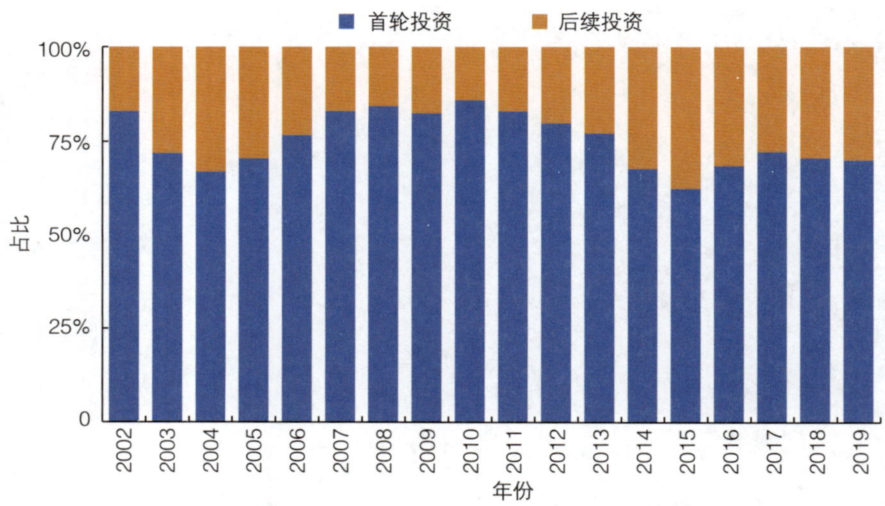

图 2-10 2002—2019 年首轮投资和后续投资占比

2.5 中国创业投资机构持股结构

2019 年，中国创业投资机构的持股结构仍然以参股为主，持股比例在 10% 以下的项目所占比例高达 66.96%，而持股比例在 30% 以上的项目比例进一步下滑，从 2018 年的 10.41% 下降到 2019 年的 7.08%（表 2–21、图 2–11）。

表 2-21　2010—2019 年创业投资机构持股结构分布

单位：%

年份	10% 以下	10% ~ 20%	20% ~ 30%	30% ~ 40%	40% ~ 50%	50% 以上
2010	50.99	25.15	10.85	6.17	3.14	3.70
2011	61.04	20.46	7.08	4.38	2.24	4.80
2012	56.29	22.57	9.07	4.70	3.00	4.37
2013	50.32	25.60	11.60	4.40	2.88	5.20
2014	50.79	26.43	9.30	5.55	4.60	3.33
2015	63.47	21.88	6.10	2.96	2.14	3.46
2016	66.97	19.16	5.03	3.29	2.41	3.13
2017	68.57	18.12	5.67	3.11	2.20	2.33
2018	66.95	16.88	5.76	3.39	2.42	4.60
2019	69.96	17.54	5.42	2.54	1.71	2.83

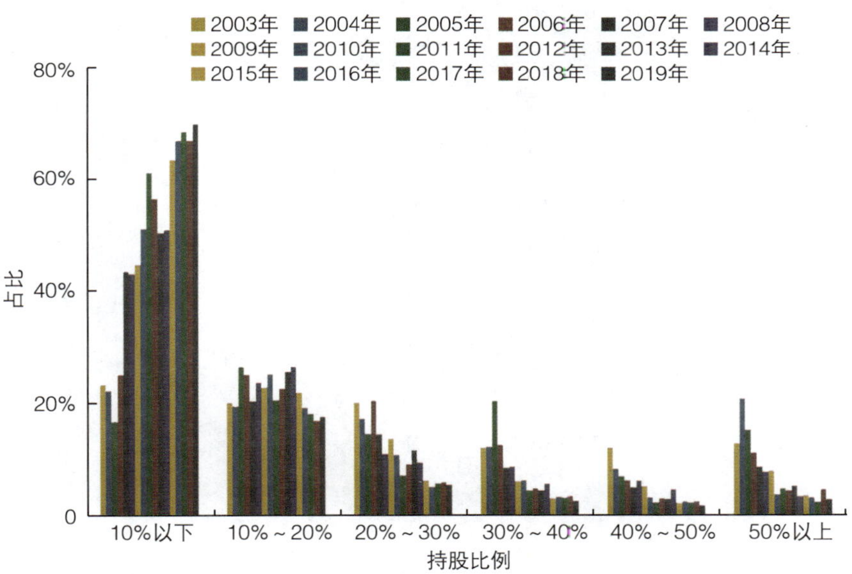

图 2-11　2003—2019 年创业投资机构持股结构分布

2.6　中国创业投资项目的 R&D 投入

2.6.1　中国创业投资行业平均 R&D 投入

从被投资行业的平均 R&D 投入看，传统制造业、计算机硬件产业、科技服务等行业的平均 R&D 投入金额较高，而农林牧副渔、网络产业等轻资产或服务行业的平均 R&D 投入相对较低（表 2–22）[①]。

表 2-22　2019 年不同行业平均 R&D 投入　　单位：万元

投资行业	平均 R&D 投入
农林牧副渔	185.89
网络产业	606.79
环保工程	663.34
光电子与光机电一体化	705.47
通信设备	735.19
消费产品和服务	851.92
传播与文化娱乐	954.18
新能源、高效节能技术	1223.27
其他 IT 产业	1242.86
其他制造业	1244.54
软件产业	1447.21
社会服务	1529.83
IT 服务业	1555.75
医药保健	1609.02
生物科技	1674.63
新材料工业	1779.82
批发和零售业	1848.76
半导体	1885.56
交通运输仓储和邮政业	1898.67
建筑业	2000.00
金融保险业	2274.20
水电煤气	2885.00
科技服务	2985.62
计算机硬件产业	3937.73
传统制造业	4242.95

① 有效样本数为 699 份。

2.6.2 中国创业投资概念板块平均 R&D 投入

从概念板块看，2019 年，金融科技板块的平均 R&D 投入最多，达到 5962.37 万元，是排名第二的共享经济板块的 3.7 倍；扶贫板块的平均 R&D 投入最低，仅为 30.50 万元（表 2–23）①。

表 2-23　2019 年不同概念板块平均 R&D 投入　　单位：万元

概念板块	平均 R&D 投入
扶贫	30.50
一二三产融合	405.56
互联网教育	942.44
人工智能	1245.23
物联网与大数据	1426.53
绿色经济	1483.91
共享经济	1603.98
金融科技	5962.37

2.6.3 中国创业投资不同成长阶段平均 R&D 投入

从不同投资阶段项目的平均 R&D 投入看，成熟（过渡期）的平均 R&D 投入最高，是成长（扩张期）的 3.6 倍，是起步期的 7.3 倍（表 2–24）②。

表 2-24　2019 年不同成长阶段平均 R&D 投入　　单位：万元

成长阶段	平均 R&D 投入
种子期	575.17
起步期	1014.20
成长（扩张）期	2083.77
成熟（过渡）期	7409.71
重建期	1044.00

① 有效样本数为 278 份。

② 有效样本数为 751 份。

3

中国创业投资的退出

3.1 中国创业投资退出的基本情况[①]

市场数据显示，2019 年，沪深交易所实现 IPO 企业 203 家，首发募资总额 2532.48 亿元，分别同比增长 93%、84%，其中，主板新上市公司 55 家，占比 27.09%；中小板 26 家，占比 12.81%；创业板 52 家，占比 25.62%；科创板 70 家，占比 34.48%。在科创板上市已成为企业登陆资本市场的重要渠道，作为中国资本市场的重大创新成果，证监会先后颁布了《科创板首次公开发行股票注册管理办法》《科创板上市公司持续监管办法》等基础性规章，上交所也发布了《科创板股票发行与承销实施办法》《科创板股票上市规则》《科创板股票交易特别规定》等配套规则。2019 年 12 月 28 日，第十三届全国人大常委会第十五次会议审议通过了修订后的《中华人民共和国证券法》，明确将全面推行注册制，科创板从筹备到开板仅用了 7 个多月的时间。

2019 年，中国创业投资行业共披露了 900 个退出项目的收入分布情况，其中，收入在 2000 万元以上的退出项目占到了 31%，较上年度下降了 3.3 个百分点；收入在 100 万元以下的退出项目占比较上年度上升了 3.2 个百分点。这表明 2019 年创业投资市场整体收益有所下滑（表 3–1、图 3–1）。

表 3-1　2010—2019 年创业投资项目退出收入分布　　单位：%

年份	100 万元以下	100 万～500 万元	500 万～1000 万元	1000 万～2000 万元	2000 万元以上
2010	27.3	19.7	13.7	13.7	25.7

① 有效样本数为 900 份。

续表

年份	100 万元以下	100 万 ~ 500 万元	500 万 ~ 1000 万元	1000 万 ~ 2000 万元	2000 万元以上
2011	22.9	24.1	11.0	10.6	31.4
2012	19.2	17.1	10.5	17.4	35.9
2013	21.8	19.8	10.6	11.8	35.9
2014	15.7	24.7	14.4	12.7	32.4
2015	10.3	22.4	13.8	19.3	34.2
2016	16.8	22.3	15.3	16.2	29.3
2017	15.3	23.3	12.6	17.6	31.2
2018	12.7	24.6	12.5	15.9	34.3
2019	15.9	24.4	14.6	14.0	31.0

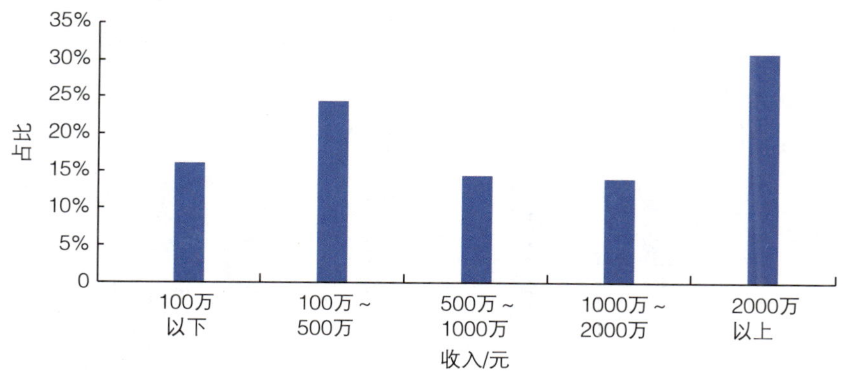

图 3-1　2019 年创业投资项目退出收入分布

3.2　中国创业投资的退出方式①

3.2.1　中国创业投资的主要退出方式

按照创业投资主流的退出方式划分（表 3–2、图 3–2），2019 年创业投资的企业中共有 125 个项目通过 IPO 方式实现退出，占比 16.75%，与 2018 年相比略有上升。相对而言，回购交易仍然是退出的主要渠道，退出项目数达到了 404 项，占比 42.30%；并购退出较上一年下降了 5.56 个百分点。

① 有效样本数为 955 份。

表 3-2　2010—2019 年创业投资退出方式分布

单位：%

年份	上市	并购	回购	清算	其他（含新三板）
2010	29.80	28.63	32.82	6.87	1.91
2011	29.40	29.97	32.28	3.17	5.19
2012	29.41	15.86	45.01	6.65	3.07
2013	24.33	23.75	44.83	4.60	2.49
2014	20.72	36.02	36.02	4.83	2.41
2015	15.51	31.02	37.52	6.50	9.45
2016	17.32	29.67	40.14	8.06	4.80
2017	13.66	32.65	34.84	8.88	9.97
2018	16.23	32.99	39.22	9.87	1.69
2019	16.75	27.43	42.30	10.99	2.51

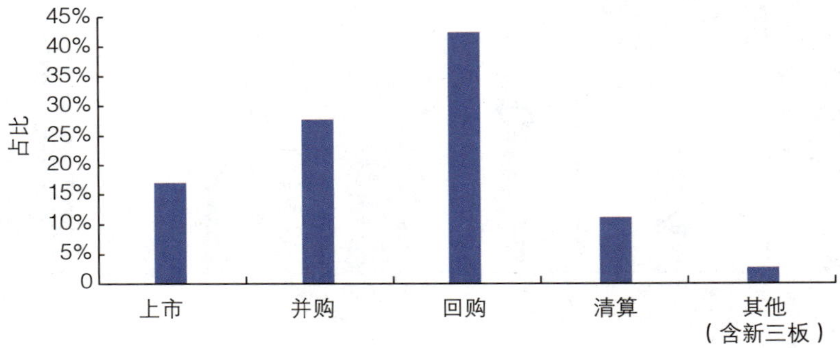

图 3-2　2019 年创业投资退出方式分布

3.2.2　中国创业投资的 IPO 退出情况

我国多层次资本市场的建设，目前已形成主板、中小板、创业板、科创板和新三板市场的基本构架。随着科创板的持续发展与注册制在创业板中的推进，中介机构职责、投资者结构、退市机制与行政执法等一整套制度体系有望在改革中逐步完善，多层次资本市场的不断完善也为创业投资的退出提供了良好通道。

2019 年，境内主板市场仍是创业投资企业 IPO 退出的主要渠道，占比达到 51.23%，较 2018 年增加了 2.27%；2019 年科创板正式开通，披露退出信息的创业投资项目中，有 1.23% 是通过科创板退出的，随着科创板的继续扩容，预计未来通过科创板退出的比例将继续提升。此外，28.40% 的企业通过境内创业板退出，12.96% 的企业通过境内中小板市场退出；仅 6.17% 的企业通过境外上市实现退出，与上年相比大幅下滑（表 3–3、图 3–3）。

表 3-3　2012—2019 年创业投资 IPO 退出市场分布[①]

年份	境内主板上市	境内创业板上市	境内中小板上市	境内科创板上市	境外上市
2012	21.74	38.26	36.52	0	3.48
2013	21.26	40.94	30.71	0	7.09
2014	22.33	42.72	21.36	0	13.59
2015	48.48	28.28	16.16	0	7.07
2016	48.51	29.70	18.81	0	2.97
2017	31.31	15.15	48.48	0	5.05
2018	49.60	29.60	9.60	0	11.20
2019	51.23	28.40	12.96	1.23	6.17

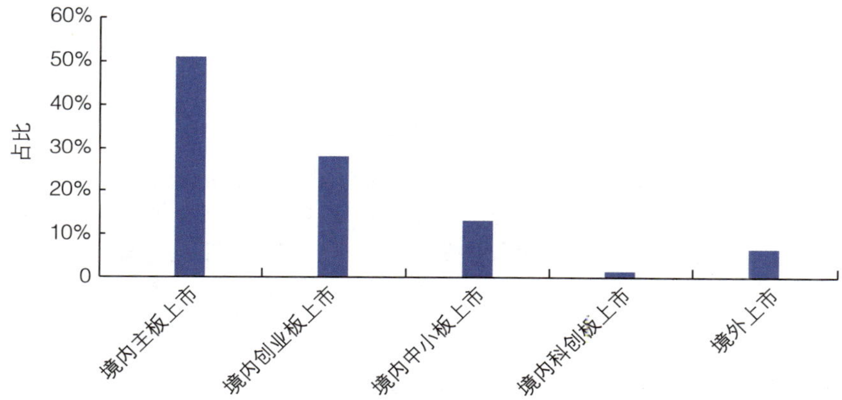

图 3-3　2019 年创业投资 IPO 退出市场分布

3.3　中国创业投资退出项目的行业分布[②]

从一级行业划分情况来看（表 3–4），2019 年中国创业投资退出项目的行业分布基本保持稳定。其中，软件和信息服务业行业的退出合计达到 16.1%，比 2018 年下降了 4.1 个百分点，但仍然是退出最多的行业；新能源和环保业，计算机、通信设备制造业，医药生物业，传统制造业的退出项目占比有所下降，其他制造业、其他行业的退出占比略有上升。

① 有效样本数为 160 份。
② 有效样本数为 919 份。

表 3-4　2010—2019 年创业投资退出项目一级行业分布

单位：%

年份	2010	2011	2012	2013	2014	2015	2016	2017	2018	2019
软件和信息服务业①	15.9	12.9	9.4	11.5	11.6	20.3	15.9	18.4	20.2	16.1
新能源和环保业②	24.5	16.7	22.2	16.2	15.2	15.7	17.6	15.9	14.8	12.1
计算机、通信设备制造业③	14.2	14.4	10.6	14.0	14.2	9.9	10.9	11.2	11.4	11.0
医药生物业④	11.0	13.5	11.1	12.5	8.3	8.7	10.8	7.3	10.0	8.3
传统制造业	7.9	11.3	14.3	17.5	12.2	9.3	8.5	8.3	8.9	7.5
其他行业	11.4	5.0	6.2	3.9	8.7	7.3	12.5	11.1	7.2	9.4
其他制造业	0	5.3	6.2	8.2	4.1	7.5	4.7	6.5	5.4	9.1
传播与文化娱乐	1.6	1.9	3.0	2.7	5.5	2.3	5.9	3.9	5.0	5.0
金融保险业	3.1	2.2	2.2	3.9	1.8	2.9	1.6	2.4	3.9	2.8
科技服务	1.6	0.6	2.2	0.6	1.2	2.8	2.4	3.5	3.7	2.8
农林牧渔业	4.7	6.0	6.5	3.7	4.3	3.2	3.3	2.8	1.1	1.5
社会服务	0	0.6	1.6	0.8	1.4	1.5	1.6	2.4	1.1	1.6

注：①包括原有的网络产业、IT 产业、软件产业、其他 IT 产业 4 个细分的二级行业。
②包括原有的新材料工业，新能源、高效节能技术，核应用技术，环保工程 4 个细分的二级行业。
③包括原有的通信设备、半导体、计算机硬件产业、光电子与光机电一体化 4 个细分的二级行业。
④包括原有的医药保健、生物科技 2 个细分的二级行业。

从二级细分行业来看（表 3–5），其他制造业（占比 9.1%）、传统制造业（占比 7.5%）在 2019 年的创业投资退出项目中占比较高，主要源于我国基础设施条件良好、整体投资环境稳定、制造业生产要素齐全，制造企业具有良好的盈利能力和成长空间。值得注意的是，2019 年创业投资退出项目中，传统制造业占比下降，但其他制造业占比上升较多，这在一定程度上反映出我国传统制造业正在积极转型。此外，医药保健、软件产业、网络产业等的退出占比也呈现出不同程度的增加。

表 3-5　投资 2018—2019 年创业投资退出项目二级行业分布

单位：%

投资行业	2018 年	2019 年
IT 服务业	6.4	6.1
半导体	3.2	3.4
采掘业	0.1	0.1
传播与文化娱乐	5.0	5.0

续表

投资行业	2018 年	2019 年
传统制造业	8.9	7.5
光电子与光机电一体化	2.4	2.2
核应用技术	0	0
环保工程	1.9	1.7
计算机硬件产业	1.9	1.8
金融保险业	3.9	2.8
科技服务	3.7	2.8
农林牧副渔	1.1	1.5
批发和零售业	1.1	1.2
其他 IT 产业	2.2	1.0
其他行业	7.2	9.4
软件产业	5.8	7.0
生物科技	3.5	3.6
通信设备	3.9	2.0
网络产业	5.8	6.4
消费产品和服务	3.2	4.0
新材料工业	7.8	5.7
新能源、高效节能技术	5.1	4.7
医药保健	6.5	7.4
房地产业	0.4	0.2
建筑业	1.2	0.8
交通运输仓储和邮政业	0.8	0.8
其他制造业	5.4	9.1
社会服务	1.1	1.6
水电煤气	0.3	0.2

3.4　中国创业投资退出项目的地区分布[①]

近年来，中国创业投资退出项目的地区分布总体上未出现明显波动，其分布与创业投资机构投资分布情况较为一致。因东部地区创业投资发展相对成熟，退出项目占比也较高，其中，江苏、浙江、广东、北京、上海等地区退出项目占比长期处于领先地位。

2019 年，退出项目占比排名前 10 的地区合计占比 83.17%，较上一年度增加 2 个百分点，区域集聚效应仍然较为明显（表 3–6、图 3–4）。

表 3-6　2012—2019 年创业投资退出项目地区分布前 10 名

单位：%

年份		1	2	3	4	5	6	7	8	9	10
2012 年	地区	江苏	浙江	广东	湖北	北京	上海	河北	天津	安徽	湖南
	占比	35.6	9.8	8.4	7.6	7.3	5.4	3.8	3.8	3.8	3.5
2013 年	地区	江苏	浙江	上海	广东	北京	天津	安徽	山东	湖北	重庆
	占比	35.0	10.6	8.1	7.7	5.4	5.2	3.3	3.1	2.9	2.7
2014 年	地区	江苏	浙江	广东	上海	北京	湖北	辽宁	湖南	山东	天津
	占比	20.4	13.5	13.3	10.2	9.8	3.8	3.3	3.1	2.9	2.7
2015 年	地区	江苏	北京	浙江	广东	上海	河南	安徽	天津	湖北	四川
	占比	24.3	13.2	10.4	8.6	5.3	4.2	4.2	4.1	3.6	3.1
2016 年	地区	江苏	浙江	北京	广东	上海	山东	天津	安徽	福建	湖南
	占比	29.7	12.7	11.8	8.0	6.1	4.3	4.0	3.5	2.9	2.8
2017 年	地区	江苏	广东	浙江	北京	上海	湖南	山东	福建	重庆	湖北
	占比	20.08	11.44	10.88	8.51	7.67	4.32	3.91	3.77	3.63	3.49
2018 年	地区	江苏	浙江	广东	北京	上海	湖南	福建	安徽	山东	四川
	占比	17.2	13.04	12.9	11.16	6.85	5.11	4.97	3.49	3.36	3.09
2019 年	地区	江苏	浙江	广东	上海	北京	湖南	福建	安徽	湖北	天津
	占比	22.99	14.00	13.58	8.67	7.42	3.97	3.87	3.13	2.82	2.72

① 有效样本数为 957 份。

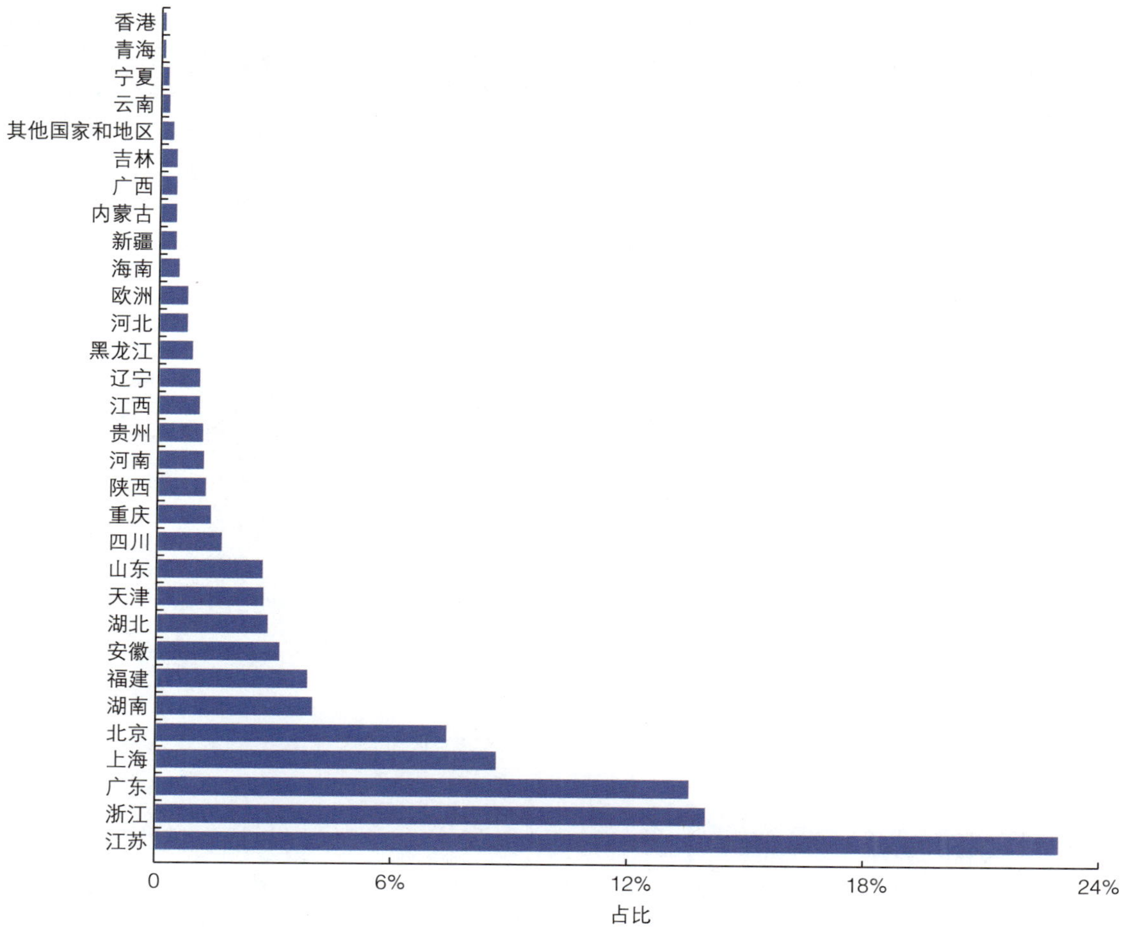

图 3-4　2019 年创业投资退出项目地区分布

3.5　中国创业投资的退出绩效

3.5.1　中国创业投资退出的总体绩效表现

2019 年，我国不断加快资本市场改革，主要包括修订《证券法》并加强中介机构的审计与督导责任、推出科创板并试行注册制、改革创业板并深化新三板分层与交易机制等，这些均有利于创业投资项目的退出。2019 年全行业创业投资退出收益率达到了 236.01%，较 2018 年提高超过 30 个百分点。全行业创业投资退出步伐略微放缓，项目平均退出时间为 4.79 年（图 3–5），年均收益率为 41.51%（表 3–7）。

表 3-7　2010—2019 年创业投资退出收益率[①]　单位：%

年份	2010	2011	2012	2013	2014	2015	2016	2017	2018	2019
总体收益率	221.87	193.71	196.35	117.70	123.00	260.18	225.73	243.35	205.78	236.01
年均收益率	37.82	45.62	44.01	13.85	23.46	32.39	29.69	38.33	31.12	41.51

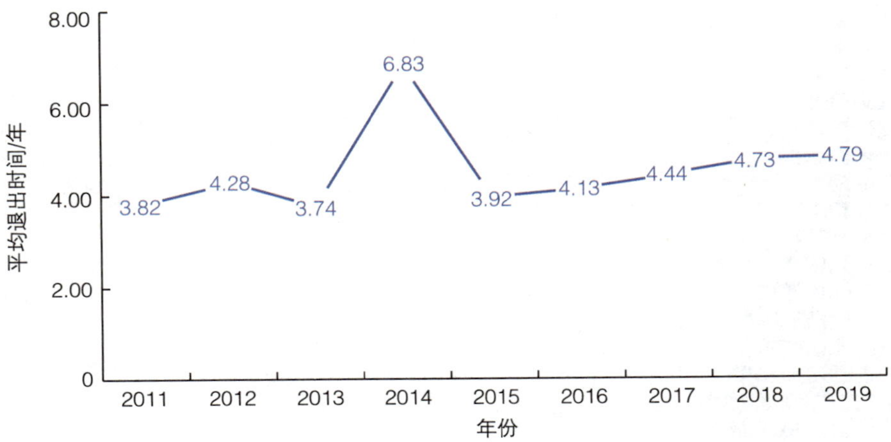

图 3-5　2011—2019 年创业投资平均退出时间

创业投资退出收益率分布显示（表 3–8、图 3–6）：2019 年创业投资机构发生亏损的退出项目占比为 51.3%，较 2018 年增加 5.4 个百分点；此外，与 2018 年相比，收益率在 0 ~ 15%、15% ~ 20% 的也有所增加，20% ~ 50% 的保持不变，收益率在 50% ~ 100% 及 100% 以上的有所减少，侧面反映了更多的企业面临亏损。

表 3-8　2012—2019 年创业投资退出收益率分布[②]　单位：%

年份	亏损	0 ~ 15%	15% ~ 20%	20% ~ 50%	50% ~ 100%	100% 以上
2012	47.0	8.6	3.5	10.5	4.5	25.9
2013	67.1	2.4	2.7	8.7	2.2	16.9
2014	56.9	4.7	4.1	9.4	11.6	13.3
2015	48.9	12.1	3.5	11.8	7.4	16.2
2016	57.0	9.7	2.6	9.9	5.8	15.1
2017	53.0	7.5	3.1	9.4	7.7	19.3

① 有效样本数为 4741 份。
② 有效样本数为 900 份。

续表

年份	亏损	0 ~ 15%	15% ~ 20%	20% ~ 50%	50% ~ 100%	100% 以上
2018	45.9	8.0	2.3	13.6	11.2	19.0
2019	51.3	10.0	2.7	13.6	6.4	16.0

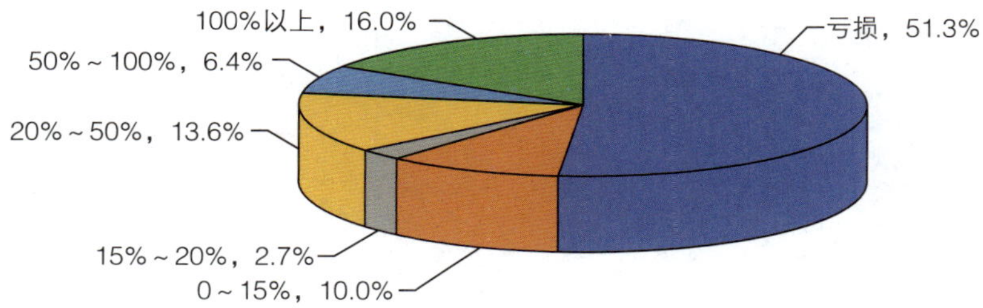

图 3-6　2019 年创业投资退出收益率分布

3.5.2　中国创业投资不同退出方式的绩效表现

总体上看（表 3–9、图 3–7），上市退出仍是收益率最高的退出方式。2019 年资本市场科创板的推出和创业板注册制改革大幅推进，上市退出的回报率有所上升，平均账面退出回报 5.76 倍。与 2018 年相比，收益率有较大幅度的上升。同时，受益于科创板推出和创业板注册制改革等政策的利好，资本市场并购迅速升温，并购的数量和金额在 2019 年均出现了回升，通过并购退出的项目收益率高达 454.71%，较 2018 年出现大幅上升。

此外，2016—2019 年，新三板的投资热度逐渐下降，交投不活跃、投资门槛高等因素导致新三板流动性较差，新三板摘牌企业数量激增，创业投资也很难通过新三板退出。因此，与 2018 年相比，2019 年新三板市场退出项目收益率出现大幅下降。2019 年，新三板迎来全面改革，中国证监会发布实施了《非上市公众公司监督管理办法》《非上市公众公司信息披露管理办法》，全国股转系统公司也制定、修订了 30 件业务规则，涵盖股票公开发行、股票定向发行、市场分层管理、股票交易、投资者适当性管理及公司监管六大方面，包括基本业务规则、业务细则、指引和指南 4 个层级。未来新三板上细分领域的优质公司将获得更多关注，企业融资、成长、投资人回报将会逐渐形成良性循环。

表 3-9　2010—2019 年不同渠道创业投资退出项目总体收益率①　　单位：%

年份	上市	并购	回购	新三板	清算
2010	1072.00	30.91	−21.67	48.85	−31.87

① 有效样本数为 4630 份。

续表

年份	上市	并购	回购	新三板	清算
2011	799.38	41.54	−30.51	63.19	−65.37
2012	472.62	203.41	30.06	−32.48	−16.43
2013	448.03	16.39	−32.96	89.79	−43.47
2014	601.66	65.54	−3.31	27.23	−34.43
2015	779.27	463.54	19.85	16.86	−15.32
2016	922.12	323.41	3.02	193.82	−43.62
2017	1240.98	253.75	−1.04	51.18	−38.91
2018	452.64	90.46	9.42	171.85	−18.49
2019	575.86	454.71	23.58	−0.07	−21.60

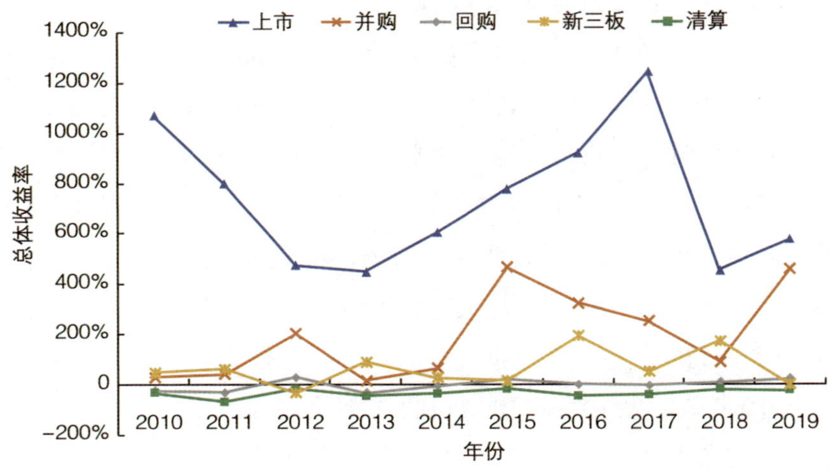

图 3-7　2010—2019 年不同渠道创业投资退出项目总体收益率

从历年各渠道退出项目的年均收益率来看，上市是收益最高的退出方式[①]，一般年均收益率在 100% 左右，2011 年年均收益率高达 200.41%。2019 年年均收益率为 71.89%，较 2018 年有所提高；此外，受益于 2019 年资本市场并购热潮，并购退出的年均收益率高达 96.9%，与 2018 年相比出现大幅提升（表 3–10、图 3–8）。

① 从 2010—2019 年的历年数据分析，有且仅有 2019 年的上市退出年均收益率低于并购。

表 3-10　2010—2019 年不同渠道创业投资退出项目年均收益率[①]　单位：%

年份	上市	并购	回购	新三板	清算
2010	187.62	5.04	−5.35	5.64	−4.83
2011	200.41	12.99	−20.71	13.20	−8.46
2012	84.62	66.40	14.86	−4.47	−10.33
2013	73.36	2.71	−19.31	−0.90	−8.26
2014	107.19	17.49	−4.22	12.93	−11.48
2015	114.38	44.45	4.05	6.10	−2.00
2016	120.35	37.58	0.38	43.89	−10.66
2017	129.72	66.89	−5.41	9.55	−9.54
2018	67.49	25.49	0.20	27.73	−4.11
2019	71.89	96.90	3.98	0.11	−4.43

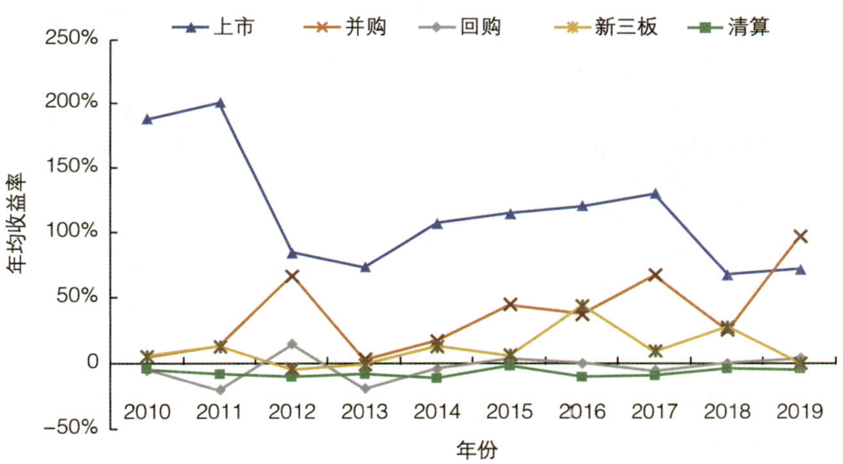

图 3-8　2010—2019 年不同渠道创业投资退出项目年均收益率

3.5.3　中国创业投资不同行业退出的绩效表现

随着我国创业投资企业管理能力的逐步提升，项目总体收益率呈现上升趋势。无论是高新技术行业还是传统行业，在经历了 2013 年的较大下滑后，退出时盈利的项目占比稳步增长，但 2019 年较 2018 年略有下滑（表 3-11、图 3-9、表 3-12、图 3-10）。

① 有效样本数为 3847 份。

表 3-11　2010—2019 年高新技术行业创业投资退出项目盈亏分布[①]　单位：%

年份	2010	2011	2012	2013	2014	2015	2016	2017	2018	2019
亏损	62.70	47.13	44.38	67.87	52.24	48.94	55.41	53.91	46.84	49.50
盈利	37.30	52.87	55.62	32.13	47.76	51.06	44.59	46.09	53.16	50.50

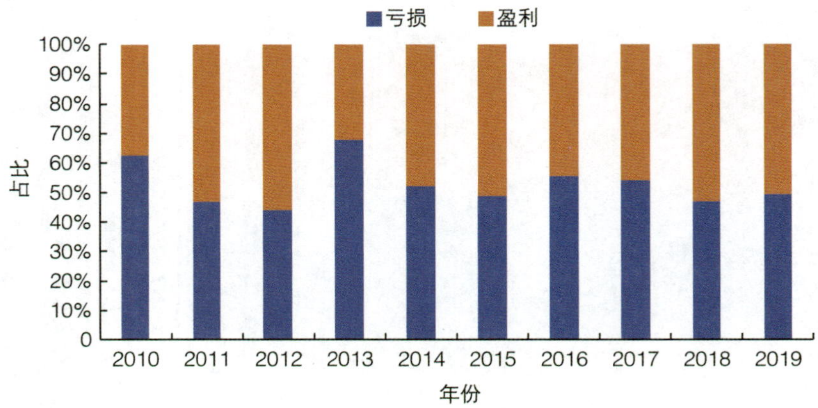

图 3-9　2010—2019 年高新技术行业创业投资退出项目盈亏分布

表 3-12　2010—2019 年传统行业创业投资退出项目盈亏分布[②]　单位：%

年份	2010	2011	2012	2013	2014	2015	2016	2017	2018	2019
亏损	63.64	51.52	50.00	64.55	61.44	49.77	59.73	53.79	49.03	53.01
盈利	36.36	48.48	50.00	35.45	38.56	50.23	40.27	46.21	50.97	47.01

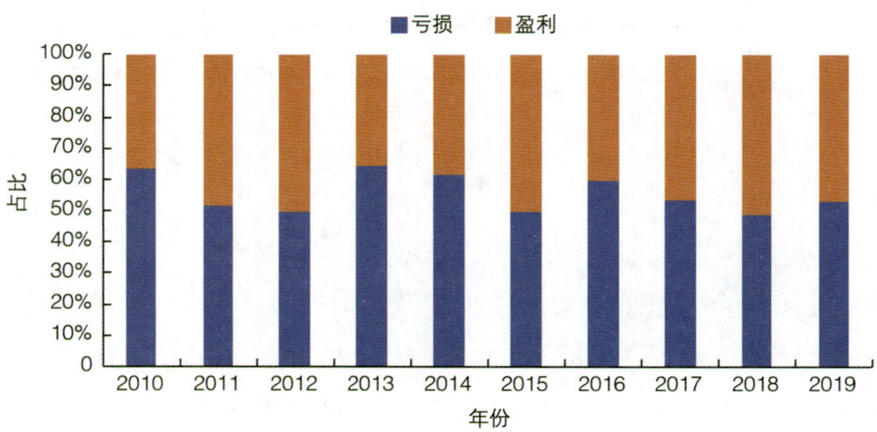

图 3-10　2010—2019 年传统行业创业投资退出项目盈亏分布

① 有效样本数为 497 份。

② 有效样本数为 383 份。

按细分行业划分，2019年，生物科技行业的退出平均收益率均值达到21.53倍（表3–13），随着经济的持续增长、人们健康观念的提升、人口老龄化进程的加快等，国内生物科技产业迎来快速发展期。此外，科技服务，半导体，新能源、高效节能技术，医药保健等行业的退出平均收益率排名靠前，已成为新一轮投资热点。

表3-13　2019年主要行业投资退出平均收益率①　　单位：%

投资行业	退出平均收益率
生物科技	2153.19
科技服务	579.10
半导体	460.27
新能源、高效节能技术	342.11
医药保健	332.31
环保工程	136.19
其他制造业	125.30
光电子与光机电一体化	110.06
传统制造业	109.87
IT 服务业	102.72
软件产业	71.81
社会服务	62.46
传播与文化娱乐	57.75
其他 IT 产业	57.21
交通运输仓储和邮政业	51.36
新材料工业	41.02
消费产品和服务	31.39
其他行业	30.31
网络产业	26.27
通信设备	26.09
计算机硬件产业	14.98
农林牧副渔	14.21

① 有效样本数为654份。

续表

投资行业	退出平均收益率
建筑业	8.41
金融保险业	0.91
水电煤气	0
批发和零售业	−39.99
房地产业	−50.93

4

中国创业投资的绩效

4.1 创业投资机构的收入

4.1.1 投资机构的收入

2019 年，据披露信息的创业投资机构[①]统计显示，主营业务总收入和平均收入分别为 191.60 亿元和 1226.60 万元（图 4–1），总收入有所提高，平均收入有所下降。

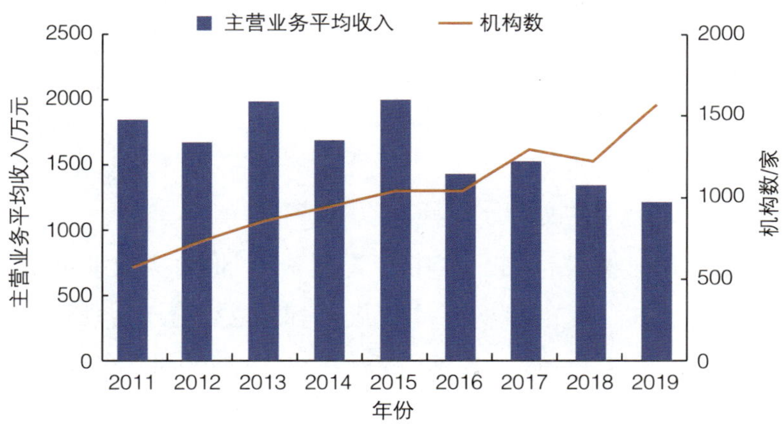

图 4-1 2011—2019 年投资机构收入趋势

①获得投资相关收益的机构占比大幅提升。2019 年，披露收入的 852 家投资机构中有 757 家获得股权转让收入、分红收入或管理费、咨询费收入，占比达到 88.85%，3 类收入占比分别为 46.51%、15.26% 和 21.58%，其他收入占比为 16.65%。

②基金投资相关收入略低于管理机构。对比投资基金与管理机构的收入信息发现，

① 有效样本数为 1562 份。

1014 家管理机构股权转让收入、分红收入和管理费、咨询费收入合计 104.39 亿元，平均每家机构为 1029.44 万元，548 家投资基金股权转让收入、分红收入和管理费、咨询费收入合计 55.31 亿元，平均每家 1009.36 万元，略低于管理机构。

③政府引导基金支持的机构收入更高。对比发现，获得政府引导基金支持的机构股权转让收入、分红收入和管理费、咨询费收入平均为 1332.00 万元，未获得政府引导基金支持的机构平均为 1007.43 万元。

4.1.2 不同规模投资机构的收入特征[①]

按机构管理资本规模从低到高，将创业投资机构划分为 5 个组别，统计不同规模创业投资机构的平均收入及其在总收入中的占比情况，如表 4-1 所示。

表 4-1 2015—2019 年不同规模创业投资机构的平均收入及其占比

年份	0.5 亿元以下		0.5 亿 ~ 1 亿元		1 亿 ~ 2 亿元		2 亿 ~ 5 亿元		5 亿元以上	
	平均收入/万元	占总收入比重/%	平均收入/万元	占总收入比重/%	平均收入/万元	占总收入比重/%	平均收入/万元	占总收入比重/%	平均收入/万元	占总收入比重/%
2015	374.6	4.6	985.9	11.0	1477.6	13.2	2049.1	18.9	9544.2	52.3
2016	417.3	8.2	1379.6	20.1	1036.8	13.0	1494.8	18.6	6090.8	40.1
2017	817.2	15.1	1006.0	12.7	433.0	5.1	1502.4	19.6	7120.4	47.5
2018	618.0	11.8	842.4	11.1	825.1	10.1	944.1	11.4	6631.6	55.7
2019	545.6	13.1	668.0	11.4	1064.0	14.0	1347.9	19.5	4423.5	42.0

2019 年，中国创业投资机构收入分布具有以下特征。

①机构规模越大，平均收入越高。其中，管理资本 5000 万元以下的机构平均收入为 545.6 万元，管理资本超过 5 亿元的机构平均收入达到 4423.5 万元；管理资本 5 亿元以上的机构收入占总收入的比重达到 42.0%，管理资本 2 亿元以上的机构收入占比达到 61.5%，而管理资本 5000 万元以下的机构收入占比仅为 13.1%。

②管理资本 1 亿元以下的机构收入持续下降。2019 年，管理资本在 1 亿元以下的两组机构平均收入下降明显，分别较 2018 年下降了 11.7% 和 20.7%。

③管理资本 1 亿 ~ 5 亿元的机构收入继续提高。2019 年，管理资本 1 亿 ~ 2 亿元的机构平均收入大幅回升，平均收入达到 1064.0 万元，占比达到 14.0%；管理资本在 2 亿 ~ 5 亿元的机构平均收入有所提高，平均收入为 1347.9 万元，较上年上升了 42.8%，总收入占

① 有效样本数为 1489 份。

比达到 19.5%，提高了 8.1 个百分点。

④管理资本 5 亿元以上的机构收入下降。2019 年，管理资本 5 亿元以上的机构平均收入下降明显，平均收入为 4423.5 万元，较上年下降了 33.3%，总收入占比 42.0%，降低了 13.7 个百分点。

4.1.3 投资机构的收入来源结构

2019 年，849 家[①] 创业投资机构披露了主营业务收入。其中，股权转让增值收入占全部收入的 46.63%，分红收入占 15.17%，管理费、咨询费收入占 21.49%，其他收入占 17.72%（图 4–2）。与 2018 年相比，股权转让增值收入占比提高了 2.2 个百分点，分红收入占比降低了 6.2 个百分点，管理费、咨询费收入占比提高了 6.0 个百分点，其他收入占比降低了 0.4 个百分点。

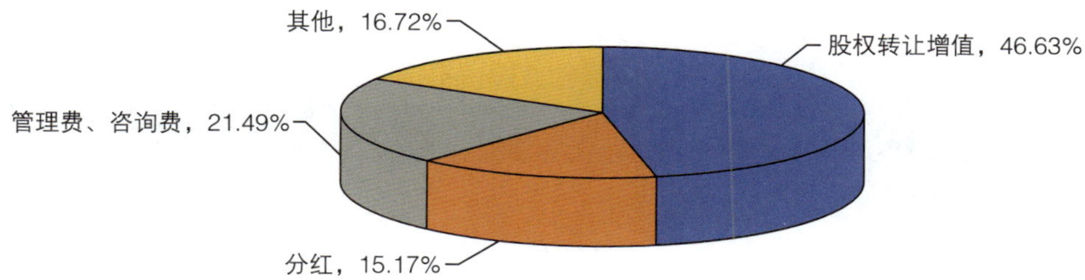

图 4-2　2019 年投资机构收入来源比例

股权转让增值收入和分红收入对创业投资机构主要收入的贡献已经连续多年下降；管理费、咨询费收入占比有所提高，这可能源于创业投资管理机构占比的提高。

4.1.4 投资机构当年最大收入来源[②]

2019 年统计调查显示，中国创业投资机构最大收入来源分布与往年相比未发生显著的结构变化，但具体占比发生了较大变化。

①不同最大收入来源的机构分布。以股权转让为最大收入来源的创业投资机构占 23.9%，基本与上年持平；以分红为最大收入来源的创业投资机构占 10.2%，较上年下降；二者合计为 34.1%，较上年下降了 9.5 个百分点；以管理费、咨询费等收入为最大收入来源的创业投资机构占比为 59.7%，较上年提高了 20.4 个百分点；以其他收入为最大收入来源的创业投资机构占比为 6.2%，较上年下降了 11.0 个百分点（图 4–3、表 4–2）。

②投资相关业务收入占比下降。近年来，股权转让和分红已经成为机构的重要收入来源，但 2019 年，以分红为最大收入来源的机构占比下降明显，创业企业所处环境或为重要原因。

① 仅包括收入大于 0 且各项收入占比之和等于 100% 的机构，剔出未填写各类收入占比的机构。

② 有效样本数为 849 份。

③最大收入来源与机构业务相关。管理机构和基金投资机构的主要收入来源也与其经营业务保持高度一致，76.4% 的管理机构以管理费、咨询费等为最大收入来源，只 15.5% 的基金投资机构以管理费、咨询费等为最大收入来源；56.8% 的基金投资机构以股权转让、分红等收入为最大收入来源，只有 12.8% 的管理机构以股权转让和分红为最大收入来源。

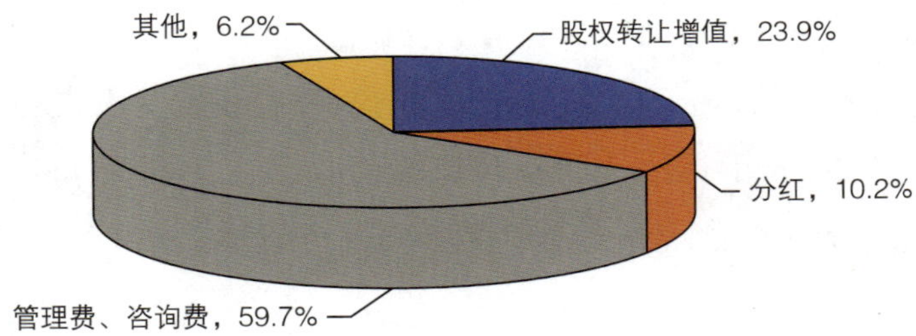

图 4-3　2019 年中国创业投资机构的最大收入来源结构

表 4-2　2015—2019 年中国创业投资机构的最大收入来源结构　单位：%

年份	股权转让	分红	管理费、咨询费等	其他
2015	27.8	18.8	35.9	17.5
2016	25.8	17.6	41.3	15.3
2017	22.2	17.0	44.3	16.5
2018	23.2	20.4	39.3	17.2
2019	23.9	10.2	59.7	6.2

4.2　创业投资项目的收益情况

2019 年调查显示，2994 家创业投资机构新增投资项目 3015 项，其中 1062 项披露了主营业务收入信息。

4.2.1　被投资项目的主营业务收入[①]

创业投资机构新增投资项目的主营业务收入有以下特征（表 4–3、图 4–4）。

① 2019 年新增投资项目的主营业务收入仍然呈 W 形分布。但 5000 万元以上的项目占比继续下降，100 万元以下的项目占比也有所下降，其他规模项目占比均有不同程度的上升。

②小规模项目占比略有下降。主营业务收入 100 万元以下的项目占比较上年下降了 3.4 个百分点。

① 有效样本数为 1062 份。

③中等规模项目占比有所提高。主营业务收入 100 万 ~ 500 万元的项目占比提高了 0.7 个百分点，500 万 ~ 1000 万元的项目占比提高了 0.4 个百分点，3000 万 ~ 5000 万元的项目占比上升了 1.9 个百分点。

④大项目占比有所下降。主营业务收入 5000 万元以上的项目占比为 39.7%，较上年下降了 0.8 个百分点。

表 4-3　2015—2019 年被投资项目的主营业务收入分布　　单位：%

年份	100 万元以下	100 万 ~ 500 万元	500 万 ~ 1000 万元	1000 万 ~ 3000 万元	3000 万 ~ 5000 万元	5000 万元以上
2015	34.9	13.9	6.8	11.1	4.2	29.1
2016	36.8	13.3	6.5	12.2	4.7	26.5
2017	28.6	12.0	6.4	11.3	6.0	35.7
2018	32.8	12.8	7.4	11.3	5.3	30.5
2019	29.4	13.5	7.8	12.5	7.2	29.7

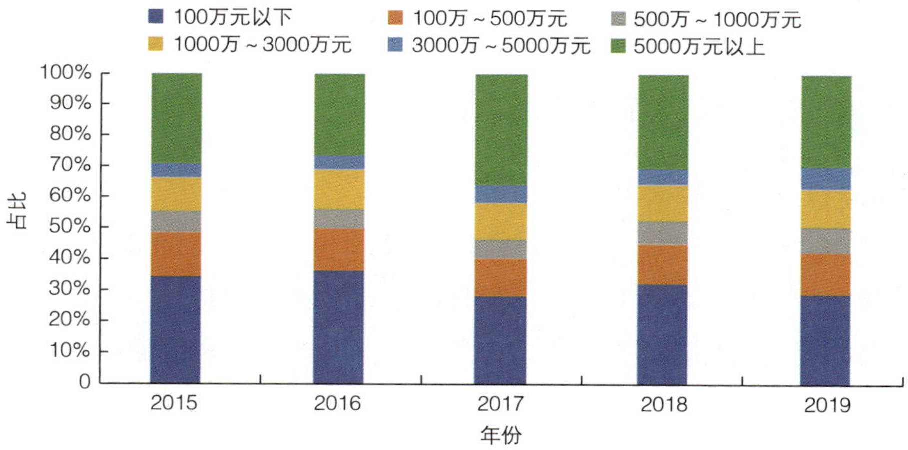

图 4-4　2015—2019 年被投资项目的主营业务收入分布

4.2.2　被投资项目的平均主营业务收入

2019 年，不同收入规模的中国创业投资机构投资项目的平均主营业务收入分化明显（表 4-4）。①

①小项目收入能力不强。2019 年，大部分小规模项目收入非常低，特别是主营业务收入 100 万元以下的项目，平均主营业务收入仅为 1.1 万元，自 2011 年以来首次低于 10 万元，

① 有效样本数为 1062 份。

说明小规模项目亏损面继续扩大。

②中型项目的收入比较平均。2019 年，主营业务收入 100 万 ~ 500 万元、500 万 ~ 1000 万元、1000 万 ~ 3000 万元和 3000 万 ~ 5000 万元的项目收入分布相对均衡，各组别平均主营业务收入均略高于组别中间值。

③大项目收入下降明显。2019 年，主营业务收入 5000 万元以上的项目平均主营业务收入依然较高，约 4.8 亿元，但相比 2018 年接近减半。

表 4-4　2015—2019 年不同规模被投资项目的平均主营业务收入　单位：万元

年份	100 万元以下	100 万 ~ 500 万元	500 万 ~ 1000 万元	1000 万 ~ 3000 万元	3000 万 ~ 5000 万元	5000 万元以上
2015	16.0	249.4	741.1	1775.4	3883.5	52 008.3
2016	14.6	277.9	765.2	1824.2	3948.5	33 239.5
2017	13.9	270.8	753.0	1740.0	4038.9	75 334.2
2018	14.1	277.9	757.0	1853.4	4064.4	92 073.1
2019	1.1	265.6	710.1	1873.9	4009.3	47 750.0

4.3　创业投资项目的总体运行与趋势

4.3.1　被投资项目总体运行情况

截至 2019 年年底，中国创业投资机构累计投资项目达到 25 411 项，其中，继续运行项目占 78.3%，较上年增多；境内外已上市项目占比为 5.6%；原股东（创业者）收购和管理层收购项目合计占比为 7.4%；其他机构收购项目占比为 3.7%；清算的项目占比为 4.9%（图 4–5）。

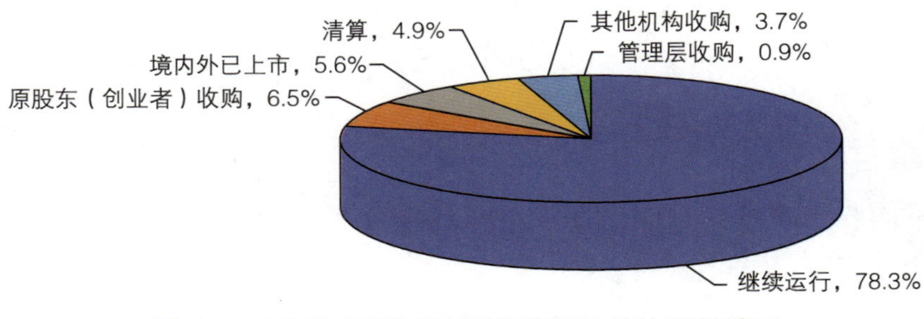

图 4-5　2019 年累计被投资项目的总体运行情况

4.3.2 被投资项目总体运行趋势

2019 年，中国创业投资机构累计投资项目的运行趋势表现出以下特征（表 4–5）。

①资本市场发展平稳，累计上市项目占比小幅下降。2019 年，受科创板影响，全年上市公司数显著提高，上市公司总数超过 200 家。被投资项目的上市总量增长，但在退出中的占比出现小幅下降。

②并购市场交易量下滑。截至 2019 年，累计被境内机构收购的项目占比下降到 3.6%，被境外公司收购的占比依然不足 0.1%。

③原股东和管理层收购交易下滑。包括创业者在内的原股东、管理层收购占比持续下降，占比为 7.4%，其中原股东（创业者）收购占比 6.5%，管理层收购占比 0.9%。

④清算项目占比继续提升。截至 2019 年，累计清算项目占比再次提高，达到 4.9%，反映了创业投资市场的激烈竞争。

表 4-5　2015—2019 年累计被投资项目的总体运行状况分布　单位：%

年份	已上市		被收购		原股东（创业者）收购	管理层收购	继续运行	清算
	境内	境外	境内收购	境外收购				
2015	8.0	1.3	4.9	0.2	7.6	1.4	74.7	1.9
2016	6.6	0.3	4.8	0.1	7.9	1.1	76.5	2.7
2017	7.0	0.3	5.4	0.3	7.3	1.4	74.8	3.5
2018	6.5	0.6	5.6	0.1	7.5	1.0	74.9	3.8
2019	4.7	0.9	3.6	0.1	6.5	0.9	78.3	4.9

4.4 创业投资机构的总体运行情况评价

4.4.1 投资机构对全行业发展情况的评价[①]

2019 年，1964 家创业投资机构对全行业发展情况给出评价，整体评价分布继续向右偏移（图 4–6）。2019 年，中国创业投资机构对全行业的评价整体偏向保守，乐观评价比重下降明显，认为全行业发展“非常好”和“较好”的机构比重合计下降了 13.3 个百分点；而认为“不好”和“非常不好”的机构比重合计提高了 13.3 个百分点；认为全行业整体发

① 有效样本数为 1964 份。

展一般的机构比重提高了 6.3 个百分点；对行业整体发展评价不确定的比重明显下降，为 2.4%（表 4–6）。

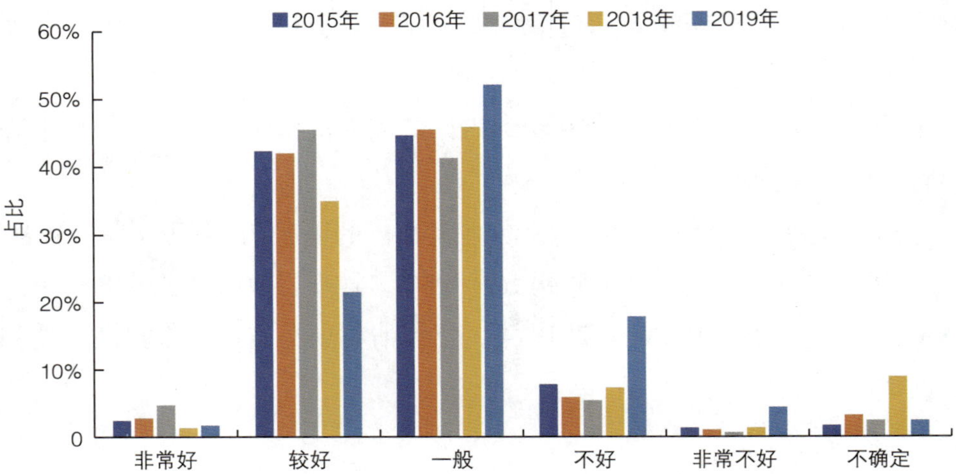

图 4-6　2015—2019 年投资机构对全行业的整体评价分布

表 4-6　2015—2019 年投资机构对全行业的整体评价分布　单位：%

年份	非常好	较好	一般	不好	非常不好	不确定
2015	2.4	42.4	44.7	7.6	1.2	1.7
2016	2.7	41.9	45.3	5.9	1.1	3.1
2017	4.7	45.6	41.2	5.5	0.5	2.5
2018	1.4	35.0	45.9	7.5	1.4	8.8
2019	1.6	21.5	52.2	17.9	4.3	2.4

4.4.2　投资机构的投资前景预测①

对于 2020 年投资前景，中国创业投资机构整体上给出了明显悲观的预测。认为 2020 年投资前景“不好”和“非常不好”的机构占比分别为 17.3% 和 3.5%，合计较上年提高了 15.5 个百分点。相应地，对 2020 年投资前景预期相对乐观的机构占比大幅下降至 26.9%（表 4–7）。

① 有效样本数为 1970 份。

表 4-7　2018—2020 年投资机构对投资前景的预测分布

单位：%

年份	非常好	好	一般	不好	非常不好	不确定
2018	7.4	53.7	31.3	2.4	0.3	4.8
2019	2.4	43.5	41.1	4.6	0.7	7.6
2020	1.7	25.2	44.6	17.3	3.5	7.7

对 2020 年投资前景不确定的机构占比进一步提高到 7.7%，除了机构对自身更早年份预期误差的修正，更重要的是对宏观经济形势的判断。大约 80.3% 的机构认为目前宏观经济对行业影响较大，其中超过两成的被调查企业认为影响非常大[①]，较 2019 年进一步提高（图 4–7）。

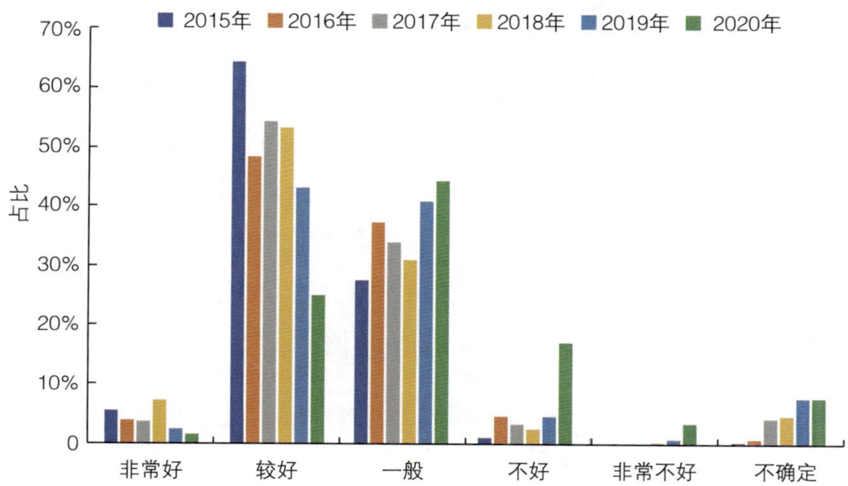

图 4-7　2015—2020 年投资机构对投资前景预测的分布

① 有效样本数为 1961 份。

5

中国创业投资的经营管理

5.1 中国创业投资项目来源

2019 年，创业投资的项目来源渠道仍然以“政府部门推荐”“项目中介”“朋友介绍”为主[①]，三者累计占比 52.5%。尽管政府仍然为创业投资机构提供较为重要的信息，但随着信息来源渠道逐渐多元化，“政府部门推荐”占比持续下降。2019 年，“科技金融服务平台”自增加以来，已经连续第 3 年成为第 4 个主要来源渠道。2019 年，“股东推荐”占比取代“众创空间（孵化器）”来源渠道成为第 5 个重要来源渠道，占比为 11.4%（表 5–1、图 5–1）。

总体来看，通过“中介渠道”获得信息仍然是主要来源渠道，占比为 65.8%，较“自有渠道”占比高出 31.6 个百分点[②]。

表 5-1 2010—2019 年创业投资机构获取项目信息的来源渠道[③] 单位：%

年份	政府部门推荐	项目中介机构	朋友介绍	科技金融服务平台	股东推荐	项目业主	众创空间（孵化器）	其他	银行介绍	媒体宣传
2010	26.2	18.5	17.9	—	13.2	11.3	—	2.7	7.2	2.9
2011	25.4	18.5	18.7	—	13.3	11.7	—	2.1	7.4	2.8
2012	25.2	18.6	19.2	—	13.2	11.5	—	3.2	6.9	2.2
2013	25.5	19.1	19.9	—	13.2	10.1	—	3.6	6.0	2.6

① 有效样本数量为 1973 份。

② 中介渠道：政府部门推荐、项目中介机构、银行介绍、媒体宣传、众创空间（孵化器）、科技金融服务平台及其他；自有渠道：朋友介绍、股东推荐、项目业主。

③ 表格排序按 2019 年调查数据排列。以下表格排序相同。

续表

年份	政府部门推荐	项目中介机构	朋友介绍	科技金融服务平台	股东推荐	项目业主	众创空间（孵化器）	其他	银行介绍	媒体宣传
2014	24.9	17.1	17.7	—	14.3	11	—	3.6	7.4	3.9
2015	21.3	15.2	14.6	—	13.9	11.3	10.4	2.7	7.1	3.5
2016	20.2	15.1	15.4	—	14.1	11.5	11.3	2.7	6.1	3.5
2017	21.9	16.0	14.0	11.0	11.4	9.5	9.1	3.2	2.5	1.4
2018	22.5	16.5	12.9	11.7	9.8	8.6	10.3	3.4	2.5	1.8
2019	21.4	17.3	13.8	11.4	11.4	9.0	8.9	3.1	2.2	1.5

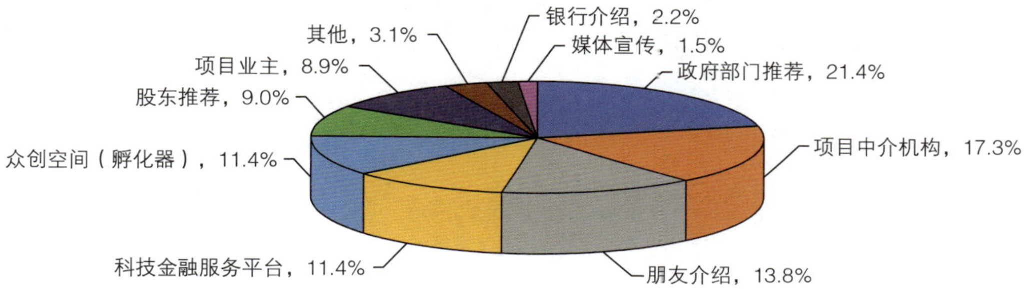

图 5-1　2019 年创业投资机构获取项目信息的来源渠道

5.2　中国创业投资决策要素

总体而言，2019 年影响创业投资机构进行决策的因素与 2018 年相比没有明显变化。2019 年，“市场前景”“管理团队”“技术因素”“财务状况”“盈利模式”仍然是影响创业投资机构进行投资决策的 5 个主要因素[①]（图 5-2、表 5-2），合计占比 92.1%。

表 5-2　2013—2019 年影响创业投资机构进行投资决策的因素　　单位：%

年份	市场前景	管理团队	技术因素	财务状况	盈利模式	公司治理结构	股权价格	资信状况	竞争对手情况	投资地点	中介服务质量	其他
2013	24.1	22.5	12.7	9.9	12.1	5.1	4.5	3.2	2.9	2.1	0.6	0.3
2014	24.3	21.4	13.7	8.8	11.7	5.6	4.4	3.7	3.3	2.1	0.7	0.4
2015	20.3	18.2	12.7	11	10.8	7.2	5.8	5.1	4.7	2.6	1.1	0.6

① 有效样本为 1978 份。

续表

年份	市场前景	管理团队	技术因素	财务状况	盈利模式	公司治理结构	股权价格	资信状况	竞争对手情况	投资地点	中介服务质量	其他
2016	18.3	17.2	12.2	11.6	10.3	8.1	6.4	5.7	5.4	3.3	1.1	0.4
2017	30.5	24.7	17.9	9.9	8.3	2.6	2.5	1.3	1.1	0.8	0.2	0.2
2018	31.0	24.1	17.8	9.9	8.6	2.9	2.0	1.4	1.1	0.8	0.3	0.2
2019	30.2	25.1	19.1	9.2	8.5	3.0	1.6	1.1	0.9	0.8	0.1	0.2

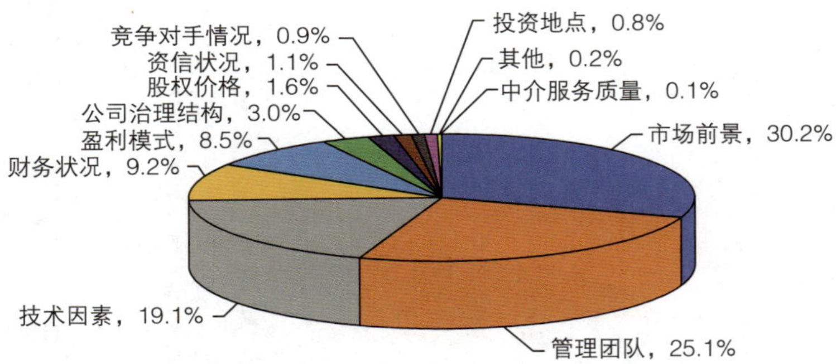

图 5-2　2019 年影响创业投资机构进行投资决策的因素

5.3　中国创业投资对被投资项目的管理方式

与 2018 年相比，2019 年创业投资机构对被投资项目的管理方式没有明显变化。"提供管理咨询"占比从 2018 年的 39.9% 略微上升到了 41.7%。"董事会席位"和"只限监管"分别占比为 36.6% 和 16.1%，分别较 2018 年上升了 1.9 个百分点和下降了 0.9 个百分点（图 5-3）[①]。

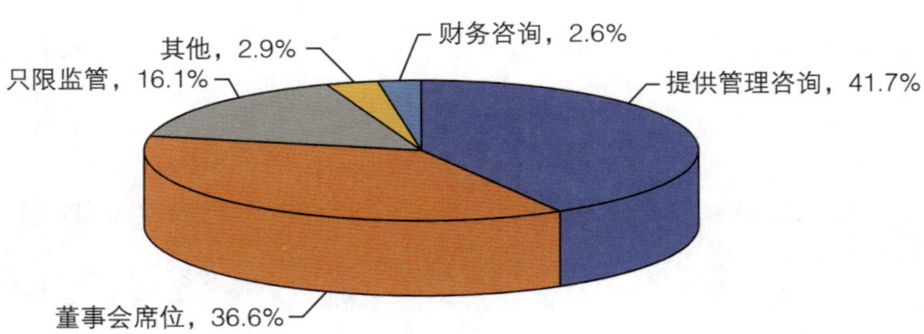

图 5-3　2019 年创业投资机构对被投资企业的管理方式

① 有效样本为 1970 份。

2019 年，“一般参股”仍然是创业投资机构的主要方式①（表 5–3、图 5–4），占比较 2018 年上升了 3.5 个百分点。与 2018 年相比，“绝对控股”和“相对控股”分别下降了 1.8 个和 1.6 个百分点。

表 5-3　2010—2019 年创业投资机构股权参与程度

单位：%

年份	绝对控股	相对控股	一般参股
2010	3.7	12.1	84.2
2011	4.9	8.6	86.5
2012	4.4	11.0	84.6
2013	5.2	10.2	84.6
2014	3.4	12.3	84.3
2015	3.5	7.0	89.5
2016	3.1	7.9	89.0
2017	2.4	7.4	90.2
2018	4.6	7.8	87.6
2019	2.8	6.2	91.1

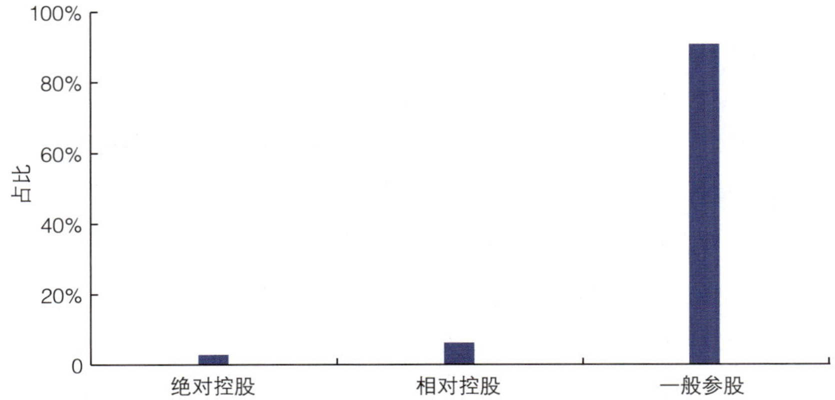

图 5-4　2019 年创业投资机构股权参与程度

① 有效样本为 2047 份。

5.4 与创业投资经营管理有关的人力资源因素

整体而言，2019 年合格的创业投资经营管理从业人员应该具备的基本素质要求与 2018 年相比没有明显变化。“资本运作能力”仍然是合格的创业投资人员应具备的首要素质，但占比较 2018 年略有下降，从 25.8% 下降到 25.3%。“判断力和洞察力”和“财务管理能力”分别以 20.5% 和 16.8% 的占比居第 2 位、第 3 位，分别较 2018 年下降了 0.6 个和 0.8 个百分点。与 2018 年相比，“技术背景”占比略有上升，从 2018 年的 14.9% 上升到 2019 年的 16.0%。“商务谈判能力”和“人际关系网络和协调能力”则分别以 11.4% 和 9.8% 的占比居应该具备素质的第 5 项和第 6 项（图 5–5）。

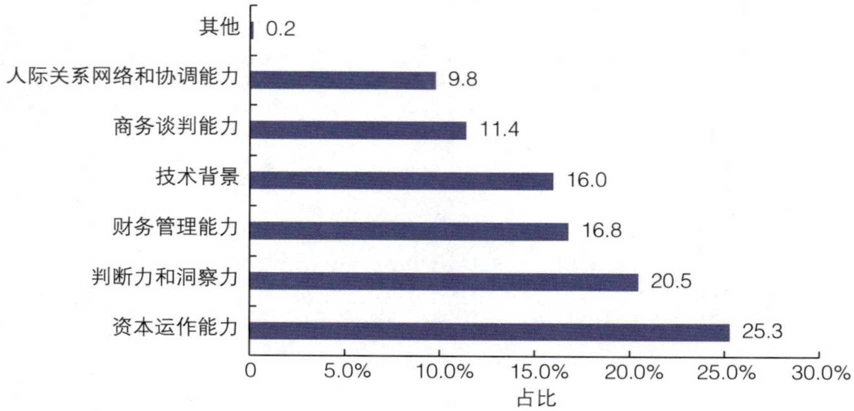

图 5-5　2019 年合格的创业投资经营管理从业人员应该具备的基本素质要求

图 5–6 给出了 2019 年创业投资人员相对缺乏的专业知识的统计情况[①]。与 2018 年相比，“技术评估”和“资本运作”仍然是创业投资人员较为缺乏的两项能力，分别占比 20.7% 和 17.9%；“企业管理”取代“项目识别”能力，以 16.3% 的占比排在第 3 位。前 3 项累计占比为 54.9%。“项目识别”和“技术背景”分别以 13.2% 和 11.3% 的占比居第 4 位和第 5 位。总体来看，“技术评估”和“技术背景”连续 5 年占比超过 30%，因此，创业投资人员对技术的识别与判定、缺少既懂金融又懂技术的复合型人才仍在一定程度上制约着创业投资的发展。“法律知识”“财务管理能力”“商务谈判能力”占比分别为 8.7%、7.1%、4.1%。

① 有效样本为 1963 份。

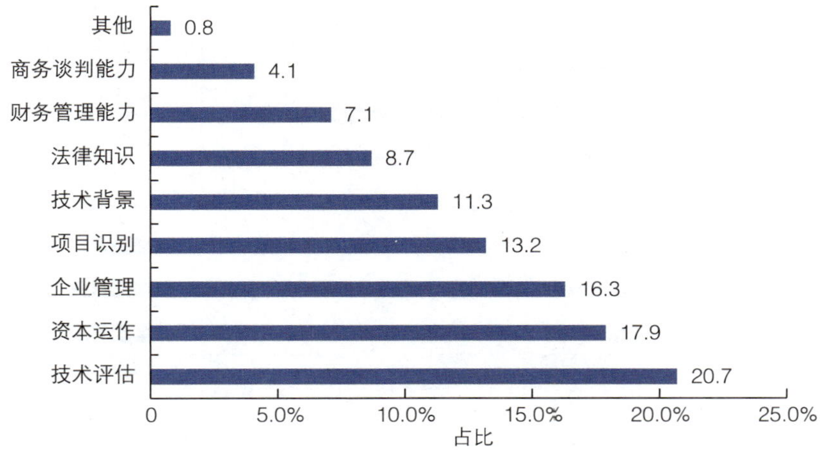

图 5-6　2019 年创业投资人员相对缺乏的专业知识

5.5　投资效果不理想的主要原因

2019 年，投资效果不理想的首要原因仍然是“退出渠道不畅”，占比 19.4%，其后是“市场竞争”和“政策环境变化”，分别占比 18.2% 和 17.4%[①]。如果将影响投资效果的原因归结为政府、市场与被投资项目本身，可以推断，近年来我国创业投资行业受“退出渠道不畅”和“政策环境变化”两项政策要素影响的程度正在逐年下降，累计占比从 2013 年的 53.3% 下降到 2019 年的 36.8%；“市场竞争”对投资效果的影响总体平稳；包括“后续融资不力”“内部管理水平有限”“技术不成熟”“缺乏诚信”等来自被投资项目本身的因素对投资效果的影响有所提升，其占比从 2013 年的 24.0% 上升到 2019 年的 44.4%（表 5–4、图 5–7）。

表 5-4　2013—2019 年创业投资机构投资效果不理想的主要原因　单位：%

年份	退出渠道不畅	市场竞争	政策环境变化	后续融资不力	内部管理水平有限	技术不成熟	缺乏诚信	其他
2013	26.6	18.2	26.7	5.7	8.4	6.8	3.1	4.6
2014	25.4	19.4	23.4	8.0	9.5	7.1	2.6	4.6
2015	26.2	17.6	23.7	8.4	10.3	6.7	2.4	4.7
2016	25.9	17.0	23.2	9.1	10.4	7.7	2.2	4.5
2017	18.5	18.3	17.3	11.5	17.1	12.4	3.9	1.0
2018	20.8	17.4	18.7	13.1	13.9	11.8	0.9	3.4
2019	19.4	18.2	17.4	14.4	14.2	12.9	2.9	0.6

① 有效样本数量为 1947 份。

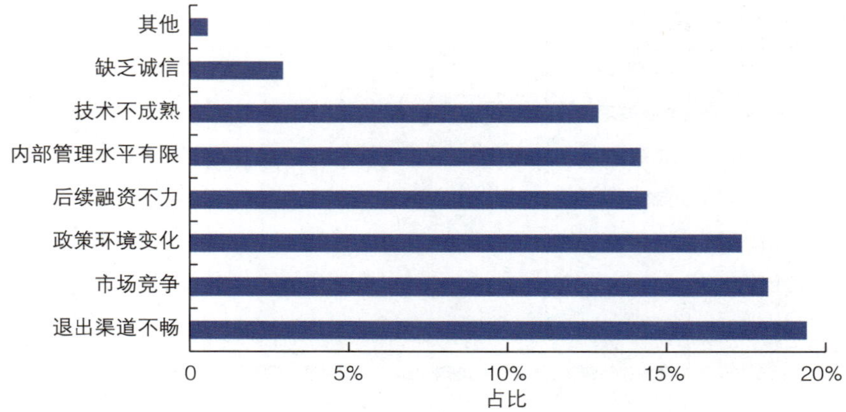

图 5-7　2019 年创业投资机构投资效果不理想的主要原因

2019 年我们继续对机构首选退出渠道进行了跟踪调查。调查结果显示，“国内主板市场”仍然是各个机构选择上市时的首选渠道[①]，占比较 2018 年略有下降，从 50.2% 下降到 47.3%。此外，随着多层次市场建设的不断完善，选择国内创业板作为首选上市渠道的机构也有了一定程度的提升，从 2018 年的 26.3% 上升到 2019 年的 30.7%；选择国内中小企业板和新三板作为首选上市渠道的机构仍然较少，分别占比 11.8% 和 8.1%（图 5–8）。

2019 年，随着科创板试点落地、制度不断跟进和完善，我们也针对科创板是否对投资机构有积极作用进行了调查[②]。根据 1960 份有效调查结果显示，有 88.6% 机构认为“科创板对创业投资具有积极意义”。

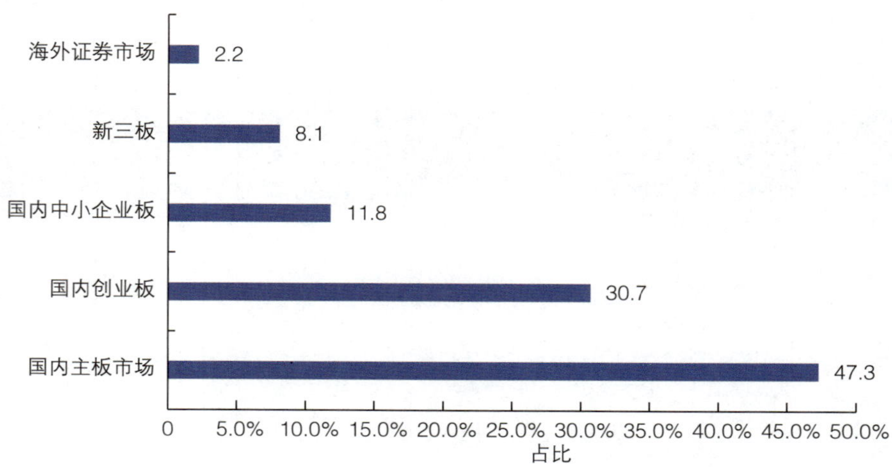

图 5-8　2019 年机构在选择上市退出渠道时的首选

① 有效样本数量为 1957 份。

② 有效样本数量为 1960 份。

5.6 创业投资机构最看好的投资领域

总体来看，创业投资机构最看好的投资领域仍然与国家政策息息相关，关系到国计民生、受到政策支持的行业更容易受到创业投资机构的关注。具体而言，受新冠肺炎疫情影响，“医药与生物科技”成为2020年机构最看好的投资领域，占比连续第3年呈提升态势，从19.8%（2018年）、22.7%（2019年）提升至2020年的25.9%。包含人工智能行业的“计算机、通信等电子设备制造业”占比为24.7%，居第2位。而“新能源环保行业”“软件与网络行业”分别以14.5%、11.2%的占比分列第3位、第4位（图5-9）[①]。

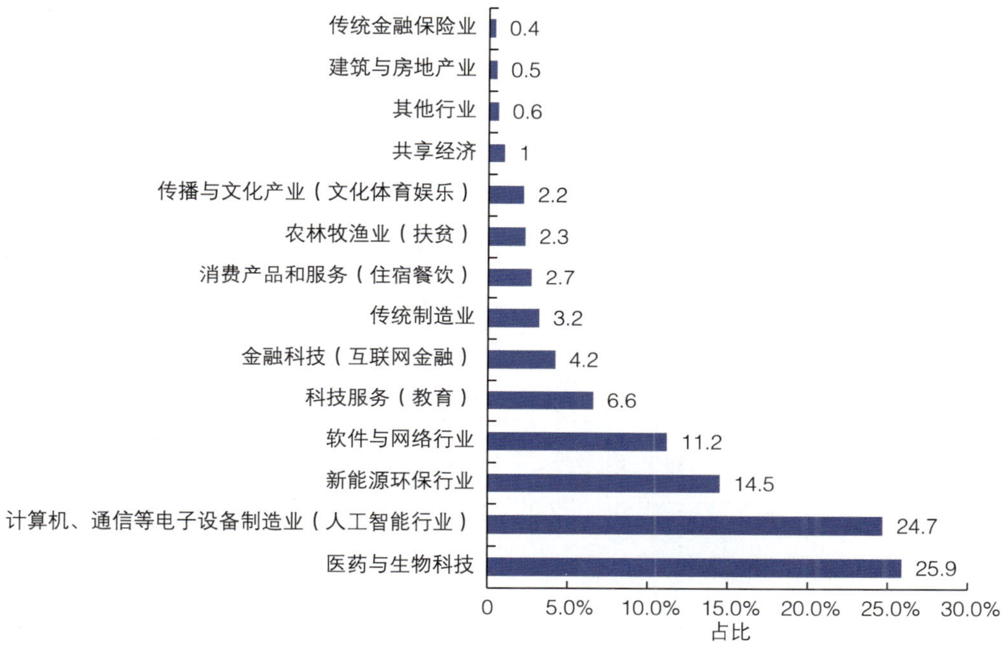

图5-9 2020年创业投资机构最看好的投资领域

① 有效样本数量为1973份。

6

中国创业投资区域运行状况

6.1 创业投资机构地区分布

根据调查统计，2019 年全国有效创业投资机构总数达 2994 家，比 2018 年增加 194 家，增幅达 6.9%；其中创业投资基金数量有所下滑，但创业投资管理机构数量大幅增加。

2019 年全部创业投资机构分布在全国 31 个省（区、市）（表 6–1、图 6–1），地区分布呈现以下特点。

①与往年类似，中国创业投资行业整体上仍旧呈现东部沿海和经济发达地区集中、中部地区创业投资机构崛起、西部地区机构数量较少的发展特点。

②与 2018 年类似，浙江、江苏和北京的创业投资机构数量明显高出其他地区，居全国前 3 位，3 者合计占比达 59.22%，超过全国总数的一半。与 2018 年相比，2019 年浙江创业投资机构数量超过北京，居全国第一，有 679 家；江苏创业投资机构数量居全国第二，有 603 家；而北京创业投资机构数量居全国第三，有 491 家。浙江的创业投资机构数量最多，主要原因是浙江的创业投资机构中，小规模的创业投资机构和管理机构增长迅速，合伙制企业较多，有限合伙形式的创业投资基金成立更方便、灵活，适合浙江这种民营经济发达的地区。

③广东、山东、上海的创业投资机构数量继续保持在国内前列。而湖南、陕西、福建、天津等地创业投资机构发展迅速，机构数量位列国内第二梯队。

④部分地区，尤其是西部不发达地区的创业投资机构数量较少，机构数量保持在个位数，如江西、宁夏、云南、海南、青海、西藏、内蒙古等地。

表 6-1　2019 年中国各地区创业投资机构数量

单位：家

地区	创业投资机构总数	创业投资基金总数	创业投资管理机构总数
浙江	679	489	190
江苏	603	466	137
北京	491	213	278
广东	197	137	60
山东	119	81	38
上海	110	67	43
湖南	95	50	45
陕西	88	31	57
福建	64	36	28
天津	61	44	17
山西	52	19	33
辽宁	49	28	21
湖北	48	29	19
重庆	48	21	27
河南	41	24	17
贵州	37	29	8
安徽	36	32	4
四川	33	16	17
黑龙江	32	22	10
河北	23	22	1
新疆	22	15	7
广西	15	8	7
甘肃	12	12	
吉林	10	8	2
江西	7	7	0
宁夏	6	0	6
云南	5	2	3
海南	4	1	3

续表

地区	创业投资机构总数	创业投资基金总数	创业投资管理机构总数
青海	4	4	0
西藏	2	2	0
内蒙古	1	1	0
合计	2994	1916	1078

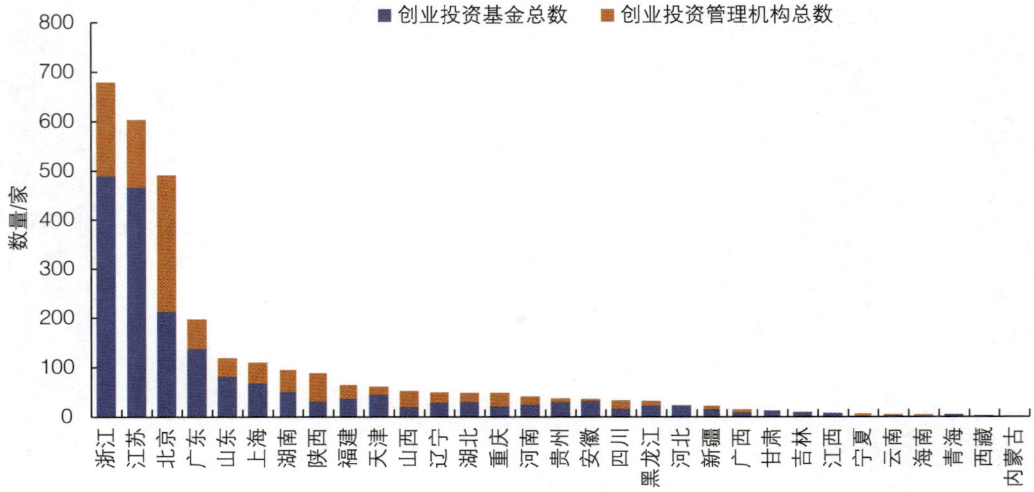

图 6-1　2019 年中国创业投资地区机构数

6.2　创业投资管理资本的地区分布

表 6–2 和图 6–2 显示了 2019 年我国不同地区创业投资公司的管理资本规模。

2019 年，全国创业投资公司管理资金规模达 9989.1 亿元，继续保持了增长势头，增速达 8.83%。地区分布呈现以下特征。

①整体上国内创业投资管理资金主要集中在东部经济发达地区，东西部地区的差距仍较为明显。东部的北京、广东和江苏的创业投资管理资金规模在千亿元以上，而贵州和内蒙古的创业投资管理资金规模在 1 亿元以下。

②创业投资管理资本向经济发达地区集中的情况越发明显。北京、广东和江苏的创业投资管理资本总量仍然居全国前 3 位，这 3 个地区创业投资管理资本都在 1000 亿元以上，合计占全国总量的 65.23%。其中，北京的创业投资管理资本最多，达 2550.2 亿元，占总量的 25.53%。广东和江苏分列第 2 位和第 3 位。

③浙江和陕西的创业投资管理资本也位居全国前列。2019 年，浙江的创业投资管理资

本总量是 691.7 亿元，占全国总量的比例是 6.92%。陕西的创业投资管理资本总量大幅增加，居全国第 5 位，达 528.8 亿元，比 2018 年增长 108.6%，主要是由于政府在创业投资上的支持力度逐渐增强，政府设立大型引导基金用于吸引创业投资社会资本。

④部分经济欠发达地区的创业投资管理较多的资本。2019 年，广西、西藏、甘肃、山西等地的创业投资管理资本都在 50 亿元以上，其中广西创业投资管理资本达到 141.2 亿元。

⑤部分地区创业投资不发达，管理资本相对较少，如江西、宁夏、青海、内蒙古、海南和贵州等地。

表 6-2　2019 年中国创业投资管理资本的地区分布

地区	管理资本总额 / 亿元	地区	管理资本总额 / 亿元
北京	2550.2	西藏	90.7
广东	2042.6	黑龙江	87.9
江苏	1923.1	新疆	69.9
浙江	691.7	甘肃	65.4
陕西	528.8	辽宁	62.6
湖南	249.1	山西	57.8
上海	240.6	河北	42.2
安徽	161.7	吉林	36.1
重庆	155.8	云南	15.1
天津	151.1	江西	15.0
广西	141.2	宁夏	7.6
山东	129.7	青海	5.3
四川	127.0	内蒙古	1.0
湖北	123.6	海南	0.5
福建	123.1	贵州	0.4
河南	92.3		

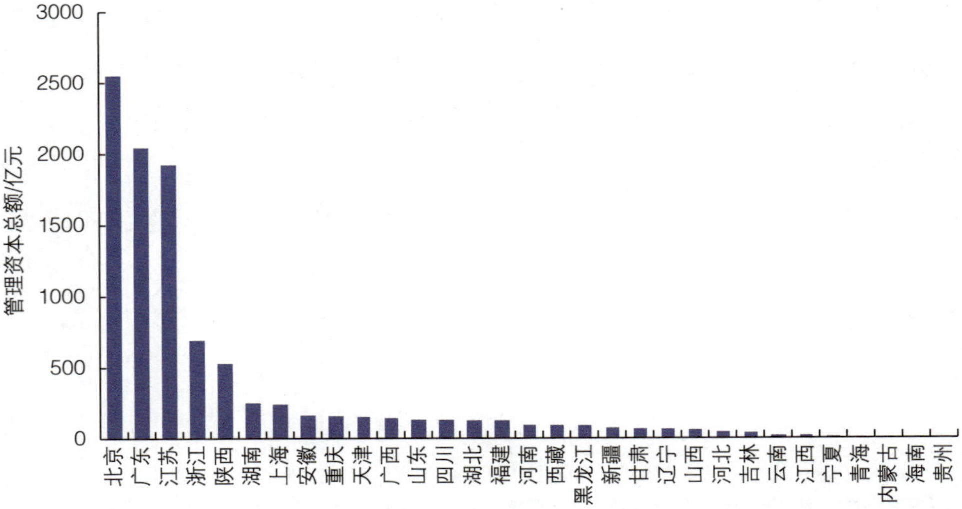

图 6-2　2019 年中国创业投资管理资本的地区分布

6.3　各地区创业投资机构的规模分布

表 6–3 和图 6–3 显示了 2019 年我国不同地区创业投资管理资本的规模分布。

2019 年，国内大部分地区创业投资机构的管理资金规模分布与 2018 年基本相似，大部分创业投资管理的资本分布在 5000 万元以下、1 亿 ~ 2 亿元和 2 亿 ~ 5 亿元这 3 个档次。

创业投资管理资本规模排在前列的地区中，北京管理资金规模在 5 亿元以上的投资机构数量占比最高，接近总量的 50%，上海管理资金规模在 5 亿元以上的投资机构数量占比也相对较高，为 21.15%。相比之下，浙江的创业投资机构则以 1 亿元以下管理资金规模的机构最多，合计达 64.63%，其中，具有 5000 万元以下管理资金规模机构的占比是 42.56%，说明浙江的创业投资机构整体规模相对较小。

表 6-3　2019 年各地区创业投资机构的管理资本规模分布　　单位：%

地区	5000 万元以下	5000 万 ~ 1 亿元	1 亿 ~ 2 亿元	2 亿 ~ 5 亿元	5 亿元以上
海南	100.00				
宁夏	60.00			40.00	
山西	52.00	12.00	4.00	20.00	12.00
西藏	50.00				50.00
广西	46.67	13.33	6.67	13.33	20.00
浙江	42.56	22.07	18.56	11.21	5.60

续表

地区	5000 万元以下	5000 万 ~ 1 亿元	1 亿 ~ 2 亿元	2 亿 ~ 5 亿元	5 亿元以上
河北	40.00	20.00	15.00	15.00	10.00
河南	37.14	8.57	14.29	25.71	14.29
辽宁	30.77	15.38	28.21	20.51	5.13
福建	28.81	13.56	30.51	13.56	13.56
广东	28.74	15.57	20.36	16.17	19.16
湖南	28.57	11.43	24.29	17.14	18.57
贵州	28.57	20.00	28.57	17.14	5.71
上海	26.92	5.77	21.15	25.00	21.15
江苏	25.83	16.11	23.18	21.63	13.25
青海	25.00	25.00	25.00	25.00	
天津	25.00	23.33	21.67	20.00	10.00
新疆	23.53	17.65	23.53	17.65	17.65
山东	22.37	10.53	35.53	21.05	10.53
云南	20.00		20.00	20.00	40.00
陕西	18.42	14.47	25.00	28.95	13.16
北京	15.98	9.28	11.34	14.43	48.97
重庆	12.50	17.50	17.50	27.50	25.00
黑龙江	9.38	18.75	34.38	28.13	9.38
四川	7.41	40.74	25.93	11.11	14.81
安徽	5.56	5.56	36.11	30.56	22.22
湖北	2.86	11.43	22.86	51.43	11.43
吉林		40.00		20.00	40.00
甘肃		16.67	25.00	33.33	25.00
内蒙古			100.00		
江西			75.00		25.00

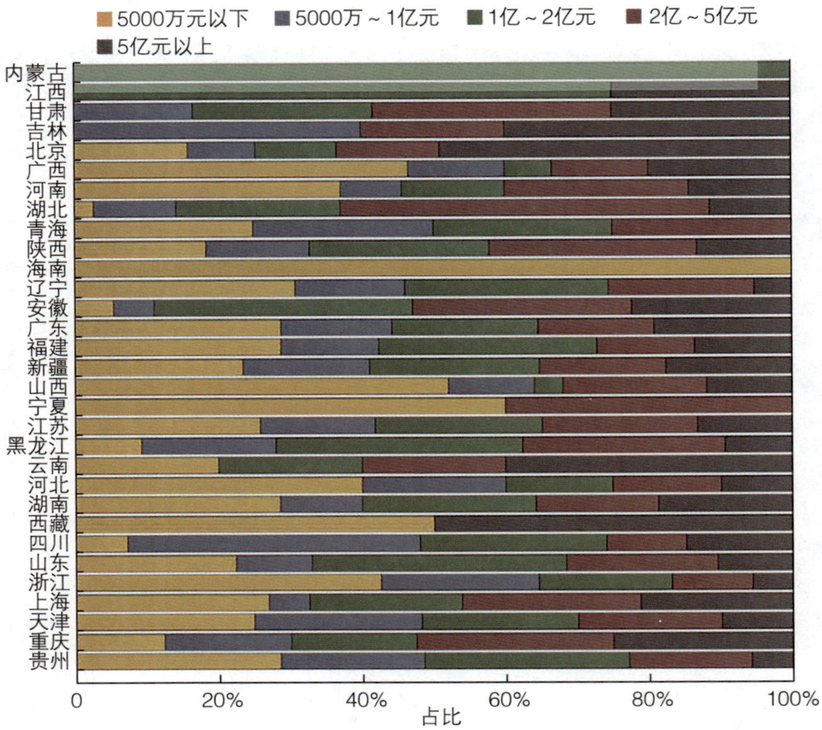

图 6-3　2019 年各地区不同规模创业风险投资机构的数量分布

6.4　各地区创业投资机构的资本来源

6.4.1　按资金来源的机构性质划分

从资金来源性质看，主要呈现以下特点（表 6–4）。

（1）政府资金依然是大部分地区创业投资机构的主要资金来源

以国有投资机构、政府引导基金和其他政府财政资金为代表的政府资金仍然是大部分地区创业投资机构的主要资金来源。其中，安徽、江西、湖北、湖南、甘肃等地区的创业投资资金主要来源于国有独资投资机构。有 28 个地区主要以政府引导基金方式支持创业投资发展，包括河北、湖北、宁夏和青海等地。

（2）民营投资机构成为很多地区创业投资机构的重要资金来源

2019 年，上海、江苏、浙江、山东、重庆、辽宁、天津、海南和福建的民营投资机构出资占比较高。值得注意的是，2019 年辽宁的民营资本占创业投资管理资本的比例达 28.2%，比 2018 年大幅提升，显示民营资本对该地区创业投资的参与程度在提高，地区的投资环境在逐步改善。

（3）个人投资者持续成为中国创业投资机构的重要资金来源

各地区将吸引个人投资者作为发展创业投资的方向之一。2019 年，有 28 个地区的创业投资管理资本中包含个人资本，其中占比较高的地区包括浙江、宁夏、福建、山东和上海。

（4）外资成为国内创业投资资本的重要补充

2019 年，共有 13 个地区的创业投资资本有外资参与。其中，境外资本占比较高的地区为江苏和四川。

表 6-4　2019 年不同地区创业投资机构的资本来源（按机构性质）

单位：%

地区	个人	国有独资投资机构	混合所有制投资机构	境内外资机构	境外投资机构	民营投资机构	其他	其他政府财政资金	政府引导基金	社保基金
安徽	3.0	54.4	0.8	0.6	0.1	12.1	4.8	15.9	8.4	0
北京	2.6	10.5	0.9	0.3	0	5.4	72.1	0.2	7.9	0.1
福建	15.4	16.3	1.1	0	0	22.7	20.3	17.8	6.5	0
甘肃	0	57.4	0.1	0	0	10.9	1.3	11.2	19.1	0
广东	5.8	4.3	0.4	0	0	4.4	82.1	1.8	1.1	0
广西	1.7	36.3	21.3	0	0	1.2	2.0	29.2	8.3	0
贵州	6.5	23.1	0.1	0	0	4.1	12.1	45.5	8.6	0
海南	0	0	0	0	0	89.6	0	10.4	0	0
河北	0.5	18.6	0.8	0	0	10.1	1.9	35.6	32.5	0
河南	2.0	43.8	11.0	1.3	0	5.3	18.7	4.9	13.0	0
黑龙江	4.1	19.0	5.0	0	0	5.0	21.9	16.2	28.9	0
湖北	2.8	40.9	6.2	2.3	0	16.8	3.8	5.8	21.3	0
湖南	7.0	47.6	2.3	0	0	10.1	17.6	9.9	5.5	0
吉林	1.9	31.7	0	0	0	0	0	65.6	0.8	0
江苏	5.0	25.1	1.9	0.3	14.0	31.2	5.0	3.6	13.9	0
江西	5.9	81.0	0	0	0	7.8	0	0	5.3	0
辽宁	10.4	47.0	0.5	0	0.1	28.2	6.4	1.5	5.7	0.1
内蒙古	0	0	0	0	0	0	0	100.0	0	0
宁夏	23.0	12.6	1.0	0	0	17.5	6.4	13.0	26.5	0
青海	6.4	3.6	0	0	0	4.9	0	39.6	45.6	0
山东	9.3	25.5	1.9	0.7	0	28.6	14.8	1.9	17.4	0
山西	1.5	5.8	0.3	0	0	5.1	72.8	10.1	4.4	0
陕西	1.0	7.5	2.2	0	0	4.0	3.0	54.0	28.3	0

续表

地区	个人	国有独资投资机构	混合所有制投资机构	境内外资机构	境外投资机构	民营投资机构	其他	其他政府财政资金	政府引导基金	社保基金
上海	9.3	12.0	20.2	1.4	0.3	30.6	3.8	5.4	12.1	4.7
四川	6.9	27.6	0.1	0	3.7	4.6	49.1	5.3	2.7	0
天津	6.9	24.7	11.3	0	0.7	40.6	2.8	5.7	7.3	0
西藏	6.1	0	32.6	0	3.4	12.4	1.3	44.1	0	0
新疆	4.8	34.7	2.0	0	0	5.3	13.3	35.6	4.3	0
云南	8.4	21.8	40.0	0	0	4.5	9.8	0	15.5	0
浙江	20.4	5.3	14.1	0.6	1.0	30.1	16.9	2.1	9.6	0
重庆	8.6	24.0	2.6	0.1	0.1	40.8	4.2	2.4	17.3	0

6.4.2 按金融资本类型划分

从金融机构 / 非金融机构角度来看，如表 6–5 所示，2019 年中国创业投资机构的资本来源呈现以下特点。

（1）非金融资本依旧是中国各地创业投资机构的主要资本来源

2019 年，非金融资本占创业投资机构的资本总数比例超过 50% 的地区共有 22 个，比 2018 年增加 1 个。

（2）银行、证券、保险、信托成为国内创业投资资本的有益补充渠道

2019 年，创业投资的资本来源于银行的地区有 18 个。相比之下、北京、广东、江苏、浙江的创业投资资本来源于银行的比例很小。创业投资的资本来源于证券机构的地区有 12 个，其中占比较高的地区包括重庆、上海和河南等地。创业投资的资本来源于信托机构的地区有 9 个，占比较高的地区是天津和重庆。创业投资的资本来源于保险机构的地区有 5 个，占比较高的地区是上海和北京。

表 6-5　2019 年不同地区创业投资的资本来源（按金融资本类型）　单位：%

地区	非金融资本	其他金融资本	银行	证券公司	保险公司	信托公司
安徽	93.5	5.3	0	1.1	0	0
北京	27.5	71.0	0	0	1.5	0
福建	72.1	20.3	7.0	0.5	0.1	0
甘肃	48.1	0.2	50.5	1.2	0	0

续表

地区	非金融资本	其他金融资本	银行	证券公司	保险公司	信托公司
广东	10.4	88.0	1.2	0	0.4	0
广西	68.2	8.5	21.3	0	0	2.0
贵州	79.4	19.9	0.2	0.5	0	0
海南	89.6	10.4	0	0	0	0
河北	58.8	41.2	0	0	0	0
河南	77.8	17.2	0.1	4.6	0	0.4
黑龙江	75.6	22.0	2.3	0	0	0
湖北	37.3	62.1	0	0.3	0	0.4
湖南	57.6	26.0	14.4	2.0	0	0
吉林	10.6	89.4	0	0	0	0
江苏	93.1	5.9	0.4	0	0.2	0.4
江西	22.8	77.2	0	0	0	0
辽宁	66.7	31.0	0.8	1.5	0	0
内蒙古	0	100.0	0	0	0	0
宁夏	98.3	1.7	0	0	0	0
青海	99.7	0.3	0	0	0	0
山东	90.1	9.7	0	0	0	0.2
山西	93.1	6.8	0.2	0	0	0
陕西	86.9	13.0	0.1	0	0	0
上海	33.9	47.5	10.6	3.0	2.2	2.8
四川	79.7	12.1	8.2	0	0	0
天津	81.2	14.3	1.4	0	0	3.2
西藏	65.2	34.8	0	0	0	0
新疆	95.3	4.3	0	0	0	0.4
云南	71.7	16.5	10.9	1.0	0	0
浙江	63.7	35.1	0.9	0.3	0	0
重庆	48.4	25.2	1.7	20.9	0	3.8

6.5　各地区创业投资的投资特征

6.5.1　创业投资项目的地区分布

本部分从两个维度来分析 2019 年中国创业投资项目的地区分布。一是从投资机构的注册地角度分析当地创业投资机构的投资活跃状况；二是从投资项目所在地角度分析创业投资机构最乐于选择投资的地区特点。

（1）以投资机构注册地划分

表 6–6 和图 6–4 显示，2019 年全国共有 28 个地区的创业投资机构进行了项目投资，与 2018 年地区数量持平，其中占据前 4 位的地区仍然是浙江、广东、江苏和北京，这 4 个地区创业投资机构所投资的项目合计占比是 62.3%，与 2018 年的 63.0%基本持平。这充分表明，北京、广东、江苏和浙江是国内创业投资机构较为活跃的地区。所不同的是，2019 年这 4 个地区的排名有所变化，浙江替代了 2018 年的广东，投资项目最多。

处在第二梯队的地区有陕西、湖北、湖南、天津、福建、安徽、四川、上海和河南等地，这些地区的创业投资机构相对活跃。

与 2018 年类似，广大的西部地区和经济欠发达地区，如云南、青海、新疆、江西、宁夏等地，创业投资机构的投资行为相对不活跃，2019 年投资的项目数量较少。

表 6-6　2019 年进行项目投资的创业投资机构注册地分布

地区	占比 /%	地区	占比 /%
浙江	17.4	贵州	1.9
广东	16.7	广西	1.2
江苏	15.9	吉林	1.1
北京	12.3	黑龙江	1.1
陕西	4.8	甘肃	1.0
湖北	3.5	重庆	0.9
湖南	3.1	辽宁	0.8
天津	2.8	山西	0.7
福建	2.5	河北	0.5
安徽	2.3	云南	0.5
四川	2.2	青海	0.2
上海	2.1	新疆	0.2

续表

地区	占比 /%	地区	占比 /%
河南	2.0	江西	0.2
山东	1.9	宁夏	0.1

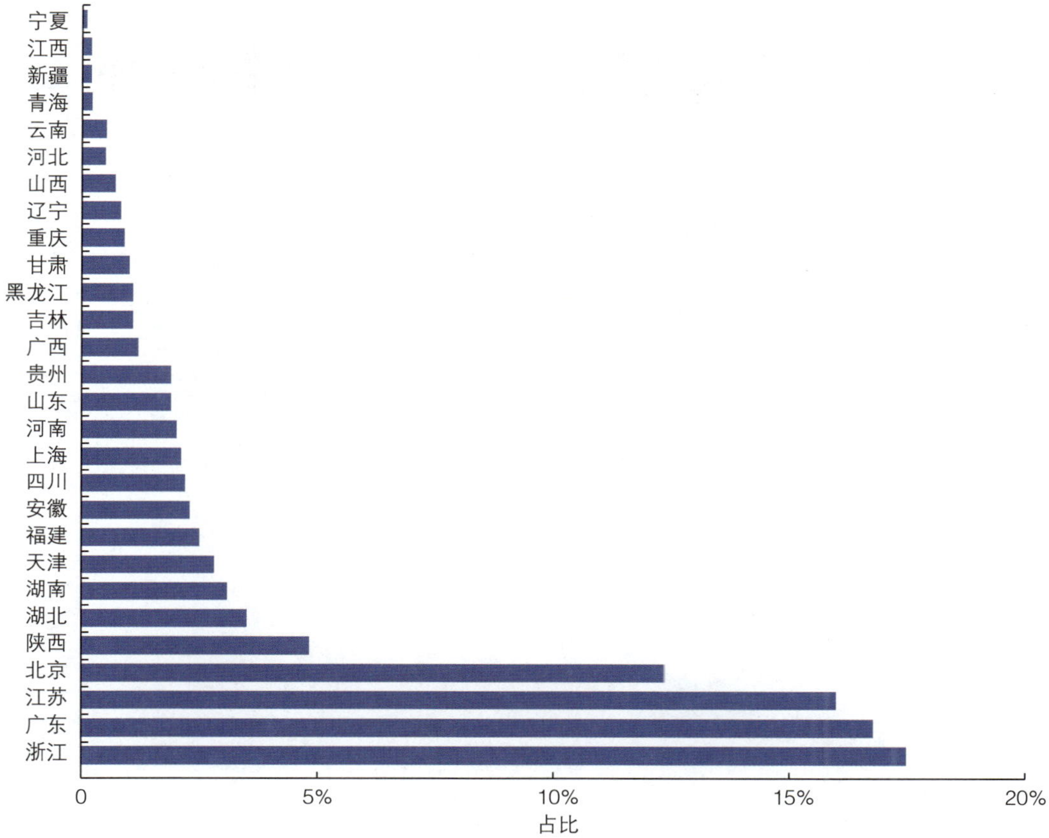

图 6-4　2019 年进行项目投资的创业投资机构注册地分布

（2）以投资项目所在地划分

表 6–7 显示了 2019 年中国创业投资机构投资项目所在地区的分布。

2019 年，中国创业投资机构的投资项目分布在全国 31 个省（区、市）及香港特别行政区，显示国内的创业投资机构的投资地域已经遍布全国。

不过，与 2018 年类似，创业投资机构投资项目所在地依然集中在东部经济和科技发达地区，北京、上海、江苏、浙江、广东 5 地是国内创业投资机构较为青睐的投资地区，投资占比合计达到 65.80%，与 2018 年的 66.10% 基本持平。

与 2018 年不同的是，2019 年江苏、浙江超越北京，成为国内创业投资项目排名前 2 位的地区，广东第 3 位，北京降至第 4 位，上海排名未变，仍居第 5 位。

陕西、湖北、山东、湖南、安徽、天津和四川等地也是国内创业投资机构比较乐于投资的地区，这些地区的创业投资项目也相对较多。

相比之下，部分地区的项目占比依旧很少，尤其是西部地区，江西、山西、青海、新疆、宁夏、云南、内蒙古、海南、西藏等地的投资项目占比均在 0.5% 以下。

表 6-7　2019 年中国创业投资机构所投资项目的地区分布

地区	占比 /%	地区	占比 /%
江苏	16.86	黑龙江	1.02
浙江	15.84	甘肃	0.98
广东	13.31	广西	0.98
北京	12.20	重庆	0.89
上海	7.59	辽宁	0.84
陕西	4.53	河北	0.71
湖北	3.28	江西	0.44
山东	2.84	山西	0.44
湖南	2.84	青海	0.22
安徽	2.80	新疆	0.22
天津	2.13	宁夏	0.09
四川	2.09	云南	0.09
河南	1.95	香港	0.09
福建	1.86	内蒙古	0.09
贵州	1.46	海南	0.04
吉林	1.24	西藏	0.04

6.5.2　各地区创业投资的投资强度

表 6–8 和图 6–5 显示，2019 年中国 28 个地区的创业投资机构所投资项目的投资强度大部分在 1000 万 ~ 3000 万元，整体上投资强度比 2018 年有所提高，最高的是江西 20 304.06 万元 / 项，主要源于大型项目投资，最低的是吉林 715.71 万元 / 项。

表 6-8　2019 年各地区创业投资的投资强度

地区	投资强度 /（万元 / 项）	地区	投资强度 /（万元 / 项）
江西	20 304.06	青海	1900.00
广西	7354.33	四川	1827.13
重庆	5212.88	山东	1772.67
上海	3998.36	江苏	1687.25
湖南	3798.34	安徽	1684.85
北京	3661.82	浙江	1514.36
云南	2976.79	湖北	1396.83
陕西	2960.39	辽宁	1387.62
新疆	2412.64	天津	1203.84
河南	2395.44	黑龙江	1174.41
广东	2268.31	山西	987.94
甘肃	2225.77	宁夏	766.66
贵州	2050.79	福建	737.44
河北	2042.49	吉林	715.71

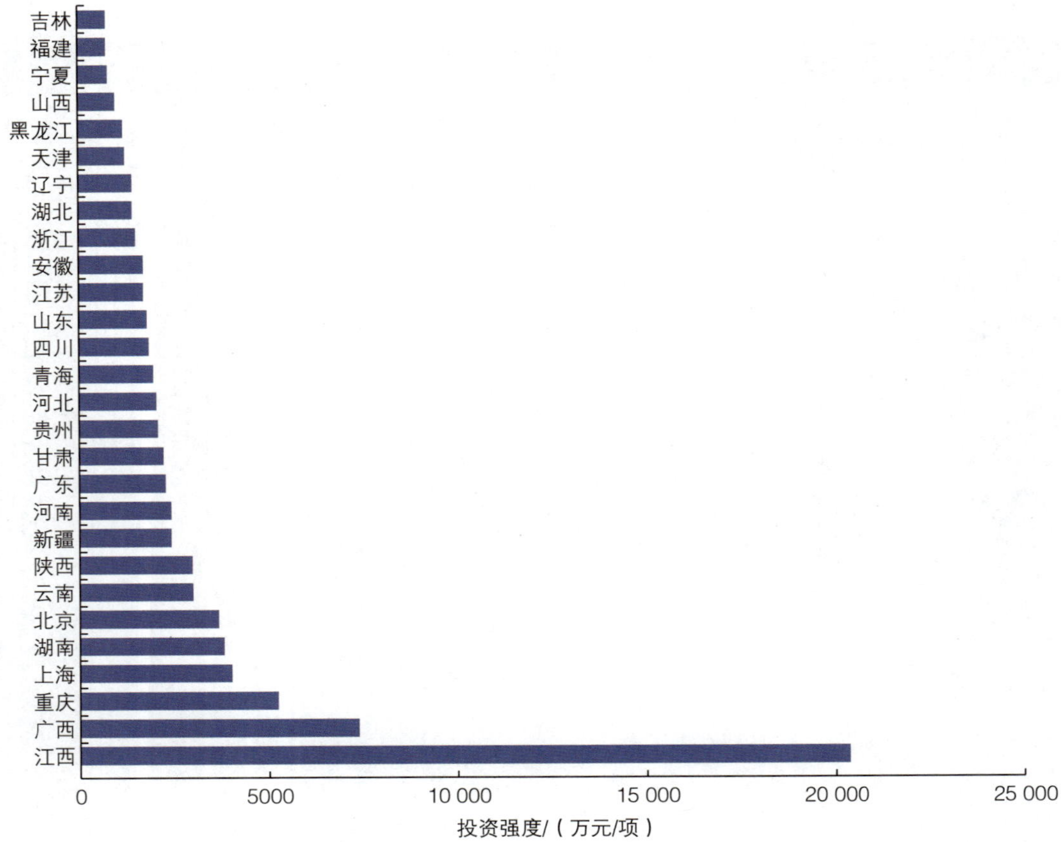

图 6-5　2019 年各地区创业投资的投资强度

6.5.3　各地区创业投资机构的项目持股结构

表 6-9 和图 6-6 显示，与往年一样，个别地区的创业投资机构，如广西、四川、青海、新疆等，股份占比超过 50% 的投资项目比例较高，2019 年大部分地区的创业投资机构不寻求绝对控股。

进一步细分发现，国内各地创业投资机构投资的项目股份比例以 10% 以下的居多，其次是 10%（含）~ 20%，再次是 20%（含）~ 30%，这也符合创业投资支持初创期和成长期企业、不以控股为目标的特点。

表 6-9　2019 年中国创业投资机构所投资项目持股结构的地区分布　单位：%

地区	< 10%	10%（含）~ 20%	20%（含）~ 30%	30%（含）~ 50%	≥ 50%
北京	60.00	30.32	5.16	3.87	0.65
天津	75.93	14.81	5.56	3.70	0
河北	58.33	33.33	8.33	0	0

续表

地区	< 10%	10%（含）~ 20%	20%（含）~ 30%	30%（含）~ 50%	≥ 50%
山西	60.00	10.00	10.00	20.00	0
辽宁	66.67	19.05	14.29	0	0
吉林	40.74	40.74	14.81	3.70	0
黑龙江	39.29	39.29	10.71	7.14	3.57
上海	32.73	41.82	21.82	0	3.64
江苏	67.71	17.28	5.10	7.08	2.83
浙江	64.63	24.39	5.12	2.93	2.93
安徽	51.92	32.69	7.69	1.92	5.77
福建	76.19	17.46	1.59	1.59	3.17
江西	16.67	33.33	50.00	0	0
山东	54.35	15.22	8.70	13.04	8.70
河南	47.92	14.58	8.33	25.00	4.17
湖北	58.89	24.44	8.89	6.67	1.11
湖南	52.63	14.47	7.89	17.11	7.89
广东	71.54	20.22	5.62	1.12	1.50
广西	41.18	17.65	0	11.76	29.41
四川	53.49	18.60	2.33	11.63	13.95
贵州	69.39	22.45	0	6.12	2.04
云南	71.43	7.14	21.43	0	0
重庆	59.09	27.27	9.09	4.55	0
陕西	64.13	22.83	6.52	5.43	1.09
甘肃	50.00	12.50	12.50	20.83	4.17
青海	60.00	0	0	20.00	20.00
宁夏	100.00	0	0	0	0
新疆	60.00	0	0	20.00	20.00

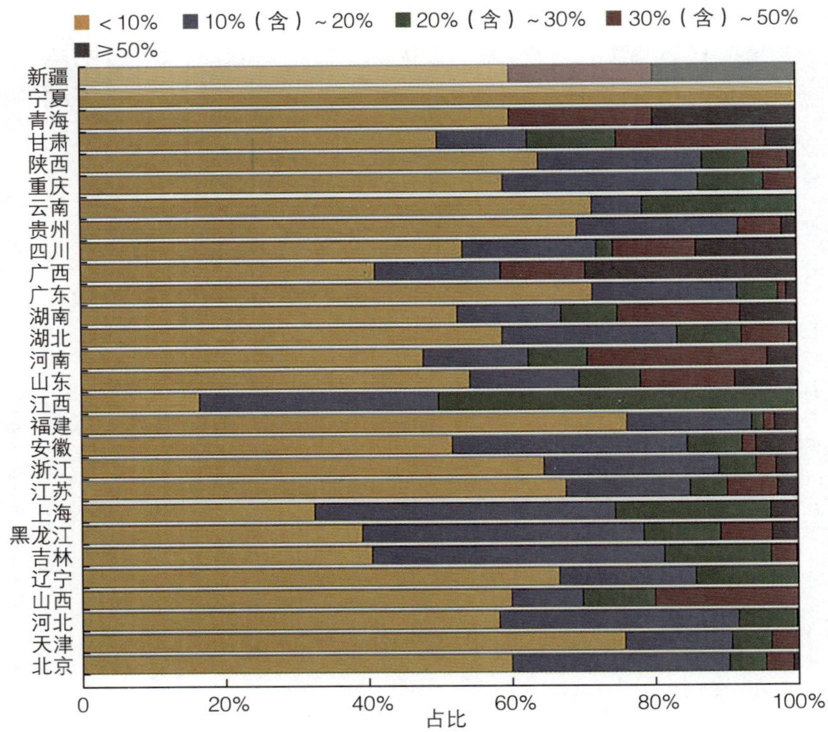

图 6-6　2019 年各地区创业投资机构的持股结构

6.5.4　各地区创业投资项目额所处阶段

表 6–10 和图 6–7 显示了 2019 年中国各地创业投资机构所投资项目的所处阶段，主要呈现以下特点。

①种子期阶段的项目受到越来越多的地区创业投资机构的重视。2019 年，创业投资于种子期阶段的投资项目占比超过 10% 的地区有 20 个，与 2018 年持平。部分地区创业投资项目处于种子期的占比较高，如北京、天津、上海，江苏、江西、四川和贵州，说明国内创业投资机构越来越认识到投资种子期项目的重要性，从项目孵化时期就提供资金支持。

②起步期和成长期（扩张）阶段的项目依旧是大部分地区创业投资机构的投资重点。2019 年，有 20 个地区的创业投资机构在起步期的投资项目占比超过 30%，其中最高的达 73.1%；在成长（扩张）期的投资项目占比超过 30% 的地区有 16 个。

③大部分地区创业投资在成熟（过渡）期阶段的项目占比都较低。2019 年，除了江西、山东、湖南、重庆和新疆外，其他地区创业投资在成熟（过渡）期的项目占比都在 10% 以下。

④创业投资在重建期阶段项目的地区很少。2019 年只有 3 个地区，远低于 2018 年的 6 个，分别是湖南、广东和重庆。

表 6-10　2019 年各地区创业投资项目的所处阶段

单位：%

地区	种子期	起步期	成长（扩张）期	成熟（过渡）期	重建期
北京	36.7	30.0	24.3	9.0	0
天津	29.6	38.0	29.6	2.8	0
河北	8.3	66.7	16.7	8.3	0
山西	15.4	15.4	69.2	0	0
辽宁	0	66.7	28.6	4.8	0
吉林	14.3	50.0	35.7	0	0
黑龙江	37.0	29.6	29.6	3.7	0
上海	28.3	34.0	34.0	3.8	0
江苏	23.2	38.5	29.1	9.2	0
浙江	18.9	49.3	29.4	2.4	0
安徽	12.1	12.1	72.4	3.4	0
福建	19.6	44.6	35.7	0	0
江西	40.0	20.0	20.0	20.0	0
山东	17.0	29.8	42.6	10.6	0
河南	23.1	34.6	40.4	1.9	0
湖北	21.3	42.5	35.0	1.3	0
湖南	14.3	24.7	49.4	10.4	1.3
广东	21.6	38.8	29.7	8.4	1.5
广西	11.1	44.4	38.9	5.6	0
四川	32.5	42.5	25.0	0	0
贵州	33.3	50.0	10.0	6.7	0
云南	0	28.6	64.3	7.1	0
重庆	4.8	38.1	38.1	14.3	4.8
陕西	16.8	44.2	31.9	7.1	0
甘肃	3.8	73.1	23.1	0	0
青海	0	60.0	40.0	0	0
宁夏	0	0	100.0	0	0
新疆	0	40.0	40.0	20.0	0

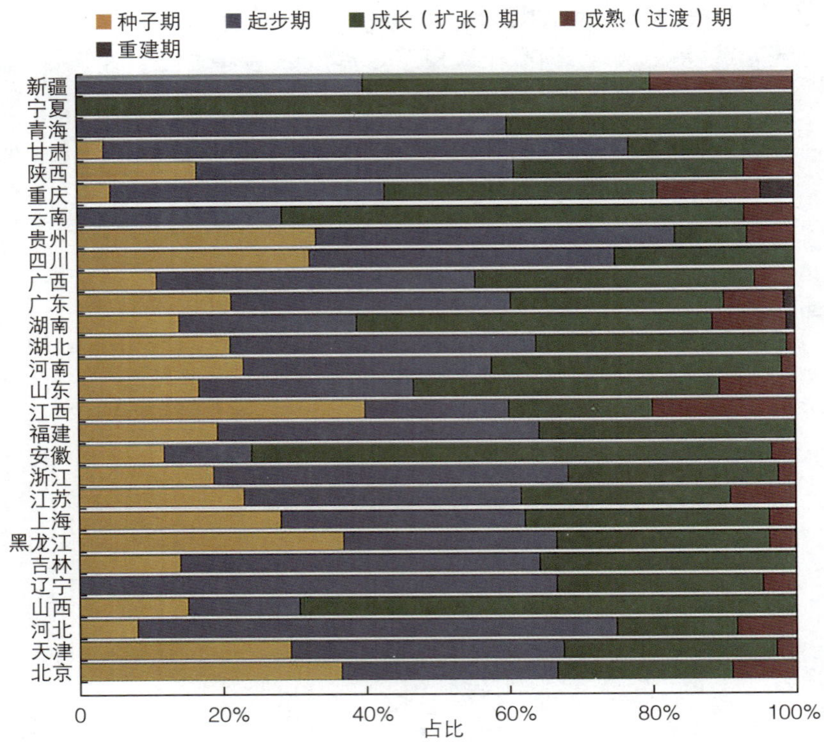

图 6-7　2019 年各地区创业投资项目的所处阶段

6.6　部分地区创业投资行业投资特征

本部分对 2019 年中国创业投资较为活跃的地区进行重点分析，以掌握和了解这些地区投资项目的行业分布和资金分布。

6.6.1　北京

如表 6-11 所示，2019 年北京创业投资项目分布在 30 个行业，比 2018 年多 6 个行业；但创业投资的行业投资特点比较明显，投资项目数占比居前 3 位的行业是医药保健、网络产业和科技服务，三者合计占比 44.4%，成为新的投资热点。而 2018 年投资最多的 IT 服务业占比下降为 5.2%。

从行业投资强度来看，2019 年北京市创业投资行业中的大部分投资在 1000 万 ~ 4000 万元 / 项，整体投资强度高于 2018 年。其中，投资强度在 3000 万元 / 项以上（含）的有 14 个行业，超过 2018 年的 2 个；最高的新能源 / 高效节能技术高达 16 992.2 万元 / 项，远远高于 2018 年最高的社会服务 4521.2 万元 / 项。

表 6-11　2019 年北京市创业投资的行业特点

项目数		投资强度	
行业	占比 /%	行业	行业投资强度 /（万元 / 项）
医药保健	17.8	新能源 / 高效节能技术	16 992.2
网络产业	14.0	传统制造业	6401.9
科技服务	12.6	网络产业	6149.2
其他制造业	5.6	其他制造业	5844.7
金融保险业	5.6	交通运输仓储和邮政业	4833.3
IT 服务业	5.2	企业服务	4200.0
软件产业	4.5	软件产业	4115.7
生物科技	3.8	IT 服务业	3972.7
消费产品和服务	3.5	生物科技	3903.2
新能源、高效节能技术	3.1	医药保健	3627.5
半导体	3.1	社会服务	3500.0
传统制造业	2.4	人工智能	3091.7
计算机硬件产业	2.1	批发和零售业	3060.0
人工智能	2.1	VR/AR	3000.0
批发和零售业	1.7	传播与文化业	2875.0
新材料工业	1.7	金融保险业	2613.6
房地产业	1.4	半导体	1933.3
科技服务业	1.4	房地产业	1853.6
企业服务	1.4	消费产品和服务	1765.8
交通运输仓储和邮政业	1.0	科技服务业	1762.5
其他 IT 产业	1.0	通信设备	1590.0
光电子与光机电一体化	0.7	光电子与光机电一体化	1512.7
其他行业	0.7	科技服务	1348.5
通信设备	0.7	其他 IT 产业	1198.3
传播与文化业	0.7	新材料工业	870.0
VR/AR	0.3	计算机硬件产业	816.1
传播与文化娱乐	0.3	其他行业	550.0

续表

项目数		投资强度	
行业	占比 /%	行业	行业投资强度 /（万元 / 项）
环保工程	0.3	传播与文化娱乐	400.0
电信及增值服务	0.3	环保工程	295.0
社会服务	0.3	电信及增值服务	100.0

6.6.2 江苏

2019 年，江苏的创业投资项目分布在 25 个行业，比 2018 年减少 2 个行业；其中投资最多的是制造业，占比是 18.2%，另外投资较多的行业还有生物科技、医药保健、半导体、新能源 / 高效节能技术、新材料工业等。与 2018 年比较，制造业依旧高居榜首，仍然是江苏创业投资最关注的行业。

行业投资强度方面，2019 年江苏创业投资强度较大的行业主要有农林牧副渔、环保工程、传统制造业和金融保险业，最低的是社会服务，只有 50 万元 / 项。大部分行业的投资强度集中在 1000 万 ~ 3000 万元 / 项（表 6–12）。

表 6-12　2019 年江苏省创业投资的行业特点

项目数		投资强度	
行业	占比 /%	行业	行业投资强度 /（万元 / 项）
其他制造业	14.9	农林牧副渔	10 195.0
生物科技	8.6	环保工程	5625.8
医药保健	8.3	传统制造业	3031.0
其他行业	7.3	金融保险业	2995.7
半导体	7.1	光电子与光机电一体化	2096.5
新能源 / 高效节能技术	6.3	IT 服务业	2079.7
新材料工业	6.0	半导体	1994.7
科技服务	5.5	其他制造业	1639.5
IT 服务业	4.3	新能源、高效节能技术	1583.6
金融保险业	3.3	软件产业	1459.1
传统制造业	3.3	房地产业	1370.0
网络产业	3.0	通信设备	1359.7

续表

项目数		投资强度	
行业	占比 /%	行业	行业投资强度 /（万元 / 项）
光电子与光机电一体化	3.0	其他 IT 产业	1355.6
通信设备	3.0	生物科技	1291.9
软件产业	2.8	医药保健	1274.4
传播与文化娱乐	2.5	科技服务	1160.4
批发和零售业	2.0	交通运输仓储和邮政业	1100.0
环保工程	1.8	传播与文化娱乐	1046.3
消费产品和服务	1.8	计算机硬件产业	969.2
其他 IT 产业	1.5	其他行业	883.9
计算机硬件产业	1.5	新材料工业	811.8
农林牧副渔	1.0	网络产业	792.4
交通运输仓储和邮政业	0.8	消费产品和服务	502.2
房地产业	0.3	批发和零售业	156.3
社会服务	0.3	社会服务	50.0

6.6.3 浙江

2019 年，浙江的创业投资项目分布在 27 个行业，比 2018 年增加 1 个，投资行业较为分散。投资较多的行业主要集中在消费产品和服务、网络产业、科技服务、软件产业、医药保健、生物科技、IT 服务业；其中投资最多的是消费产品和服务，占比达 10.6%。与 2018 年比较，IT 服务业、医药保健、软件产业一直是浙江创业投资比较关注的行业。

2019 年，浙江创业投资行业投资强度呈现两头差距大、中间平稳的特点；最高的是传统制造业，达 20 864.6 万元 / 项，光电子与光机电一体化行业的投资强度仍旧最低，只有 466.1 万元 / 项；其余大部分行业的投资强度在 1000 万 ~ 2500 万元 / 项（表 6–13）。

表 6-13　2019 年浙江省创业投资的行业特点

项目数		投资强度	
行业	占比 /%	行业	行业投资强度 /（万元 / 项）
消费产品和服务	10.6	传统制造业	20 864.6
网络产业	8.2	建筑业	11 025.0

续表

项目数		投资强度	
行业	占比 /%	行业	行业投资强度 /（万元 / 项）
科技服务	8.2	核应用技术	5000.0
软件产业	7.7	交通运输仓储和邮政业	2921.8
其他行业	7.7	采掘业	2500.0
医药保健	7.0	新能源 / 高效节能技术	2454.9
生物科技	6.8	半导体	2436.7
IT 服务业	6.8	农林牧副渔	1989.4
金融保险业	5.1	环保工程	1719.5
传播与文化娱乐	4.8	新材料工业	1625.4
新材料工业	4.3	其他行业	1462.2
其他制造业	3.4	生物科技	1249.0
传统制造业	2.4	金融保险业	1159.2
环保工程	2.2	其他制造业	1135.8
其他 IT 产业	2.2	批发和零售业	1133.6
新能源 / 高效节能技术	1.9	IT 服务业	1077.9
批发和零售业	1.7	软件产业	959.3
社会服务	1.4	科技服务	941.3
计算机硬件产业	1.4	医药保健	910.6
半导体	1.4	计算机硬件产业	900.0
通信设备	1.2	通信设备	679.0
交通运输仓储和邮政业	1.2	消费产品和服务	655.4
光电子与光机电一体化	0.7	传播与文化娱乐	592.7
建筑业	0.5	网络产业	524.6
农林牧副渔	0.5	社会服务	521.1
核应用技术	0.2	其他 IT 产业	493.7
采掘业	0.2	光电子与光机电一体化	466.1

6.6.4 广东

2019年，广东的创业投资项目分布在24个行业，与上年持平。投资行业最多的是制造业，占比是13.3%；半导体、生物科技、医药保健和软件产业也是广东的创业投资机构比较关注的行业。与2018年比较，制造业从2018年的第2位跃居创业投资的首位，半导体、医药保健、软件产业和生物科技也一直居于前列，说明广东的创业投资机构的投资关注点具有持续性。

与2018年比较，2019年广东创业投资在大部分行业的投资强度均有所下降，大部分行业的投资强度集中在1000万～2500万元/项，其中最高的是传播与文化娱乐行业，达4750.0万元/项，最低的是其他IT产业，只有500.0万元/项（表6-14）。

表6-14　2019年广东省创业投资的行业特点

项目数		投资强度	
行业	占比/%	行业	行业投资强度/（万元/项）
其他制造业	13.3	传播与文化娱乐	4750.0
半导体	9.6	光电子与光机电一体化	3897.2
生物科技	8.1	社会服务	3100.7
其他行业	8.1	建筑业	3000.0
医药保健	7.4	医药保健	2473.6
软件产业	7.4	批发和零售业	2433.3
新材料工业	5.2	通信设备	1762.0
IT服务业	4.8	软件产业	1720.3
通信设备	4.8	其他制造业	1567.9
科技服务	4.8	消费产品和服务	1237.2
网络产业	4.4	计算机硬件产业	1229.9
光电子与光机电一体化	3.7	新材料工业	1196.7
消费产品和服务	3.0	生物科技	1189.1
金融保险业	3.0	半导体	1084.5
环保工程	2.6	其他行业	1073.6
社会服务	2.2	科技服务	1027.7
计算机硬件产业	1.9	金融保险业	774.2
新能源、高效节能技术	1.5	交通运输仓储和邮政业	750.0
批发和零售业	1.1	IT服务业	749.9

续表

项目数		投资强度	
行业	占比 /%	行业	行业投资强度 /（万元 / 项）
传统制造业	0.7	网络产业	690.4
交通运输仓储和邮政业	0.7	新能源、高效节能技术	650.0
传播与文化娱乐	0.7	传统制造业	600.0
建筑业	0.4	环保工程	522.5
其他 IT 产业	0.4	其他 IT 产业	500.0

6.6.5 上海

2019 年，上海的创业投资项目分布在 16 个行业，比 2018 年减少 1 个。2019 年上海市创业投资的行业集中程度没有 2018 年明显，主要分布在网络产业、科技服务、医药保健、金融保险业、消费产品和服务及 IT 服务业，其中网络产业最高，占比达 14.8%，远低于 2018 年占比最高的医药保健行业（40.8%）。

但是，2019 年上海创业投资的行业投资强度明显高于 2018 年，最高的是新能源 / 高效节能技术，高达 61 500.0 万元 / 项，排名第 2 位至第 4 位的其他制造业、半导体、消费产品和服务也都在 6000 万元 / 项以上。超过 1000 万元 / 项的行业有 13 个，超过 2018 年的有 8 个（表 6–15）。

表 6-15　2019 年上海市创业投资的行业特点

项目数		投资强度	
行业	占比 /%	行业	行业投资强度 /（万元 / 项）
网络产业	14.8	新能源 / 高效节能技术	61 500.0
科技服务	13.0	其他制造业	17 666.7
医药保健	11.1	半导体	7000.0
金融保险业	11.1	消费产品和服务	6488.6
消费产品和服务	9.3	通信设备	2500.0
IT 服务业	9.3	其他行业	2450.0
其他制造业	5.6	医药保健	2383.3
新材料工业	5.6	IT 服务业	2280.0
社会服务	5.6	传统制造业	2250.0

续表

项目数		投资强度	
行业	占比 /%	行业	行业投资强度 /（万元 / 项）
传统制造业	3.7	软件产业	2000.0
交通运输仓储和邮政业	1.9	新材料工业	1900.0
通信设备	1.9	金融保险业	1876.6
半导体	1.9	科技服务	1016.9
其他行业	1.9	社会服务	633.3
新能源、高效节能技术	1.9	网络产业	339.9
软件产业	1.9	交通运输仓储和邮政业	50.0

6.6.6 天津

2019 年，天津的创业投资项目分布在 17 个行业，科技服务和医药保健行业并列第一，占比都是 12.7%，IT 服务业、金融保险业和制造业的投资项目也相对较多。

整体上，2019 年天津的创业投资在各个行业的投资强度都不是很高，1000 万元 / 项以上（含）的只有 7 个行业，占总数的 41.17%；其中最高的是金融保险业，高达 3069.9 万元 / 项，最低的环保工程只有 150 万元 / 项（表 6–16）。

表 6-16　2019 年天津市创业投资的行业特点

项目数		投资强度	
行业	占比 /%	行业	行业投资强度 /（万元 / 项）
科技服务	12.7	金融保险业	3069.9
医药保健	12.7	传统制造业	2333.3
其他行业	9.9	其他制造业	1845.4
IT 服务业	8.5	半导体	1680.0
金融保险业	8.5	医药保健	1466.7
其他制造业	8.5	新能源、高效节能技术	1383.3
生物科技	7.0	光电子与光机电一体化	1000.0
半导体	5.6	IT 服务业	983.3
软件产业	5.6	其他行业	728.6
新能源、高效节能技术	4.2	科技服务	706.2

续表

项目数		投资强度	
行业	占比 /%	行业	行业投资强度 /（万元 / 项）
传统制造业	4.2	网络产业	700.0
建筑业	4.2	通信设备	600.0
传播与文化娱乐	2.8	软件产业	450.1
环保工程	1.4	建筑业	418.3
网络产业	1.4	生物科技	340.0
光电子与光机电一体化	1.4	传播与文化娱乐	175.0
通信设备	1.4	环保工程	150.0

6.6.7 陕西

2019 年，陕西创业投资项目分布在 21 个行业，比 2018 年减少 3 个。投资集中在制造业、新材料工业、光电子与光机电一体化、环保工程、科技服务等行业，其中制造业最多，合计高达 23.2%。与 2018 年比较，制造业、新材料工业一直是陕西创业投资较为关注的行业。

整体来看，2019 年陕西省创业投资行业投资强度与 2018 年类似，半导体行业一枝独大，平均投资强度高达 41 420.6 万元 / 项，采掘业位居第二，平均投资高达 5000.0 万元 / 项；但是其他行业的平均投资强度都在 2500 万元 / 项以下，投资强度在 1000 万元 / 项以下的行业有 10 个，多出 2018 年 3 个，其中其他 IT 产业最低，只有 187.5 万元 / 项（表 6–17）。

表 6-17　2019 年陕西省创业投资的行业特点

项目数		投资强度	
行业	占比 /%	行业	行业投资强度 /（万元 / 项）
其他制造业	14.3	半导体	41 420.6
其他行业	12.5	采掘业	5000.0
新材料工业	10.7	其他行业	2481.1
传统制造业	8.9	农林牧副渔	2100.0
光电子与光机电一体化	7.1	金融保险业	2000.0
环保工程	7.1	环保工程	1550.0
科技服务	6.3	光电子与光机电一体化	1194.1
半导体	4.5	新材料工业	1189.9

续表

项目数		投资强度	
行业	占比 /%	行业	行业投资强度 /（万元 / 项）
网络产业	3.6	通信设备	1155.0
医药保健	3.6	其他制造业	1041.7
生物科技	2.7	科技服务	1006.3
传播与文化娱乐	2.7	传统制造业	914.0
通信设备	2.7	生物科技	900.0
IT 服务业	2.7	IT 服务业	833.3
计算机硬件产业	2.7	网络产业	731.5
新能源 / 高效节能技术	1.8	传播与文化娱乐	566.7
其他 IT 产业	1.8	新能源 / 高效节能技术	535.0
农林牧副渔	1.8	医药保健	505.2
金融保险业	0.9	计算机硬件产业	400.0
核应用技术	0.9	核应用技术	200.0
采掘业	0.9	其他 IT 产业	187.5

6.6.8 湖北

2019 年，湖北的创业投资项目分布于 21 个行业，比 2018 年缩减 4 个；投资较多的行业是新能源 / 高效节能技术、医药保健、网络产业、光电子与光机电一体化，其中新能源 / 高效节能技术最多，占比达 11.3%。与 2018 年一样，医药保健一直是湖北创业投资项目较多的行业。

整体上，2019 年湖北创业投资的行业投资强度差别比 2018 年有所增大，传统制造业最高，达 5000.0 万元 / 项，远远高于 2018 年光电子与光机电一体化的 1913.4 万元 / 项；投资强度在 1000 万元 / 项以上（含）的有 13 个，多于 2018 年的有 6 个（表 6–18）。

表 6-18　2019 年湖北省创业投资的行业特点

项目数		投资强度	
行业	占比 /%	行业	行业投资强度 /（万元 / 项）
新能源 / 高效节能技术	11.3	传统制造业	5000.0
医药保健	10.0	新材料工业	3321.1

续表

项目数		投资强度	
行业	占比 /%	行业	行业投资强度 /（万元 / 项）
网络产业	10.0	传播与文化娱乐	2000.0
光电子与光机电一体化	10.0	生物科技	1888.5
生物科技	8.8	半导体	1525.0
半导体	7.5	其他行业	1500.0
环保工程	6.3	其他制造业	1500.0
新材料工业	5.0	光电子与光机电一体化	1447.4
其他制造业	3.8	金融保险业	1400.0
消费产品和服务	3.8	医药保健	1271.1
计算机硬件产业	3.8	新能源、高效节能技术	1244.4
其他行业	3.8	通信设备	1000.0
通信设备	2.5	科技服务	1000.0
其他 IT 产业	2.5	软件产业	913.0
农林牧副渔	2.5	计算机硬件产业	880.0
软件产业	2.5	水电煤气	828.2
传播与文化娱乐	1.3	消费产品和服务	516.7
金融保险业	1.3	农林牧副渔	500.0
传统制造业	1.3	网络产业	463.8
水电煤气	1.3	其他 IT 产业	385.9
科技服务	1.3	环保工程	232.8

6.6.9 湖南

2019 年，湖南的创业投资项目分布于 19 个行业，与 2018 年持平；投资项目较多的行业是制造业和新材料工业，制造业最高，合计达 20.5%，另外半导体、新能源 / 高效节能技术、科技服务的项目也较多。与 2018 年比较，制造业一直是湖南的创业投资机构投资较多的行业。

与 2018 年一样，2019 年湖南创业投资在不同行业之间的投资强度差距很大，最高的通信设备达 15 898.7 万元 / 项，排名第二的新材料工业也有 13 094.2 万元 / 项；医药保健、其他制造业、新能源 / 高效节能技术的投资强度都在 4000 万元 / 项以上；但是生物科技等行业都不高于 750 万元 / 项，其中最低的农林牧副渔只有 89.0 万元 / 项（表 6–19）。

表 6-19　2019 年湖南省创业投资的行业特点

项目数		投资强度	
行业	占比 /%	行业	行业投资强度 /（万元 / 项）
其他行业	16.7	通信设备	15 898.7
其他制造业	11.5	新材料工业	13 094.2
传统制造业	9.0	医药保健	4415.0
新材料工业	9.0	其他制造业	4163.8
半导体	6.4	新能源 / 高效节能技术	4094.4
新能源 / 高效节能技术	6.4	金融保险业	3050.0
科技服务	6.4	传播与文化娱乐	3000.0
金融保险业	5.1	半导体	2735.2
医药保健	5.1	消费产品和服务	2540.0
软件产业	5.1	传统制造业	2168.8
通信设备	3.8	计算机硬件产业	2000.0
环保工程	2.6	软件产业	1569.4
生物科技	2.6	其他行业	1499.8
光电子与光机电一体化	2.6	生物科技	750.0
消费产品和服务	2.6	科技服务	593.0
计算机硬件产业	1.3	光电子与光机电一体化	370.0
农林牧副渔	1.3	环保工程	350.0
IT 服务业	1.3	IT 服务业	200.0
传播与文化娱乐	1.3	农林牧副渔	89.0

6.6.10　福建

2019 年，福建的创业投资项目分布在 20 个行业，比 2018 年减少 2 个；主要集中在其他行业、传播与文化娱乐、软件产业、网络产业、半导体和 IT 服务业。与 2018 年比较，网络产业、软件产业一直是福建的创业投资比较关注的行业。

整体上，2019 年福建创业投资的行业投资强度不大，除了最高的光电子与光机电一体化高达 5673.3 万元 / 项外，其他行业的投资强度都不高于 2000 万元 / 项，其中有 8 个行业的投资强度在 500 万元 / 项以下，最低的通信设备只有 90.0 万元 / 项（表 6–20）。

表 6-20　2019 年福建省创业投资的行业特点

项目数		投资强度	
行业	占比 /%	行业	行业投资强度 /（万元 / 项）
其他行业	16.7	光电子与光机电一体化	5673.3
传播与文化娱乐	11.7	新能源 / 高效节能技术	2000.0
软件产业	10.0	环保工程	1747.5
网络产业	8.3	其他 IT 产业	1500.0
半导体	8.3	消费产品和服务	1117.8
IT 服务业	8.3	交通运输仓储和邮政业	1000.0
新材料工业	6.7	半导体	980.0
社会服务	5.0	其他制造业	966.0
环保工程	3.3	传播与文化娱乐	808.7
科技服务	3.3	传统制造业	800.0
消费产品和服务	3.3	新材料工业	800.0
其他 IT 产业	1.7	计算机硬件产业	750.0
交通运输仓储和邮政业	1.7	IT 服务业	481.3
传统制造业	1.7	软件产业	446.6
光电子与光机电一体化	1.7	网络产业	418.3
其他制造业	1.7	其他行业	386.3
计算机硬件产业	1.7	批发和零售业	295.2
批发和零售业	1.7	科技服务	280.0
通信设备	1.7	社会服务	272.5
新能源 / 高效节能技术	1.7	通信设备	90.0

6.7　各经济区域创业投资活动情况

本节从经济区域的角度来比较、分析 2018 年我国创业投资的运行状况，尤其在当前中国经济发展进入新常态的情况下，通过比较经济发达、有特色的地区与经济相对不发达、创业投资活动不活跃地区之间的差异，在一定程度上揭示创业投资对促进地区经济发展的重要作用，为我国创业投资发展提供指导借鉴。

本节的区域划分，是根据经济发展的联系紧密程度，并参照国家现有的经济区域划分及本研究的连续性划分为以下区域。

①京津冀地区（北京、天津、河北）；

②长三角地区（上海、江苏、浙江）；

③珠三角地区 [广东（深圳）]；

④东北三省地区（辽宁、吉林、黑龙江）；

⑤其他区域。

6.7.1 我国创业投资机构投资项目的区域分布

表 6–21 显示了 2019 年中国创业投资机构投资项目的区域分布。从排名顺序上看，长三角地区仍然是国内创业投资机构最活跃的区域，投资项目占比达 40.3%，比 2018 年的占比增加了 2.2 个百分点。京津冀地区创业投资项目占比有所下降，比 2018 年的占比减少了 3.2 个百分点。珠三角地区创业投资项目占比持续下降，比 2018 年的占比减少了 1.3 个百分点。可喜的是，东北三省地区创业投资机构投资项目数量占比却比 2018 年有所提高，增加了 0.3 个百分点。其他地区的创业投资项目占比略微减少，减少了 0.7 个百分点。

表 6-21　2019 年中国创业投资机构投资项目的区域分布　单位：%

区域	长三角	京津冀	珠三角	东北三省	其他地区
项目占比	40.3	15.0	13.3	3.1	28.2

6.7.2 我国不同区域创业投资的投资强度

表 6–22 和图 6–8 显示：2019 年京津冀地区成为国内创业投资项目投资强度最高的地区，2018 年投资强度最高的珠三角地区则降为第 3 位，长三角地区和东北三省地区分别位列其后。与 2018 年比较，京津冀地区创业投资项目的投资强度大幅增加，平均增加 1300 多万元 / 项，但是珠三角地区创业投资项目的投资强度大幅减少，减少约 2100 万元 / 项。长三角地区创业投资项目的投资强度也较 2018 年有所增加，平均增加约 250 万元 / 项，东北三省地区则比 2018 年减少约 500 万元 / 项。

表 6-22　2019 年中国创业投资强度的区域分布　单位：万元 / 项

区域	京津冀	其他地区	珠三角	长三角	东北三省
投资强度	3175.7	2609.5	2268.3	1741.1	1067.2

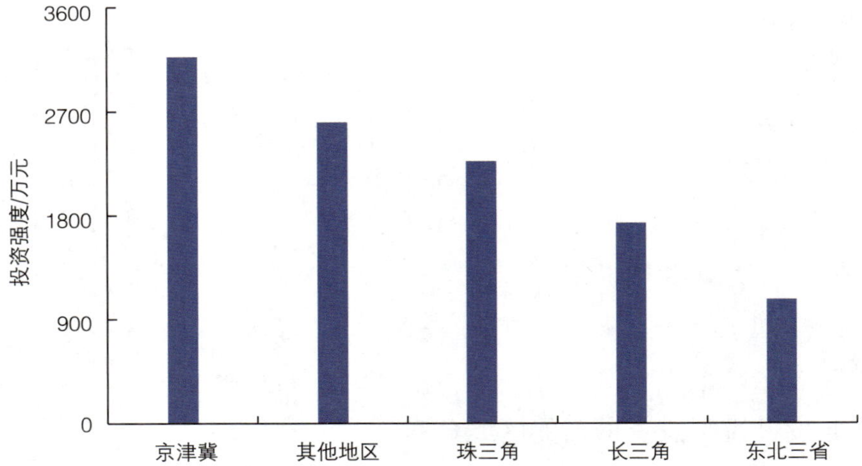

图 6-8　2019 年中国创业投资投资强度的区域分布

6.7.3　我国不同区域创业投资的持股结构

表 6–23、图 6–9 显示：2019 年，持股比例在 30%（含）~ 50%的创业投资项目占比在所有区域内是最高的，而持股比例小于 10% 的创业投资项目占比则在所有区域内都位居第二，持股比例在 10%（含）~ 20%的创业投资项目占比则排在第 3 位。持股比例≥ 50%的创业投资项目在所有区域内的项目占比都很小。

表 6-23　2019 年各经济区域创业投资的持股结构

单位：%

地区	< 10%	10%（含）~ 20%	20%（含）~ 30%	30%（含）~ 50%	≥ 50%
京津冀	17.47	4.46	1.12	75.46	1.49
长三角	21.76	6.29	4.91	64.40	2.64
珠三角	23.69	5.62	1.20	67.87	1.61
东北三省	37.31	14.93	4.48	41.79	1.49

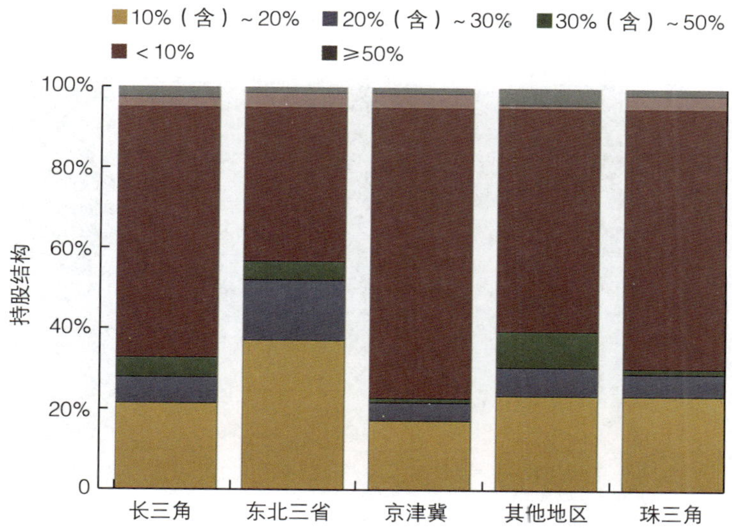

图 6-9 2019 年各经济区域创业投资的持股结构

6.7.4 不同经济区域创业投资项目所处阶段

表 6–24、图 6–10 显示：2019 年我国各个经济区域的创业投资关注不同阶段的项目。京津冀地区的创业投资更加关注种子期阶段的项目，种子期阶段的项目占比最高，达 34.3%，高于 2018 年，说明京津冀地区的创业投资重视初创期企业的培育。长三角地区、珠三角地区和东北三省地区创业投资在起步期阶段的投资项目最多，显示出这些区域内创业投资也重视早期阶段企业的发展。而其他地区投资项目最多的则是成长期的项目。

相比之下，各个经济区域的创业投资在成熟（过渡）期和重建期的项目比例很低。

表 6-24 2019 年各经济区域创业投资项目所处阶段

单位：%

地区	种子期	起步期	成长（扩张）期	成熟（过渡）期	重建期
京津冀	34.3	32.9	25.1	7.7	0
珠三角	21.6	38.8	29.7	8.4	1.5
长三角	21.5	43.4	29.5	5.6	0
东北三省	18.4	47.4	31.6	2.6	0
其他地区	17.5	37.1	40.0	5.1	0.3

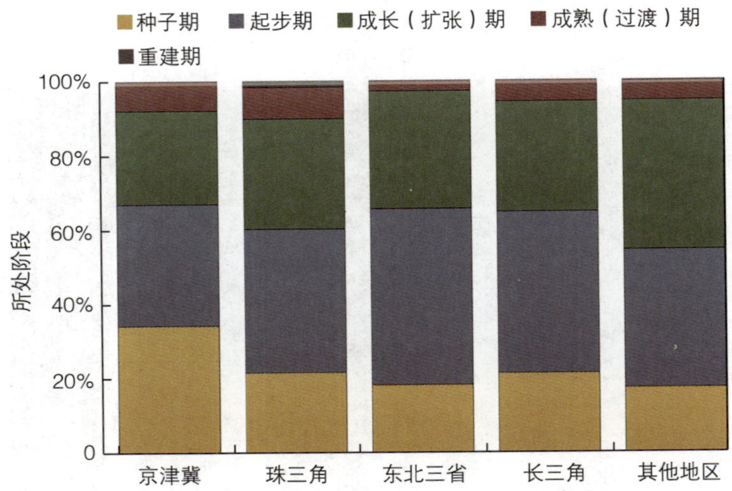

图 6-10　2019 年各经济区域创业投资项目的阶段分析

6.7.5　各经济区域创业投资项目的行业分布

图 6–11 显示：2019 年长三角地区创业投资分布在 28 个行业，比 2018 年减少 1 个。与 2018 年类似，长三角地区创业投资的行业相对分散，其中，投资最多的是其他制造业，占比合计达 11.7%。另外，科技服务、生物科技和医药保健也相对较多。

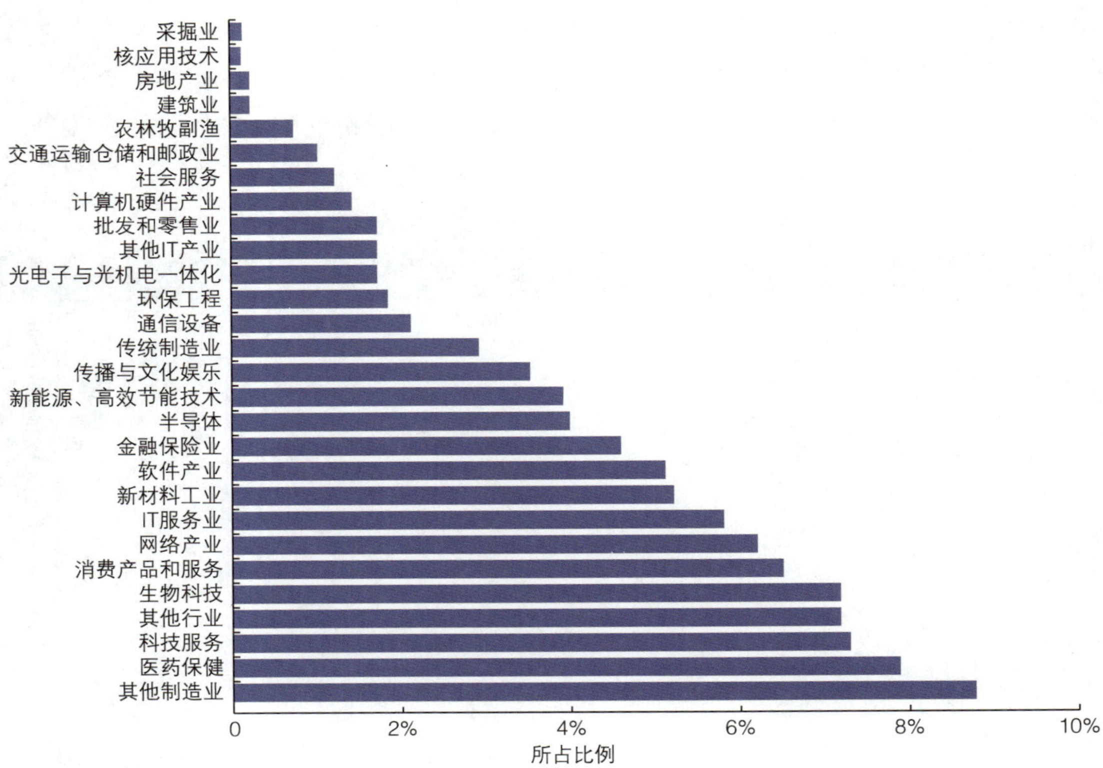

图 6-11　2019 年长三角地区创业投资项目的行业分布

图 6–12 显示：2019 年，京津冀地区创业投资分布在 31 个行业，比 2018 年多出 7 个行业；投资行业较多的行业有医药保健、科技服务、网络产业。与 2018 年相比，网络产业一直是京津冀地区创业投资比较关注的行业，但医药保健取代 IT 服务业，成为 2019 年投资最多的行业，占比达 16.3%。

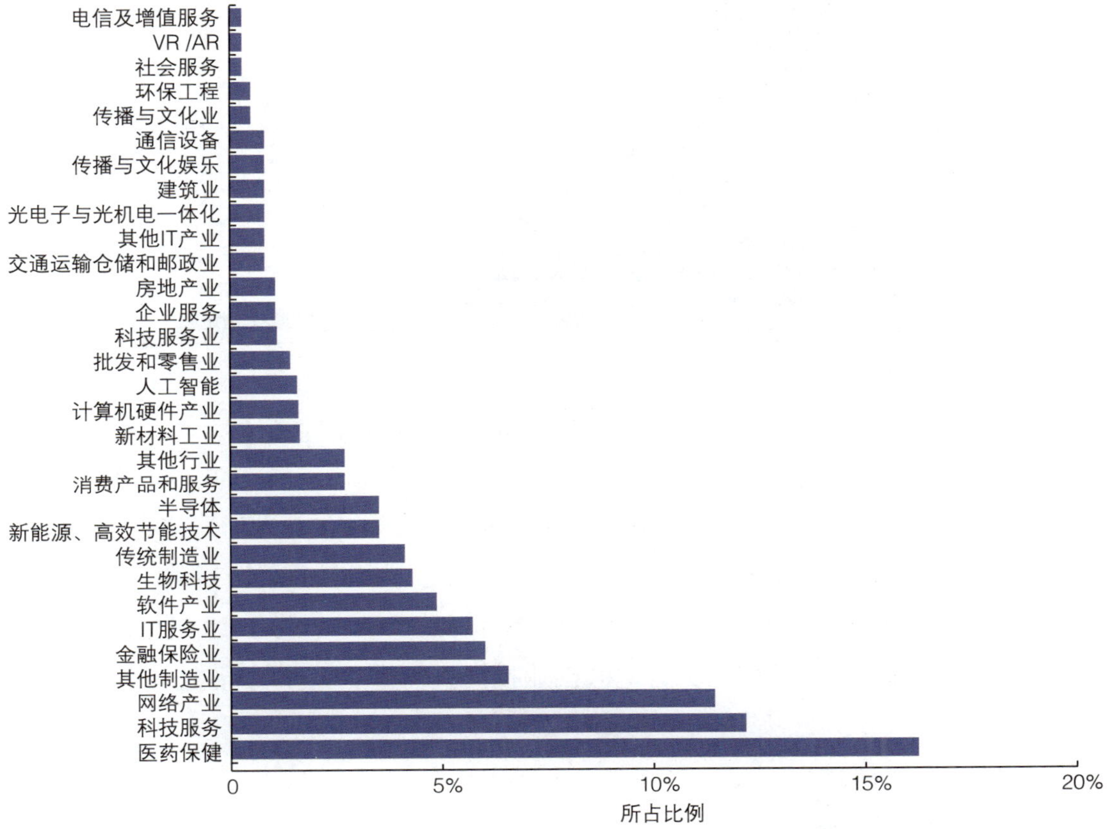

图 6-12　2019 年京津冀地区创业投资项目的行业分布

图 6–13 显示：2019 年，珠三角地区创业投资分布在 24 个行业，比 2018 年少 1 个，主要投资在其他制造业、半导体、生物科技、其他行业、医药保健和软件产业，其中其他制造业最多，占比为 14%。与 2018 年相比，企业制造业、医药保健、半导体和软件产业一直是珠三角地区创业投资的行业重点，所不同的是其他制造业超越医药保健成为投资最多的行业。

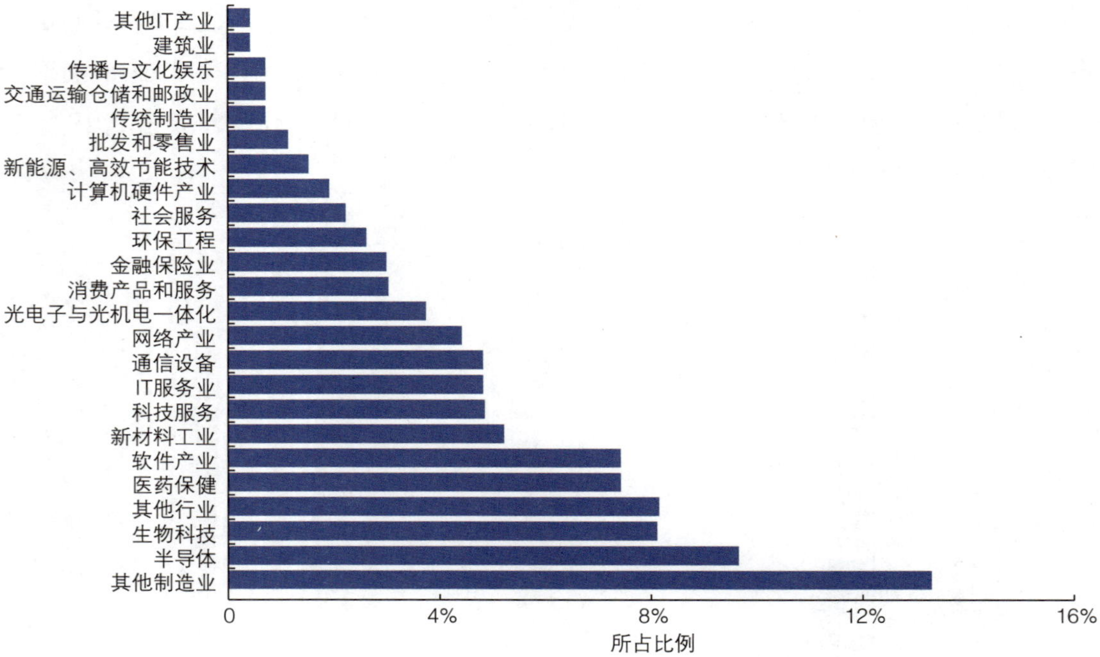

图 6-13　2019 年珠三角地区创业投资项目的行业分布

图 6–14 显示：2019 年，东北三省地区创业投资分布在 20 个行业，比 2018 年减少 4 个；投资较多的行业有其他行业、IT 服务业，其他制造业，科技服务，医药保健，新能源、高效节能技术；而制造业成为投资最多的行业，占比合计达 15.3%。与 2018 年相比，IT 服务业、其他制造业和科技服务一直是东北三省地区创业投资机构重点关注的行业。

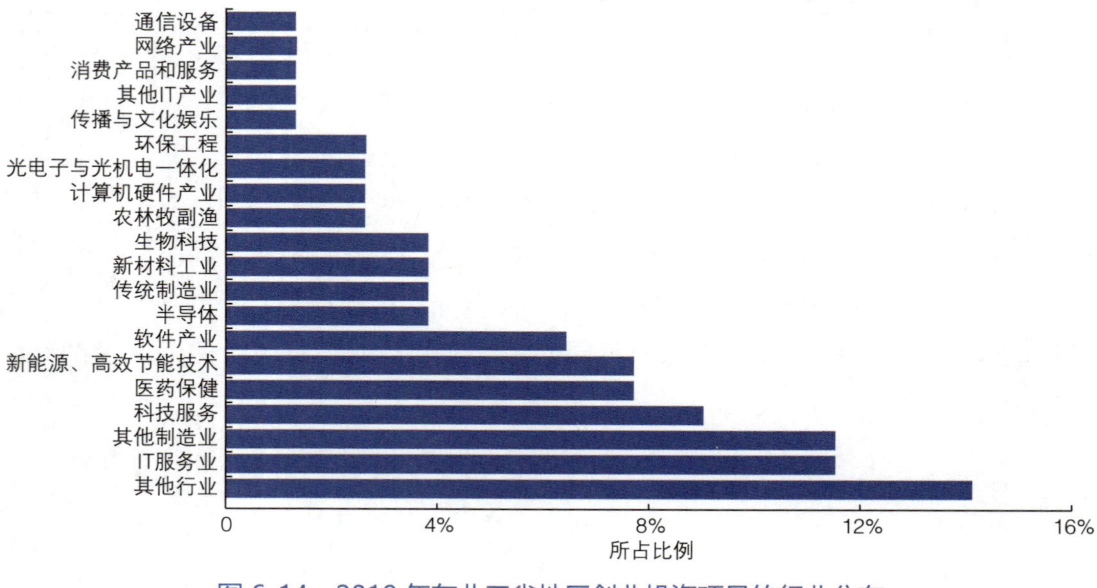

图 6-14　2019 年东北三省地区创业投资项目的行业分布

图 6–15 显示：2019 年，其他地区的创业投资分布在 29 个行业，比 2018 年增加 3 个；投资较多的行业有其他行业，新材料工业，半导体，其他制造业，科技服务，医药保健，新能源、高效节能技术，其中投资最多的是其他行业，占比合计达 11.8%。与 2018 年相比，其他制造业和医药保健一直是投资机构比较关注的行业。

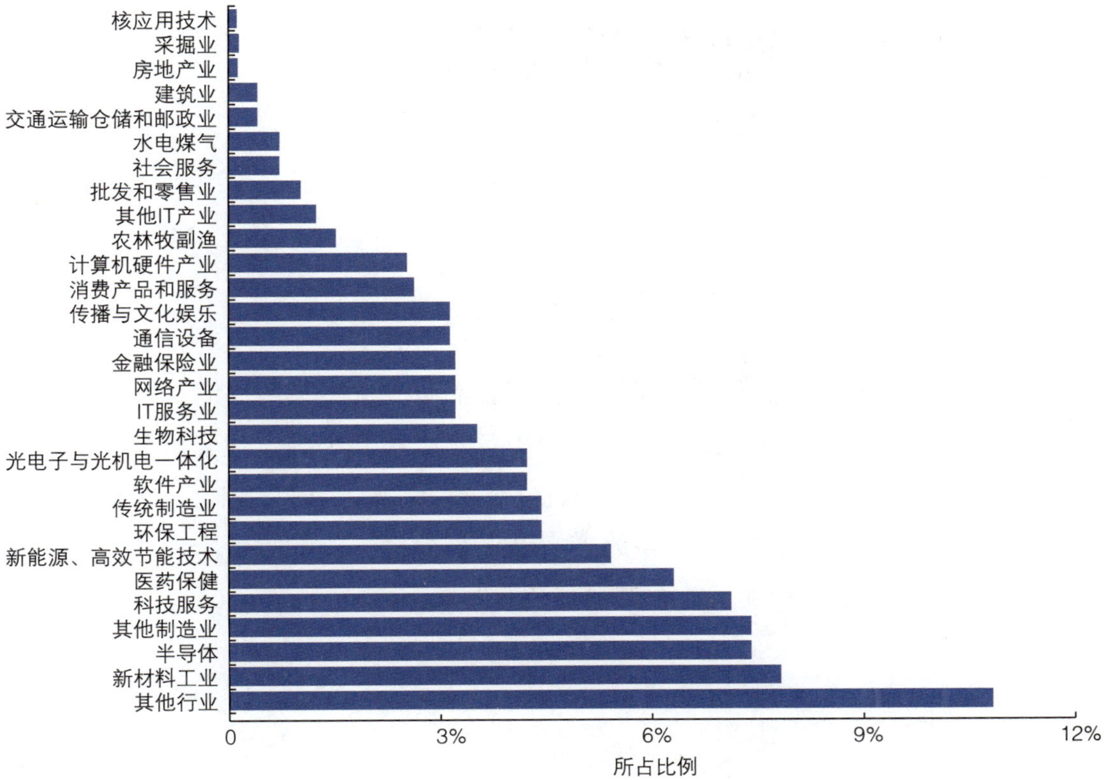

图 6-15　2019 年其他地区创业投资项目的行业分布

7

外资创业投资机构的运行状况

7.1 外资创业投资项目的行业分布

外资创业投资是中国创业投资市场的重要组成部门。从历年关注的行业来看，外资创业投资主要投向新兴产业领域。2019 年，受中美贸易摩擦和中国宏观经济下行影响，外资创业投资机构投资金额大幅下滑。从投资行业分布来看，与 2018 年相比，无论是从投资金额还是投资项目的角度来看，2019 年网络产业和医药保健行业都吸引了大量外资创业投资机构；而传播与文化娱乐、交通运输仓储和邮政业领域不再是投资热点（表 7–1）。

表 7-1　2019 年外资创业投资项目的行业分布：投资金额与投资项目　单位：%

投资行业	投资金额	投资项目
网络产业	32.69	12.99
医药保健	13.42	16.88
软件产业	9.28	6.49
传统制造业	8.87	3.90
IT 服务业	7.61	6.49
消费产品和服务	5.21	14.29
金融保险业	4.99	6.49
其他制造业	4.67	3.90
人工智能	3.14	2.60
科技服务	1.67	5.19
新能源、高效节能技术	1.42	2.60

续表

投资行业	投资金额	投资项目
新材料工业	1.42	1.30
传播与文化娱乐	1.24	3.90
生物科技	1.14	2.60
通信设备	1.00	2.60
交通运输仓储和邮政业	0.82	1.30
企业服务	0.50	1.30
半导体	0.48	2.60
科技服务业	0.26	1.30
房地产业	0.17	1.30

对比中国境内外资和内资创业投资机构投资的行业情况①发现，内外资投资行业类别差距较大，但医药保健和传统制造业是内外资都看好的行业领域。相比而言，从投资金额占比来看，外资创业投资机构在网络产业、医药保健领域的投资金额占比大幅超过内资创业投资机构，但是外资创业投资机构在新能源、高效节能技术，新材料工业等行业的投资份额低于内资创业投资机构（表 7–2）。

表 7-2　2019 年内外资创业投资项目的行业分布：投资金额占比　　单位：%

投资行业	外资	内资
网络产业	32.7	3.7
医药保健	13.4	7.6
软件产业	9.3	3.0
传统制造业	8.9	8.1
IT 服务业	7.6	3.3
消费产品和服务	5.2	1.9
金融保险业	5.0	3.8
其他制造业	4.7	9.1
人工智能	3.1	0.1

① 有效样本：外资 77 份，内资 2194 份。

续表

投资行业	外资	内资
科技服务	1.7	4.1
新材料工业	1.4	6.5
新能源、高效节能技术	1.4	7.6
传播与文化娱乐	1.2	5.7
生物科技	1.1	3.9
通信设备	1.0	2.3

注：表中只显示外资投资金额占比在 1% 以上的行业。

从投资的项目情况来看，相比而言，外资创业投资机构更加青睐医疗保健和 TMT 领域的投资，在医药保健、网络产业、软件产业、IT 服务业等产业的投资项目占比均超过内资创投机构（表 7–3）。

表 7-3　2019 年内外资创业投资项目的行业分布：投资项目占比　　单位：%

投资行业	外资	内资
医药保健	16.88	8.4
网络产业	12.99	5.5
软件产业	6.49	5.1
IT 服务业	6.49	5.0
其他制造业	3.90	8.8
其他行业	3.56	8.2
生物科技	2.60	5.7
科技服务	1.30	7.9
新材料工业	1.30	5.5
半导体	0.48	5.7

7.2 外资创业投资项目所处阶段

总体而言，受宏观环境影响，2019 年，外资创业投资机构对早前期项目的投资有所减少①。

从投资金额看，投资于“种子期”的项目从 2018 年的 5.6% 大幅上升至 2019 年的 35.0%，投资于“起步期”的项目从 2018 年的 48.6% 下降至 2019 年的 10.9%，投资于“成长（扩张）期”的项目从 2018 年的 29.6% 上升至 2019 年的 31.1%，投资于“成熟（过渡）期”的项目从 2018 年的 7.4% 大幅上升至 2019 年的 23.0%。

从投资项目看，2019 年，外资机构有超过 30.3% 的项目投在了“种子期”，投资于“起步期”的项目从 2018 年的 46.1% 大幅下降至 2019 年的 21.2%，投资于“成长（扩张）期”的项目则从 2018 年的 27.5% 上升至 2019 年的 31.8%，投资于“成熟（过渡）期”的项目从 2018 年的 3.9% 上升至 2019 年的 16.7%（图 7–1）。

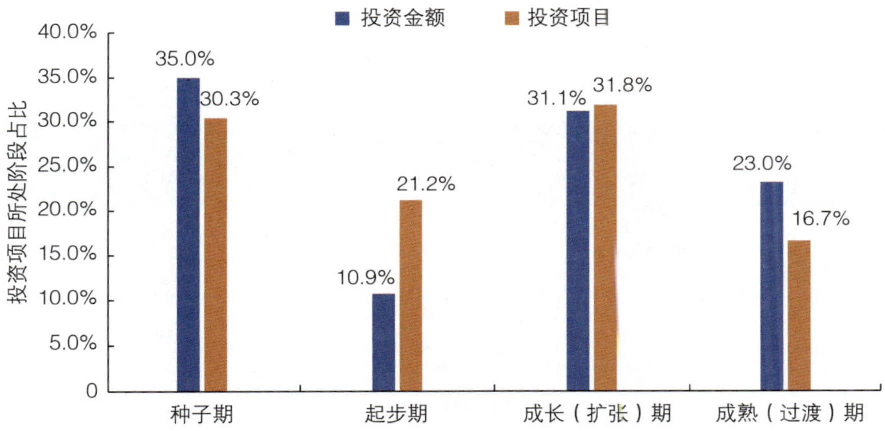

图 7-1　2019 年外资创业投资项目所处阶段占比

对比 2019 年外资和内资机构创业投资项目所处阶段可以发现：

从投资金额看，外资机构较内资机构投资于“种子期”的投资金额占比高出了 20.6 个百分点，反映出外资机构更偏好天使投资阶段。而“起步期”则较内资机构少 25.3 个百分点，外资机构投资于“种子期”和“起步期”的投资金额累计占比 45.9%，低于内资累计占比（50.6%）4.7 个百分点。

从投资项目看，2019 年无论是外资还是内资机构都在种子期和起步期投入了大量项目，二者累计占比分别是 51.5% 和 62.0%（表 7–4）。

① 有效样本：外资 66 份。

表 7-4　外资与内资创业投资项目和投资金额所处投资阶段　　单位：%

	成长阶段	种子期	起步期	成长（扩张）期	成熟（过渡）期	重建期
投资金额	内资	14.4	36.2	35.9	13.2	0.3
	外资	35.0	10.9	31.1	23.0	0
投资项目	内资	22.0	40.0	32.0	5.7	0.3
	外资	30.3	21.2	31.8	16.7	0

7.3　外资创业投资项目情况

2019 年，外资创业投资机构单笔投资金额的规模分布情况与前几年有所差别①，没有单笔投资金额小于 300 万元的项目，单笔投资金额高度在 2000 万元以上的占比为 86.2%，对单笔项目的投资金额明显增大（表 7–5、图 7–2）。

表 7-5　2011—2019 年外资创业投资单项投资金额的规模分布　　单位：%

投资额分布	< 100 万元	100 万 ~ 300 万元	300 万 ~ 500 万元	500 万 ~ 1000 万元	1000 万 ~ 2000 万元	> 2000 万元
2012 年	0.4	0.4	1.4	9.7	24.4	63.7
2013 年	0	0.1	1.3	4.3	16.1	78.2
2014 年	0.1	0.4	0.9	5.3	18.1	75.2
2015 年	0	1.0	0.7	2.4	9.3	86.6
2016 年	0.6	4.1	2.1	13.2	18.5	61.5
2017 年	2.9	3.6	8.5	38.3	46.7	0
2018 年	0.2	1.3	2.8	8.7	11.3	75.7
2019 年	0	0	0.4	6.3	7.1	86.2

① 有效样本：99 份。

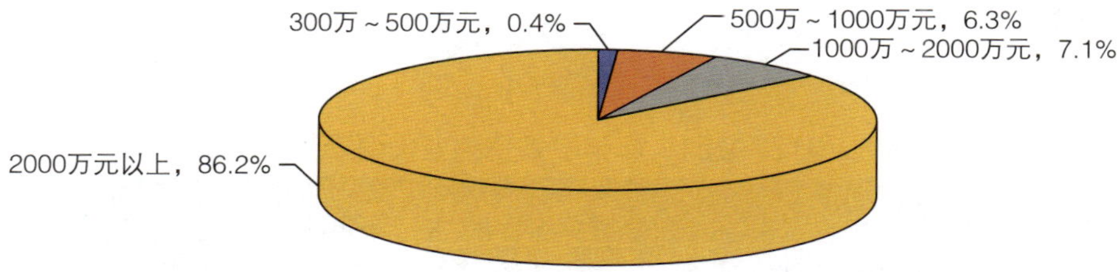

图 7-2　2019 年外资创业投资单项投资金额分布

通过对比外资和内资创业投资单项投资金额的规模分布可以发现，2019 年内资创业投资在 100 万元以下及 100 万～300 万元的单笔投资金额占比合计为 1.8%，而 2019 年外资单笔投资均高于 300 万元，内外资在 2000 万元以上的项目投资占比均超过了 70%（表 7–6、图 7–3）。

表 7-6　2019 年外资、内资创业投资单项投资金额的规模分布　　单位：%

投资额分布	100 万元以下	100 万～300 万元	300 万～500 万元	500 万～1000 万元	1000 万～2000 万元	2000 万元以上
外资	0	0	0.4	6.3	7.1	86.2
内资	0.3	1.6	3.2	8.2	13.5	73.2

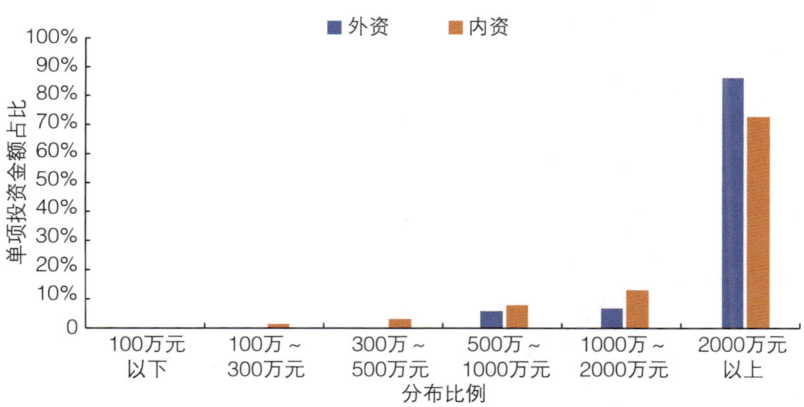

图 7-3　2019 年外资与内资创业投资单项投资金额分布

7.4　外资创业投资项目总体运行情况

2012—2019 年年底，外资创业投资项目运行的基本情况如表 7–7、图 7–4 所示。调查发现，2019 年外资创业投资的项目中，有 92% 的项目仍处于继续运行阶段，为历年最高。“原股东（创业者）回购”这一项的占比从 2018 年的 3.0% 下降至 2019 年的 0.7%。这在一定程度上反映出 2019 年外资创业投资行业的整体退出环境并不乐观。

表 7-7　2012—2019 年年底外资创业投资项目运行情况　　单位：%

<table>
<tr><th rowspan="2">年份</th><th colspan="2">已上市</th><th colspan="2">准备上市</th><th colspan="3">被其他机构收购</th><th rowspan="2">原股东（创业者）回购</th><th rowspan="2">管理层收购</th><th rowspan="2">继续运行</th><th rowspan="2">清算</th></tr>
<tr><th>境内上市</th><th>境外上市</th><th>境内上市</th><th>境外上市</th><th>境内上市公司收购</th><th>境内非上市公司或自然人收购</th><th>境外收购</th></tr>
<tr><td rowspan="2">2012</td><td colspan="2">10.7</td><td colspan="2">6.2</td><td colspan="3">6.0</td><td rowspan="2">6.5</td><td rowspan="2">0.7</td><td rowspan="2">68.8</td><td rowspan="2">1.1</td></tr>
<tr><td>7.6</td><td>3.1</td><td>5.1</td><td>1.1</td><td>1.1</td><td>4.9</td><td>0</td></tr>
<tr><td rowspan="2">2013</td><td colspan="2">10.8</td><td colspan="2">7.0</td><td colspan="3">5.1</td><td rowspan="2">10.0</td><td rowspan="2">14.0</td><td rowspan="2">52.0</td><td rowspan="2">1.1</td></tr>
<tr><td>7.4</td><td>3.4</td><td>6.5</td><td>0.5</td><td>0.8</td><td>4.1</td><td>0.2</td></tr>
<tr><td rowspan="2">2014</td><td colspan="2">4.5</td><td colspan="2">15.0</td><td colspan="3">9.9</td><td rowspan="2">4.0</td><td rowspan="2">0</td><td rowspan="2">65.7</td><td rowspan="2">0.9</td></tr>
<tr><td>3.3</td><td>1.2</td><td>9.5</td><td>5.5</td><td>0.5</td><td>5.5</td><td>3.9</td></tr>
<tr><td rowspan="2">2015</td><td colspan="2">15.5</td><td colspan="2">0</td><td colspan="3">8.8</td><td rowspan="2">11.8</td><td rowspan="2">0.2</td><td rowspan="2">61.1</td><td rowspan="2">2.6</td></tr>
<tr><td>13.7</td><td>1.8</td><td>0</td><td>0</td><td>7.2</td><td>0</td><td>1.6</td></tr>
<tr><td rowspan="2">2016</td><td colspan="2">1.5</td><td colspan="2">0</td><td colspan="3">6.6</td><td rowspan="2">2.0</td><td rowspan="2">1.7</td><td rowspan="2">86.5</td><td rowspan="2">1.7</td></tr>
<tr><td>1.1</td><td>0.4</td><td>0</td><td>0</td><td>6.6</td><td>0</td><td>0</td></tr>
<tr><td rowspan="2">2017</td><td colspan="2">3.8</td><td colspan="2">0</td><td colspan="3">9.2</td><td rowspan="2">9.2</td><td rowspan="2">1.6</td><td rowspan="2">74.6</td><td rowspan="2">1.6</td></tr>
<tr><td>3.8</td><td>0</td><td>0</td><td>0</td><td>7.6</td><td>0</td><td>1.6</td></tr>
<tr><td rowspan="2">2018</td><td colspan="2">3.5</td><td colspan="2">0</td><td colspan="3">4.4</td><td rowspan="2">3.0</td><td rowspan="2">0.5</td><td rowspan="2">87.6</td><td rowspan="2">1.0</td></tr>
<tr><td>2.5</td><td>1.0</td><td>0</td><td>0</td><td>3.9</td><td>0</td><td>0.5</td></tr>
<tr><td rowspan="2">2019</td><td colspan="2">5.7</td><td colspan="2">0</td><td colspan="3">1.1</td><td rowspan="2">0.7</td><td rowspan="2">0</td><td rowspan="2">92.1</td><td rowspan="2">0.4</td></tr>
<tr><td>1.6</td><td>4.1</td><td>0</td><td>0</td><td>1.0</td><td>0</td><td>0.1</td></tr>
</table>

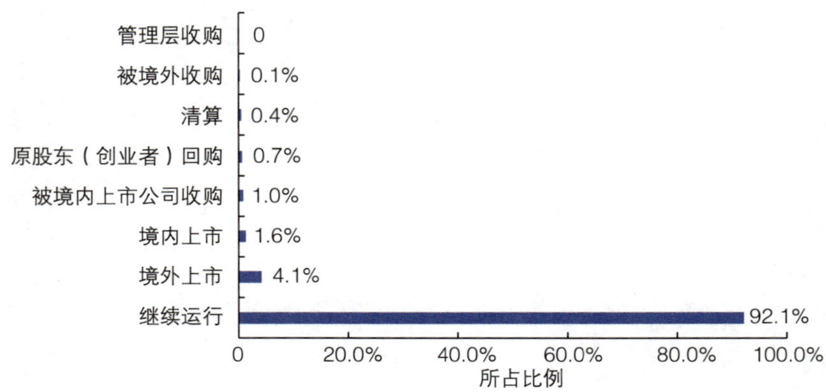

图 7-4　2019 年外资创业投资项目的运作情况

2019 年，外资与内资创业投资项目运行情况对比结果显示[①]，"继续运行"仍然是外资和内资机构投资项目的主要运行状态，内资创业投资机构的退出情况总体好于外资创业投资（表 7–8、图 7–5）。

表 7-8　截至 2019 年年底外资与内资创业投资项目运作情况

单位：%

运作情况	继续运行	境外上市	境内上市	被境内上市公司收购	原股东（创业者）回购	清算	被境外收购	管理层收购
外资	92.0	4.1	1.6	1.0	0.7	0.4	0.1	0.0
内资	76.8	0.5	5.1	3.9	7.2	5.4	0.1	1.0

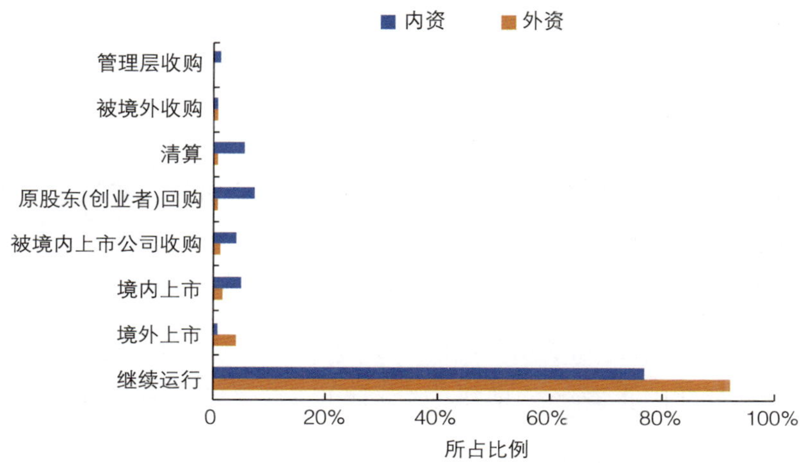

图 7-5　2019 年外资与内资创业投资项目的运作情况

7.5　影响外资创业投资机构投资决策的因素

与 2018 年一样，2019 年影响外资创业投资机构的前 3 个主要原因仍然是"市场前景""管理团队"和"技术因素"，占比分别为 31.0%、26.8% 和 16.9%[②]。

对比 2019 年外资和内资创业投资机构决策要素可以发现，"市场前景""管理团队""技术因素""盈利模式"及"财务状况"是影响内资和外资投资决策的前 5 个共同要素，累计所占比重分别为 95.9% 和 92.1%，较 2018 年均略有上升。相比而言，外资更看重市场前景与管理团队素质（图 7–6）。

① 有效样本：外资 45 份，内资 1976 份。

② 有效样本：外资 24 份，内资 1954 份。

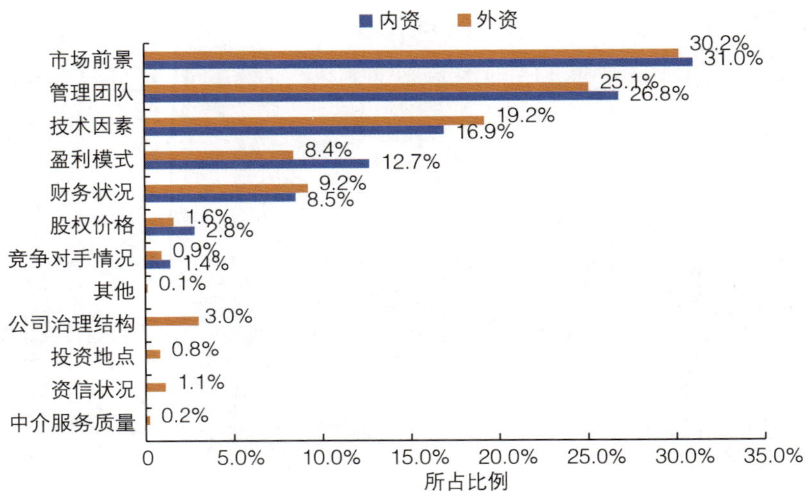

图 7-6　2019 年影响外资与内资创业投资机构投资决策的因素

7.6　外资创业投资机构获取信息的主要渠道

与 2018 年一样，2019 年“政府部门推荐”“项目中介机构”“科技金融服务平台”仍然是外资获取信息的主要渠道，占比分别是 22.9%、18.6% 和 15.7%（图 7-7）①。

对比外资与内资获取信息的主要渠道可以看到，相对内资而言，外资通过“银行介绍”“媒体宣传”等渠道获得信息相对有限，但外资创业投资机构往往与地方政府和园区建立了较好的关系，“政府部门推荐”“项目中介机构”“科技金融服务平台”等渠道成为外资获得信息的主要渠道。

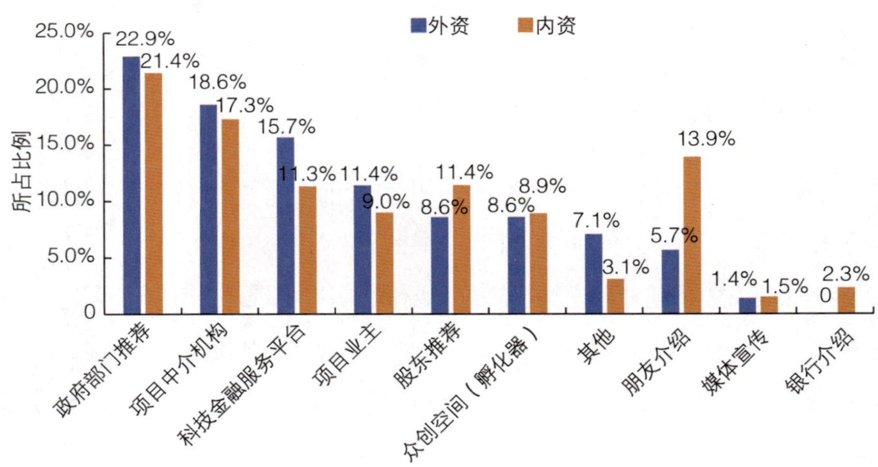

图 7-7　2019 年外资与内资创业投资机构获取信息的主要渠道

① 有效样本：外资 26 份，内资 1941 份。

7.7 外资创业投资项目的管理模式

2019年，从外资创业投资的管理模式来看，主要集中在“提供管理咨询”“董事会席位”和“只限监管”，占比分别为54.2%、33.3%和8.3%。对比内资创业投资机构而言，外资创业投资机构更注重“提供管理咨询”服务，获得“董事会席位”和“只限监管”的占比明显少于内资创业投资机构（图7–8）。

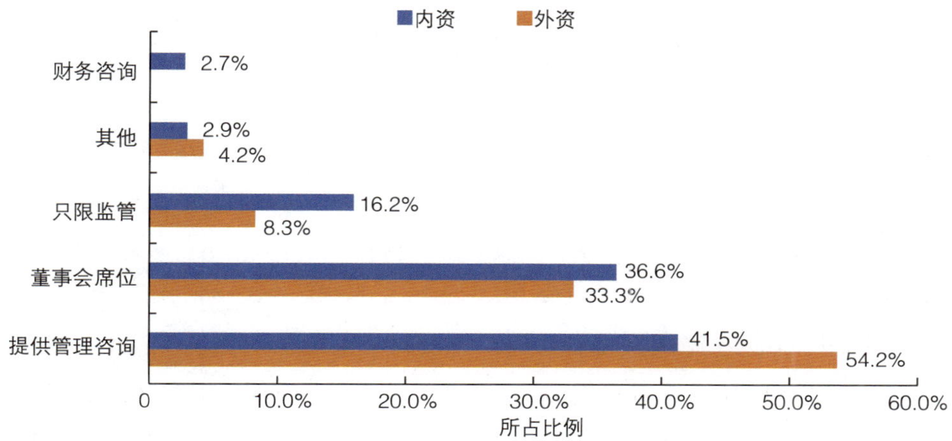

图7-8　2019年外资与内资创业投资项目的监管模式

7.8 与外资创业投资机构经营有关的人力资源因素

通过调查外资和内资创业投资机构从业人员的基本素质发现[①]，与2018年相比，2019年外资创业投资机构对合格创业人员从业素质要求略有变化。总体而言，外资和内资创业投资机构都认为“资本运作能力”“财务管理能力”“判断力和洞察力”是合格创业投资人员最应具备的三大素质，但是相较而言，除上述因素外，内资创业投资相对外资创业投资来说更加注重“人际关系网络和协调能力”和“技术背景”（图7–9）。

① 有效样本：外资24份，内资1944份。

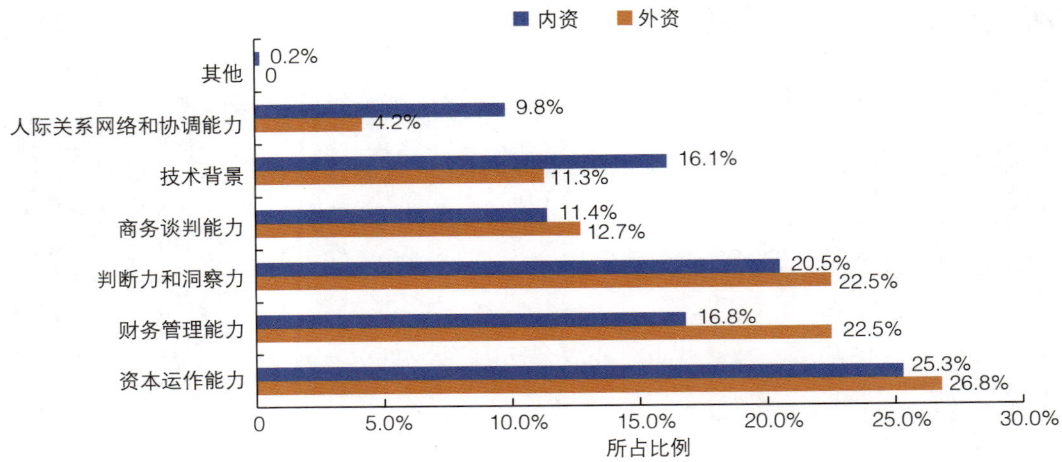

图 7-9　2019 年外资与内资创业投资机构对合格创业投资人员素质的要求

对比内外资创业投资机构对我国创业投资从业人员缺乏的专业知识的看法发现[①]，两者在对“技术评估”和“资本运作”技能缺乏上达成了共识。新一轮技术革命和产业变革也对创业人员的技术识别能力提出了更高要求。但在其他几项重要能力方面，内资创业投资机构认为“企业管理”是从业人员缺乏的重要能力。而外资创业投资机构则特别注重项目运作的合规性，因此，外资创业投资机构认为“法律知识”是从业人员缺乏的重要能力（图 7–10）。

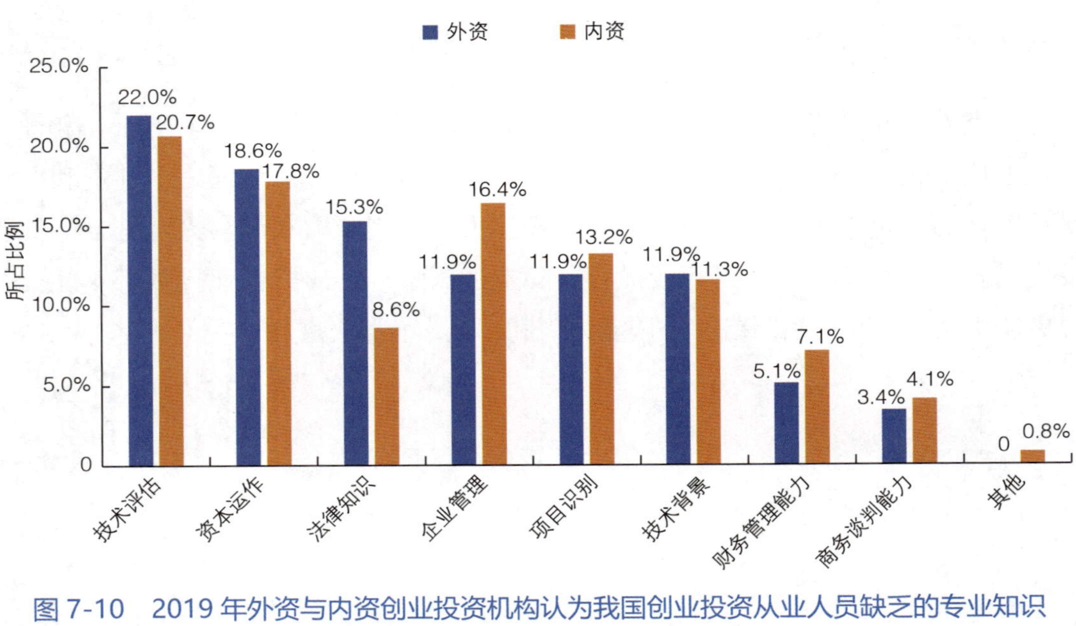

图 7-10　2019 年外资与内资创业投资机构认为我国创业投资从业人员缺乏的专业知识

① 有效样本：外资 23 份，内资 1940 份。

7.9 外资创业投资机构对总体发展环境的评价

2019 年，内、外资创业投资机构认为投资不理想的主要原因有所不同，如图 7-11 所示[①]，外资创业投资机构认为投资不理想源于“市场竞争”“后续融资不力”，占比分别为 25.0%、19.6%。内资创业投资机构则认为投资不理想源于“退出渠道不畅”“市场竞争”，占比分别为 19.5%、18.1%。此外，外资与内资创业投资机构都越发重视内部管理水平。与内资创业投资机构相比，外资创业投资机构因“政策环境变化”而导致的投资效果不理想的原因较大程度上低于内资在此项的占比。这在一定程度上说明了外资创业投资机构对我国政策环境的评价较为理想，反映了我国外商投资环境在不断完善。

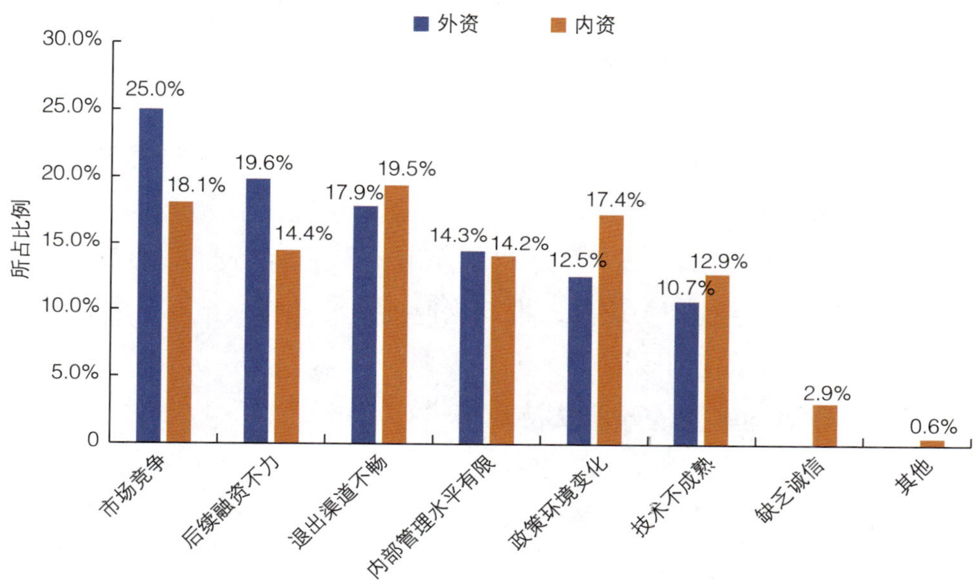

图 7-11　2019 年外资与内资创业投资机构认为投资效果不理想的原因

① 有效样本：外资 24 份，内资 1922 份。

8

中国创业投资发展环境

8.1 中国创业投资机构的政策环境

创业投资有助于促进金融资本向实体经济流动。在经济下行、疫情冲击等多重影响下，鼓励创业投资发展具有更加重要的意义。近年来，我国中央政府和地方各级政府在完善创业投资发展所需的内外部环境方面发挥了积极的作用，在外商投资、监督管理、税收优惠、引导基金等方面出台了一系列相关政策，推动创业投资行业健康成长。本部分将重点分析2019 年我国创业投资机构所处的政策环境。

8.1.1 中国创业投资机构享受的政府扶持政策

图 8–1 展示了 2019 年中国创业投资机构能够享受的政府扶持政策情况[①]。其中，政府提供的“信息交流”扶持政策居于所有政策首位（31.5%），然后是“所得税减免”政策（24.4%）、“人员培训”政策（15.4%）、“获得政府资金直接支持”政策（15.1%）、“其他”政策（9.2%），以及“计提风险准备金”政策（4.4%）。总体来看，2019 年，中国政府对创业投资机构的扶持以营造环境为主，且与往年态势基本趋同。

① 有效样本数为 1917 份。

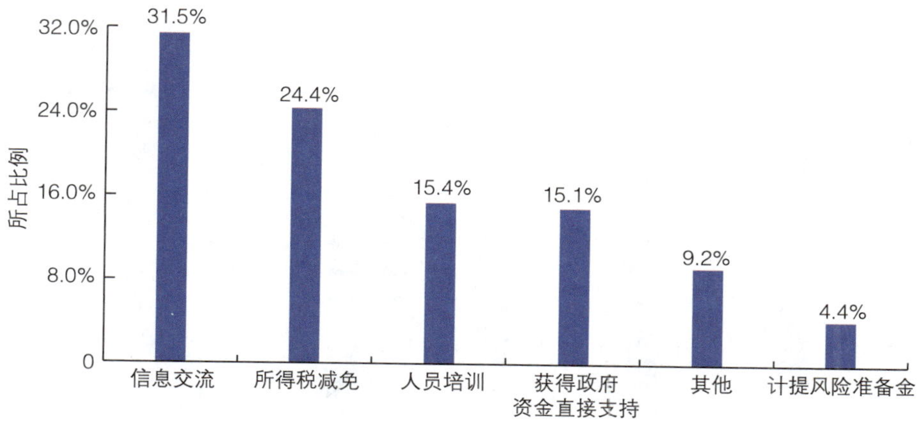

图 8-1　2019 年中国创业投资机构能够享受的政府扶持政策

图 8-2[①]、图 8-3[②] 按照政府层级对 2019 年我国创业投资机构能够享受的扶持政策情况做了进一步划分。在中央政府扶持政策中，创业投资机构享受的“信息交流”与“所得税减免”政策分列前 2 位，占比分别为 31.6% 和 25.1%；“人员培训”政策则排在第 3 位，占比为 14.3%。在地方政府扶持政策中，创业投资机构享受的“信息交流”与“所得税减免”政策依然分列前 2 位，占比分别为 31.4% 和 23.8%；“获得政府资金直接支持”政策占比为 17.1%，排在第 3 位。2019 年，中央政府与地方政府在促进创业投资发展的政策导向上存在一定差异，与中央政府相比，地方政府对创业投资机构的直接扶持力度较大。

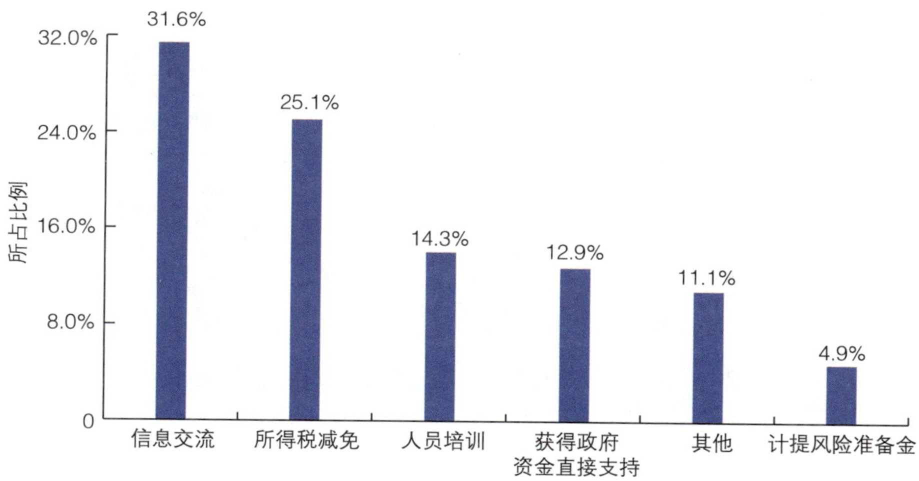

图 8-2　2019 年中国创业投资机构能够享受的中央政府扶持政策

① 有效样本数为 1839 份。

② 有效样本数为 1895 份。

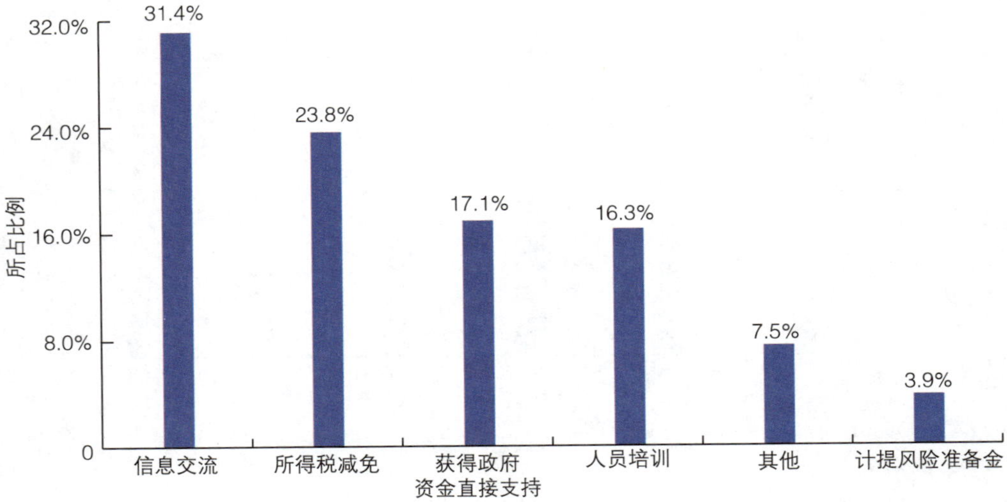

图 8-3　2019 年中国创业投资机构能够享受的地方政府扶持政策

从地域层面来看，2019 年，我国创业投资机构能够享受的政府扶持政策情况，如图 8-4 所示①。在浙江、江苏、山东、北京、广东、福建等创业投资较为活跃的地区，创业投资机构享受的各项政策相对平均。天津、西藏、云南、内蒙古、宁夏、江西、吉林、海南等地的创业投资企业获得的政策扶持相对单一。

“信息交流”和“所得税减免”政策是各地创业投资机构享受的主要政策形式。其中，安徽、北京、广东、广西、海南、河南、黑龙江、辽宁、重庆等 18 个地区的创业投资企业享受“信息交流”政策的比例较高（在其能享受到的所有政策中的比例超过 30%）；安徽、福建、贵州、吉林、四川、西藏、云南、浙江等 8 个地区的创业投资企业享受“所得税减免”政策的比例较高（在其能享受到的所有政策中的比例超过 30%）。

贵州、河北、黑龙江、湖北、吉林、江西、青海、山西、陕西、天津、西藏、云南等 12 个地区的创业投资机构获得“政府资金直接支持”政策的比例略高于其他地区（在其能享受到的所有政策中的比例超过了 20%）。

总体而言，我国中西部和东北部地区的创业投资企业“获得政府资金直接支持”政策的比例较高，我国东南部地区的创业投资企业享受的政策相对较为平均。

① 有效样本数为 1917 份。

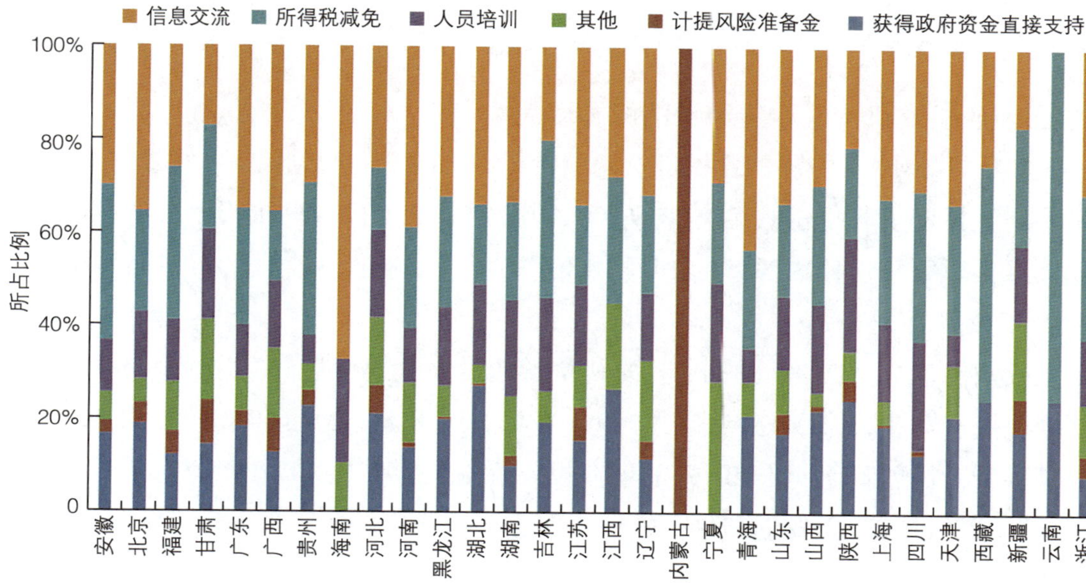

图 8-4　2019 年各地创业投资机构能够享受的政府扶持政策

8.1.2　中国创业投资机构享受的主要税收政策及缴税情况

近年来，财政部、税务总局等部门采取一系列税收优惠政策支持创业投资机构发展。2016 年，财政部、税务总局发布《关于完善股权激励和技术入股有关所得税政策的通知》（财税〔2016〕101 号），对符合条件的非上市公司股票期权、股权期权、限制性股票和股权奖励实行递延纳税政策，对上市公司股票期权、限制性股票和股权奖励延长纳税期限，对技术成果投资入股实施选择性税收优惠政策。2017 年，财政部、税务总局发布《关于创业投资企业和天使投资个人有关税收试点政策的通知》（财税〔2017〕38 号），对京津冀、上海、广东、安徽、四川、武汉、西安、沈阳 8 个全面创新改革试验区域和苏州工业园区，从税收试点政策、相关政策条件、管理事项及管理要求等方面做了具体说明。试点政策执行一年之后，2018 年，财政部、税务总局发布《关于创业投资企业和天使投资个人有关税收政策的通知》（财税〔2018〕55 号），就全国范围内实施的创业投资企业和天使投资个人税收政策进行明确。

2019 年统计数据显示，国内披露缴税情况的创业投资机构 794 家（2018 年为 615 家），合计缴税金额逾 12.54 亿元（2018 年为 12.60 亿元）。2019 年，享受财税〔2016〕101 号政策优惠的机构数①占比为 14.8%；享受财税〔2018〕55 号政策优惠的机构数②占比为 25.4%。

① 有效样本数为 1944 份。

② 有效样本数为 1943 份。

8.2 中国创业投资机构的政策需求

8.2.1 中国创业投资机构最希望出台的激励政策[①]

图 8–5 展示了 2019 年中国创业投资机构最希望出台的政府激励政策，主要类型如下。

①完善创业投资税收优惠政策。2019 年，中国创业投资机构最希望出台的政府激励政策是税收优惠类政策，占比为 30.5%。与 2018 年相比，创业投资企业的税收政策诉求略微下降（2018 年数据为 31.9%）。

②设立政策性基金。15.3% 的创业投资机构希望设立政策性基金，并通过市场化的运作方式支持创业投资发展。与 2018 年相比，这一数据有所下降（2018 年数据为 17.3%）。

③鼓励科研人员创新创业。10.1% 的创业投资机构认为政府应当出台鼓励科研人员创新创业的相关政策，进一步激发创新创业热情，促进科技成果转化。这一数据相比 2018 年有所上升（2018 年数据为 8.1%）。

④加快注册制改革，建立转板机制。希望政府继续推动资本市场注册制改革，加快建立场内外市场之间转板机制的创业投资机构占 17.6%，与 2018 年相比有所上升（2018 年数据为 16.2%）。

⑤完善和落实相关法律。8.4% 的创业投资机构希望政府能够完善和落实创业投资的相关法律，营造规范的制度环境，与 2018 年相比有所下降（2018 年数据为 9.6%）。

⑥理顺国有创业投资管理体制。7.1% 的创业投资机构认为应当健全符合创业投资行业特点和发展规律的国有创业投资管理体制，激发国有创业投资活力，提高国有创业投资运行效率。该项诉求较 2018 年稍有提升（2018 年数据为 6.2%）。

⑦发展众创空间等新型孵化器。10.6% 的创业投资机构希望政府加大众创空间等新型孵化器的扶持力度，进一步加快推进大众创新创业，该数据与 2018 年相比基本一致（2018 年数据为 10.0%）。

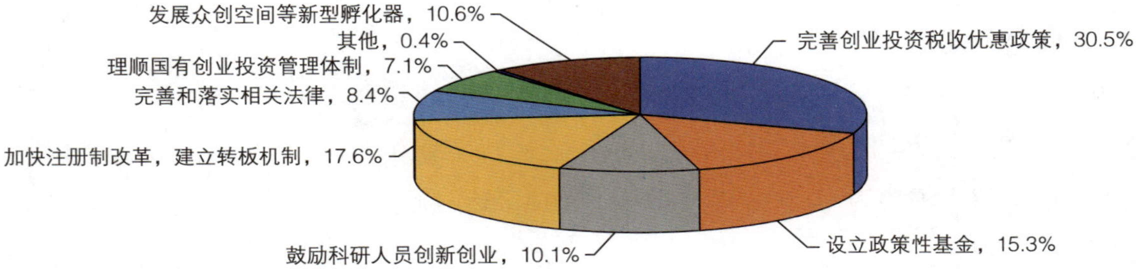

图 8-5　2019 年创业投资机构希望出台的政府激励政策

① 有效样本数为 1944 份。

8.2.2 中国创业投资机构对中小企业政策需求的认知[①]

图 8–6 展示了 2019 年中国创业投资机构对中小企业政策需求的认知。创业投资机构认为，政府应该在以下方面对中小企业进行政策扶持。

①尽快设立科技型中小企业上市的绿色通道。2019 年，中国创业投资机构认为，政府应该尽快设立科技型中小企业上市的绿色通道，拓宽科技型中小企业融资渠道（占比为 22.59%）。

②建立项目库，提高科技项目信息的透明度，推动创投企业投资。2019 年，中国创业投资机构认为，政府应该优化科技项目信息管理方式，建立项目库，助力创业投资机构识别相关项目信息，以便精准投资中小企业（占比为 21.06%）。

③创新银行贷款方式，降低贷款成本。2019 年，中国创业投资机构认为，政府应该在如何创新银行贷款方式上下功夫，以便降低中小企业的贷款成本，使得融资贵问题能够得到有效缓解（占比为 20.53%）。

④对创业投资项目给予直接资助。2019 年，中国创业投资机构认为，政府应该对投资于中小企业的创业投资项目给予直接资助，激励创业投资机构开展相关业务（占比为 20.47%）。

⑤鼓励、资助创业投资与孵化器之间的合作。2019 年，中国创业投资机构认为，政府应鼓励、资助创业投资与孵化器之间的合作，推动科技型中小企业健康成长（占比为 7.71%）。

⑥对科技类投资项目提供培训、管理咨询。2019 年，中国创业投资机构认为，政府应对科技类投资项目提供培训、管理咨询，为中小企业与创业投资对接搭建良好的理论和实践平台（占比为 7.31%）。

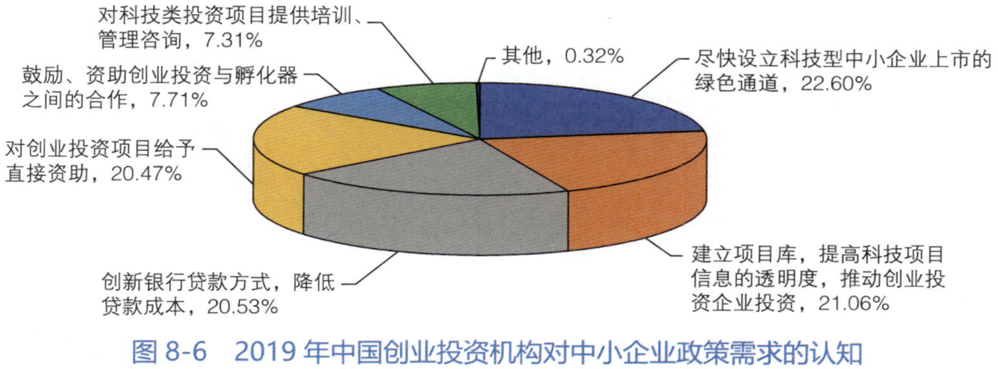

图 8-6 2019 年中国创业投资机构对中小企业政策需求的认知

① 有效样本数为 4953 份。

8.3 中国促进创业投资发展的主要政策

政府部门的政策支持是创业投资发展的直接助推器。本部分将对近 3 年来国家层面出台的促进中国创业投资发展的相关政策文件进行梳理（表 8-1）。

表 8-1 近年来中国促进创业投资发展的主要政策文件

文件名称	发布时间	发布机构	主要内容（或主要目标）
《关于推广支持创新相关改革举措的通知》	2017 年	国务院办公厅	提出推广改革的主要内容，其中，涉及科技金融创新方面 3 项、创新创业政策环境方面 5 项、外籍人才引进方面 2 项、军民融合创新方面 3 项
《关于创业投资企业和天使投资个人有关税收试点政策的通知》	2017 年	财政部、税务总局	从税收试点政策、相关政策条件、管理事项及管理要求、执行时间及试点地区 4 个方面做了具体说明
《关于创业投资企业和天使投资个人有关税收政策的通知》	2018 年	财政部、税务总局	主要提出：①公司制创业投资企业采取股权投资方式直接投资于初创科技型企业满 2 年的，可以按照投资额的 70% 在股权持有满 2 年的当年抵扣其应纳税所得额；当年不足抵扣的，可以在以后纳税年度结转抵扣。②有限合伙制创业投资企业采取股权投资方式直接投资于初创科技型企业满 2 年的，其法人合伙人或个人合伙人可以按照对初创科技型企业投资额的 70% 抵扣其从合伙创投企业分得的所得；当年不足抵扣的，可以在以后纳税年度结转抵扣
《上市公司创业投资基金股东减持股份的特别规定》	2018 年	证监会	对作为上市公司股东的创业投资基金减持上市公司股份做出了特别规定，以鼓励创业投资基金投资于早期中小企业或者高新技术企业
《关于创业投资企业个人合伙人所得税政策问题的通知》	2019 年	财政部、税务总局、发展改革委、证监会	主要提出：创投企业可以选择按单一投资基金核算或者按创业投资企业年度所得整体核算两种方式之一，对其个人合伙人来源于创投企业的所得计算个人所得税应纳税额
《关于在上海证券交易所设立科创板并试点注册制的实施意见》	2019 年	证监会	主要提出：在上海证券交易所新设科创板，坚持面向世界科技前沿、面向经济主战场、面向国家重大需求，主要服务于符合国家战略、突破关键技术、市场认可度高的科技创新企业
《关于为设立科创板并试点注册制改革提供司法保障的若干意见》	2019 年	最高人民法院	从司法角度，提出要促进发行、上市、信息披露、交易、退市等资本市场基础制度改革统筹推进，维护公开、公平、公正的资本市场秩序，保护投资者合法权益

续表

文件名称	发布时间	发布机构	主要内容（或主要目标）
《关于进一步明确规范金融机构资产管理产品投资创业投资基金和政府出资产业投资基金有关事项的通知》	2019 年	发展改革委、人民银行、财政部、银保监会、证监会、外汇局	对创业投资基金和政府出资产业投资基金从范围、投向、运作等几个方面进行了规范
《外商投资准入特别管理措施（负面清单）（2019 年版）》《自由贸易试验区外商投资准入特别管理措施（负面清单）（2019 年版）》	2019 年	发展改革委、商务部	通过本次修订，全国外资准入负面清单条目由 48 条措施减至 40 条，自贸试验区外资准入负面清单条目由 45 条减至 37 条。主要变化包括：一是推进服务业扩大对外开放；二是放宽农业、采矿业、制造业准入；三是继续发挥自贸试验区开放"试验田"作用
《关于进一步做好利用外资工作的意见》	2019 年	国务院	主要提出：深化对外开放、加大投资促进力度、深化投资便利化改革、保护外商投资合法权益等
《中华人民共和国外商投资法实施条例》	2019 年	国务院	围绕鼓励和促进外商投资，保护外商投资合法权益，规范外商投资管理，持续优化外商投资环境，推进更高水平对外开放等方面制定相关法律。于 2020 年 1 月 1 日实施

2019 年，我国完善和优化创业投资环境的主要做法如下。

（1）完善创业投资相关税收政策

为进一步支持创业投资企业发展，财政部等相关部门进一步明确有关个人所得税政策，颁布《关于创业投资企业个人合伙人所得税政策问题的通知》。该政策的重点在于提出创业投资企业可以选择按单一投资基金核算或者按创业投资企业年度所得整体核算两种方式，对其个人合伙人来源于创业投资企业的所得计算个人所得税应纳税额。具体的举措如下：创业投资企业选择按单一投资基金核算的，其个人合伙人从该基金应分得的股权转让所得和股息红利所得，按照 20% 税率计算缴纳个人所得税。创业投资企业选择按年度所得整体核算的，其个人合伙人应从创业投资企业取得的所得，按照"经营所得"项目、5% ~ 35% 的超额累进税率计算缴纳个人所得税。这在很大程度上缓解了投资人税负过重的问题。

（2）拓宽创业投资资金募集渠道

2019 年 10 月 25 日发展改革委、人民银行等六部委联合发布《关于进一步明确规范金融机构资产管理产品投资创业投资基金和政府出资产业投资基金有关事项的通知》（简称《通知》），落实了"资管新规"对两类基金相关规定另行制定的要求。《通知》针对符合要求的两类基金配套适度"豁免"原则和新老划断原则，明确了两类基金的定义及过渡期安排，在一定程度上缓解了两类基金的募资压力，传达了国家鼓励早期投资、长期投资的利好信号。同年 12 月底中国证券投资基金业协会发布《私募投资基金备案须知》（更新版），正本清源，规范行业的募资和投资运作行为，进一步引导行业存优去劣。同时，私募基金首次被纳入《市场准入负面清单（2019 年版）》，“基金管理”等字样的使用有了明确要求，市场准入将更加透明公正。对于真正从事私募股权投资基金管理业务的企业，将有望告别“注册难”窘境，行业准入隐形壁垒得以进一步消除。

（3）优化创业投资退出渠道

2019 年 1 月，证监会发布了《关于在上海证券交易所设立科创板并试点注册制的实施意见》，提出在上海证券交易所新设科创板，坚持面向世界科技前沿、面向经济主战场、面向国家重大需求，主要服务于符合国家战略、突破关键技术、市场认可度高的科技创新企业。2019 年 3 月，证监会发布了《科创板首次公开发行股票注册管理办法（试行）》（简称《注册管理办法》）和《科创板上市公司持续监管办法（试行）》。为做好设立科创板并试点注册制具体实施工作，证监会又制定了《公开发行证券的公司信息披露内容与格式准则第 41 号——科创板公司招股说明书》和《公开发行证券的公司信息披露内容与格式准则第 42 号——首次公开发行股票并在科创板上市申请文件》。上海证券交易所根据征求意见情况对 6 项配套业务规则做了修改完善，主要涉及上市条件、审核标准、询价方式、股份减持制度、持续督导等方面。中国证券登记结算有限公司对证券登记规则做了适应性修订，并对科创板股票股份登记制定了相应细则。与此同时，最高人民法院制定《关于为设立科创板并试点注册制改革提供司法保障的若干意见》，为设立科创板并试点注册制改革提供司法保障。据统计①，2019 年，88.6% 的创业投资机构认为上海证券交易所设立科创板有积极作用，主要体现在：科创板的推出有利于解决 IPO“堰塞湖”问题，有利于引导创业投资行业投资创新型硬科技项目，对机构投资实现项目退出有较大意义。

（4）营造外商投资的良好环境

2019 年，我国政府持续深化“放管服”改革，进一步做好利用外资工作，稳定外资规模，优化外资结构。2019 年 11 月，国务院发布了《关于进一步做好利用外资工作的意见》，具体提出要深化对外开放，加大投资促进力度，深化投资便利化改革，保护外商投资合法权益。2019 年 12 月，国务院常务会议通过《中华人民共和国外商投资法实施条例（草案）》，围绕鼓励和促进外商投资、保护外商投资合法权益、规范外商投资管理、持续优化外商投资环境、推进更高水平对外开放等方面制定相关法律。2019 年 6 月，发展改革委、商务部先后颁布《外商投资准入特别管理措施（负面清单）（2019 年版）》《自由贸易试验区外

① 有效样本数为 1960 份。

商投资准入特别管理措施（负面清单）（2019年版）》，在贸易投资自由化、便利化方面进行制度改革，为外资项目落地做准备，也为负面清单的进一步缩减做探索。上述两项政策文件将全国外资准入负面清单条目由48条措施减至40条，自贸试验区外资准入负面清单条目由45条减至37条。主要变化包括：一是推进服务业扩大对外开放；二是放宽农业、采矿业、制造业准入；三是继续发挥自贸试验区开放"试验田"作用。上述政策、法律的制定使得我国外资创业投资的营商环境进一步优化。

9

中国创业投资引导基金发展情况

9.1 创业投资引导基金支持创业投资发展概况

延续 2018 年资本寒冬，2019 年创业投资环境依然不容乐观。我国政府创业投资引导基金在资本行业低谷期发挥了重要作用，支持了一大批对资金有强烈需求且发展潜力巨大的优质企业，为创新创业企业发展和经济平稳做出了重要贡献。2019 年具有政府引导基金背景的投资机构在投资市场上依然活跃，与未获得政府引导基金的机构互为补充，为社会资本持续注入信心和力量。

本项调查结果显示，截至 2019 年年底，政府引导基金带动的创业投资参股基金累计 510 支，较 2018 年累计数量增加了 18 支；引导基金规模累计出资为 959.65 亿元，较上年累计数量增加了 108 亿元；带动创业投资机构管理资金规模累计 5696.98 亿元，较上年累计数量增加了 848.78 亿元。

2019 年调查结果显示①，获得引导基金支持的创业投资机构平均管理资本规模达到 121 668.2 元，比 2018 年下降了 20 904.1 元。未获得引导基金支持的创业投资机构平均管理资本规模为 43 305.4 元，比 2018 年下降了 4044 元。由此可见，无论是否获得引导基金支持，与 2018 年相比，2019 年的创业投资机构平均管理资本规模都有所下降，获得引导基金支持的创业投资机构平均管理资本规模比上年下降了 14.66%，未获得引导基金支持的创业投资机构平均管理成本规模比上年下降了 8.54%（图 9–1）。

① 有效样本数为：获得引导基金支持 647 份，未获得引导基金支持创投 1367 份。

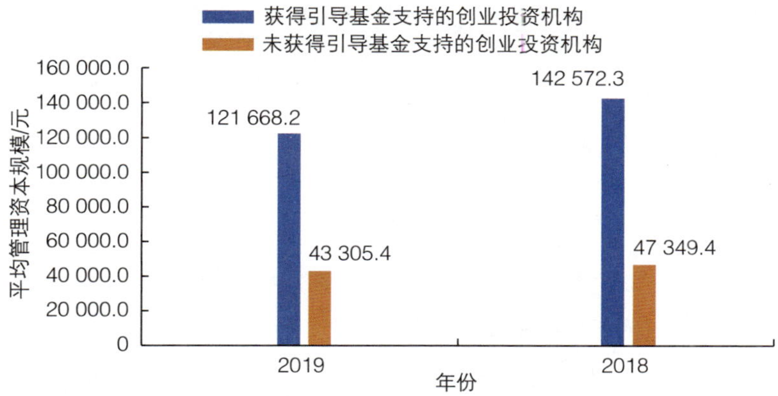

图 9-1　获得与未获得引导基金支持的创业投资机构的平均管理资本规模对比

创业投资机构的资金募集来源可分为两类：一类是按照机构类型划分；另一类是按照金融资本属性划分。

按机构类型划分，2019 年数据显示，获得引导基金支持的创业投资机构资本构成中，“其他”类资本高居首位，占比高达 45.8%，较上年占比（15.3%）提高了 30.5 个百分点；然后是“政府引导基金”和“国有独资投资机构”，“政府引导基金”占比为 13.0%，较上年占比（21.1%）降低了 8.1 个百分点；“国有独资投资机构”较上年排名有大幅提升，占比为 11.3%。

未获得引导基金支持的创业投资机构资本构成中，“其他”类资本从 2018 年的 44.2% 下降到 2019 年的 26.7%，但仍居首位；“民营投资机构”占比为 25.7%，相较于上年的 22.3% 提高了 3.4 个百分点，仍位居第二；“国有独资投资机构”占比为 23.0%，相较上年的 13.6% 提高了 9.4 个百分点，仍位列第三（图 9–2）。

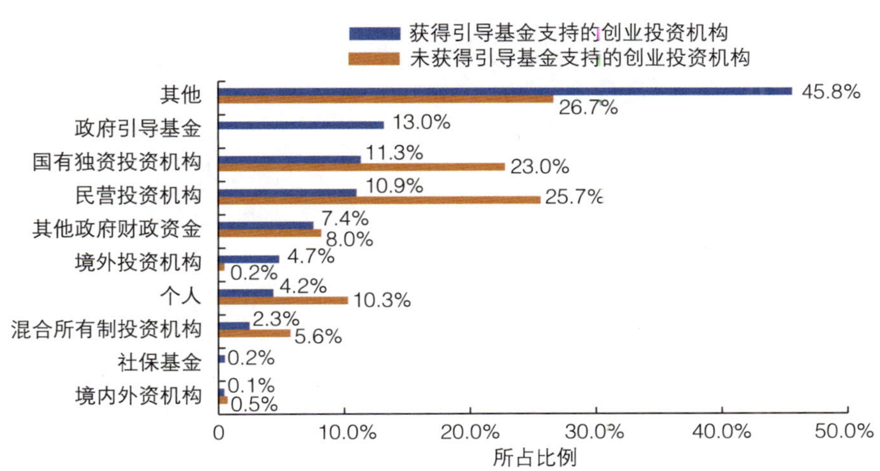

图 9-2　获得与未获得引导基金支持的创业投资机构的资本构成（按机构类型分）对比

总体来看，获得引导基金支持的创业投资机构中，“其他”类相较于上年大幅增加，政府引导基金和国有独资投资机构是主体。未获得引导基金支持的创业投资机构资本构成与上年相似，各占比虽有小幅变化，但排名未变。

按金融资本属性划分，2019 年数据显示，获得引导基金参与的创业投资机构资本构成中，“其他金融资本”高居首位，占比为 53.0%，较 2018 年占比（21.7%）增加了 31.3 个百分点；“非金融资本”占比为 44.6%，较 2018 年占比（67.8%）下降了 23.2 个百分点；银行、证券公司、信托公司、保险公司等金融资本占比微乎其微。

未获得引导基金参与的创业投资机构资本构成中，“非金融资本”占比为 60.2%，较 2018 年占比（64.6%）下降了 4.4 个百分点；“其他金融资本”占比为 35.1%，较 2018 年占比（31.0%）增加了 4.1 个百分点。这一分布形势与 2018 年基本一致（图 9–3）。

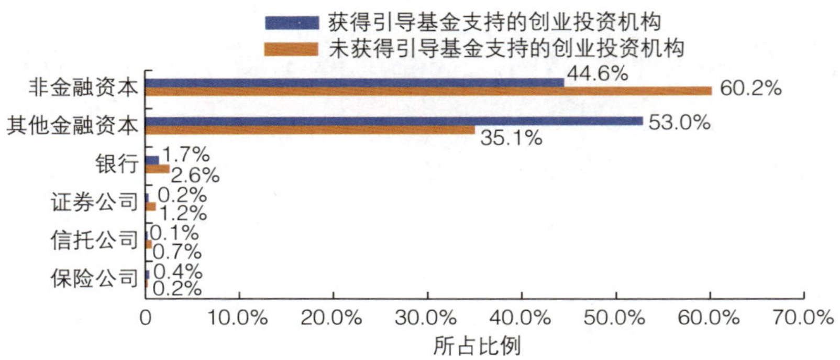

图 9-3　获得与未获得引导基金支持的创业投资机构的资本构成（按金融资本属性分）对比

9.2　中国创业投资引导基金投资项目的行业分布

获得引导基金支持和未获得引导基金支持的两类创业投资机构的投资项目（按投资金额）行业分布情况如图 9–4 所示[①]。

从投资金额来看，2019 年获得引导基金支持的创业投资机构倾向于传统制造业，其他行业，新能源、高效节能技术，其他制造业，医药保健，网络产业等领域，这 6 个行业合计投资的项目数占比达到 5.1%；未获得引导基金支持的创业投资机构倾向于半导体、其他制造业、新材料工业、医药保健、金融保险业、网络产业等领域，这 6 个行业合计投资的项目数占比达到 49.8%（图 9–4）。

① 有效样本数为：获得引导基金支持 846 份，未获得引导基金支持 1425 份。

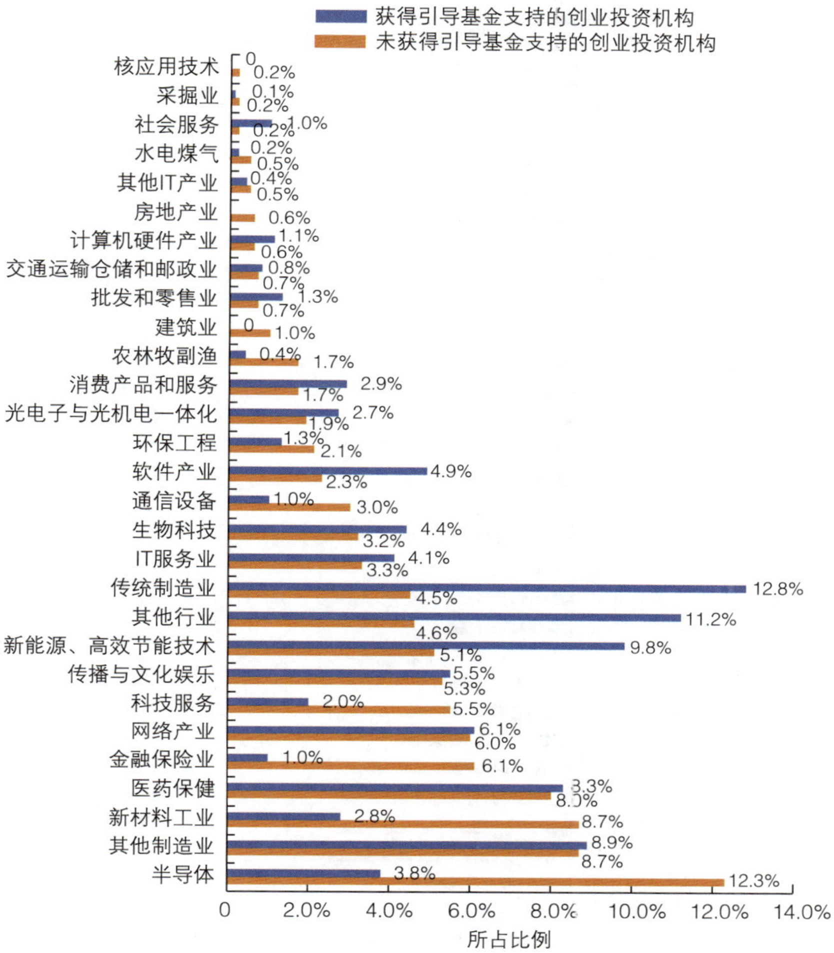

图 9-4　获得和未获得引导基金支持的创业投资企业投资项目（按投资金额）行业分布比较

获得引导基金支持和未获得引导基金支持的两类创业投资机构的投资项目（按投资项目数量[①]）行业分布情况，如图 9–5 所示[②]。从投资项目数量来看，2019 年获得引导基金支持的创业投资机构倾向于其他制造业、医药保健、科技服务、其他行业、生物科技、IT 服务业等领域，这 6 个行业合计投资的项目数占比达到 40.0%；未获得引导基金支持的创业投资机构倾向于其他行业、科技服务、医药保健、其他制造业、网络产业、新材料工业等领域，这 6 个行业合计投资的项目数占比达到 43.2%。

① 排除未获得引导基金支持但资本来源中有引导基金的机构。

② 有效样本数为：获得引导基金支持 1179 份，未获得引导基金支持 1092 份。

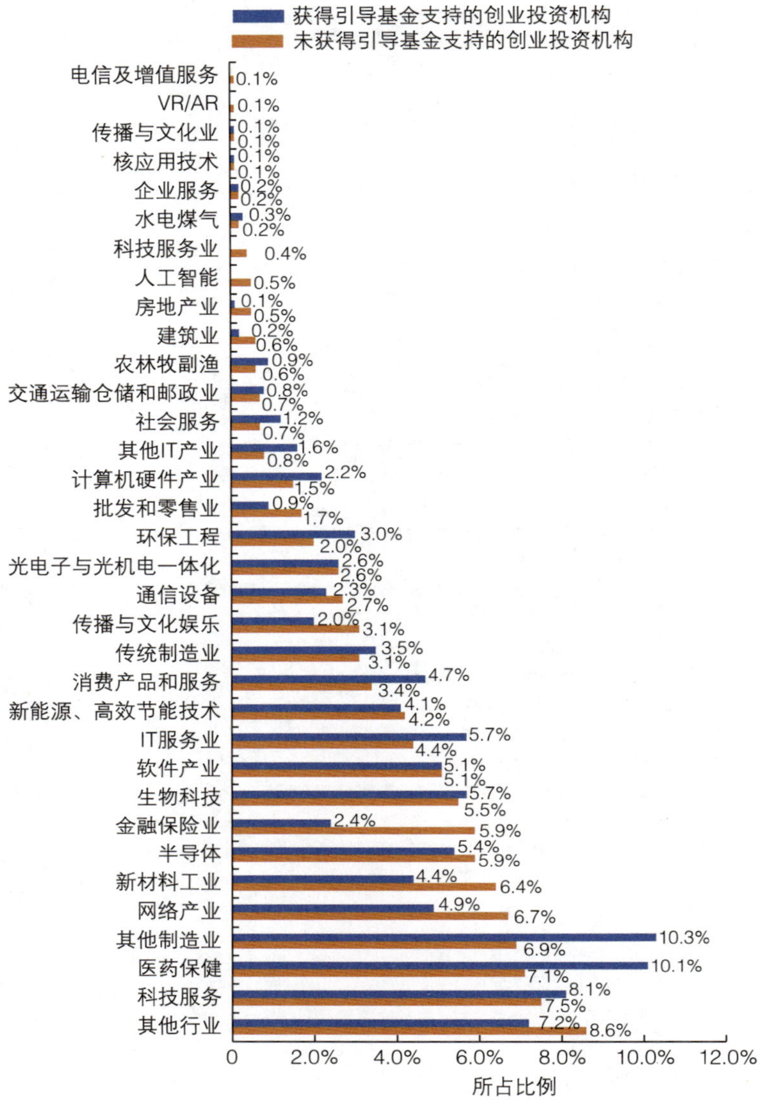

图 9-5　获得和未获得引导基金支持的创业投资企业投资项目（按投资项目数）行业分布比较

比较获得引导基金支持创业投资机构的投资行业分布趋势情况可知：

按投资金额计算，2019 年在半导体，传统制造业，新能源、高效节能技术，其他制造业，其他行业，网络产业等方面有明显提升；在医疗保健、生物科技、新材料工业、计算机硬件产业、IT 服务业、其他 IT 产业等方面出现了下降。

按投资项目数量计算，2019 年在其他制造业、科技服务、环保工程、金融保险业等方面有明显提升；在软件工程、新材料工业、生物科技、IT 服务等方面出现了明显的下降（表 9–1）。

表 9-1 2017—2019 年获得引导基金支持创业投资企业的投资项目行业分布 单位：%

投资行业	投资金额			投资项目		
	2019 年	2018 年	2017 年	2019 年	2018 年	2017 年
生物科技	3.7	7.1	34.2	5.7	7.7	6.9
医药保健	9.6	19.3	8.9	10.1	11.2	7.4
其他行业	8.4	6.2	8.0	7.2	6.7	11.7
其他制造业	9.1	6.3	7.4	10.3	6.4	9.6
金融保险业	1.6	0.6	5.8	2.4	1.3	2.8
软件产业	3.9	5.2	3.8	5.1	8.6	6.7
IT 服务业	3.9	5.8	3.4	5.7	7.4	5.8
新能源、高效节能技术	9.2	5.2	3.1	4.1	4.4	4.5
新材料工业	4.5	6.4	3.0	4.4	6.9	4.1
传统制造业	9.3	2.6	2.9	3.5	3.0	5.0
环保工程	2.2	0.9	2.5	3.0	1.5	4.0
消费产品和服务	2.1	3.5	1.9	4.7	4.3	3.9
网络产业	4.8	3.2	1.9	4.9	5.6	4.0
建筑业	0	0.3	1.8	0.2	0.3	0.6
农林牧副渔	1.7	0.3	1.7	0.9	0.7	1.7
传播与文化娱乐	3.9	2.5	1.7	2.0	3.0	4.8
科技服务	3.4	3.6	1.4	8.1	4.6	4.0
通信设备	1.1	1.8	1.3	2.3	2.8	1.7
半导体	10.0	1.9	1.1	5.4	3.0	1.9
交通运输仓储和邮政业	0.7	0.2	0.7	0.8	0.5	1.5
其他 IT 产业	0.6	2.2	0.7	1.6	1.8	1.8
计算机硬件产业	0.9	2.8	0.7	2.2	2.8	1.9
光电子与光机电一体化	2.6	2.5	0.6	2.6	2.1	1.0
社会服务	0.7	7.8	0.4	1.2	1.8	1.2
批发和零售业	1.0	1.7	0.3	0.9	1.6	0.8

9.3 中国创业投资引导基金投资项目所处阶段

2019 年获得引导基金支持的创业投资机构投资项目按所处阶段分类，分布情况如下[①]，统计结果显示：

① 有效样本量，政府引导基金为 1150 份，非政府引导基金为 1069 份。

从投资金额来看，获得引导基金支持的创业投资机构与未获得引导基金支持的创业投资机构在起步期和成长（扩张）期项目的投资金额占比差异较大。

在种子期，获得政府引导基金支持的创业投资机构占比为 17.9%，未获得政府引导基金的创业投资机构占比为 12.0%，政府引导基金略高于非政府引导基金；在起步期，获得政府引导基金支持的创业投资机构的占比为 42.6%，未获得政府引导基金支持的创业投资机构的比例为 22.6%，政府引导基金明显高于非政府引导基金；在成长（扩张）期，获得政府引导基金支持的创业投资机构占比为 30.0%，未获得政府引导基金的创业投资机构占比为 44.5%。非政府引导基金的投资比例明显高于政府引导基金；在成熟（过渡）期，获得政府引导基金支持的创业投资机构占比为 9.5%，未获得政府引导基金的创业投资机构占比为 20.2%，非政府引导基金的投资比例明显高于政府引导基金。

与 2018 年相比，2019 年获得引导基金支持的创业投资机构在种子期、起步期的项目分布明显增加，成长（扩张）期和成熟（过渡）期的项目相对减少。获得引导基金支持和未获得引导基金支持的创业投资机构 2018 年在种子期的占比分别为 8.2% 和 11.9%，而 2019 年分别为 17.9% 和 12.0%，分别增加了 9.7 个百分点和 0.1 个百分点；获得引导基金支持和未获得引导基金支持的创业投资机构 2018 年在起步期的占比分别为 29.0% 和 34.3%，而 2019 年分别为 42.6% 和 22.6%，分别增加了 13.6 个百分点和减少了 11.7 个百分点；获得引导基金支持和未获得引导基金支持的创业投资机构 2018 年在成长（扩张）期的占比分别为 49.8% 和 42.9%，而 2019 年分别为 30.0% 和 44.5%，分别减少了 19.8 个百分点和增加了 1.6 个百分点（图 9–6）。

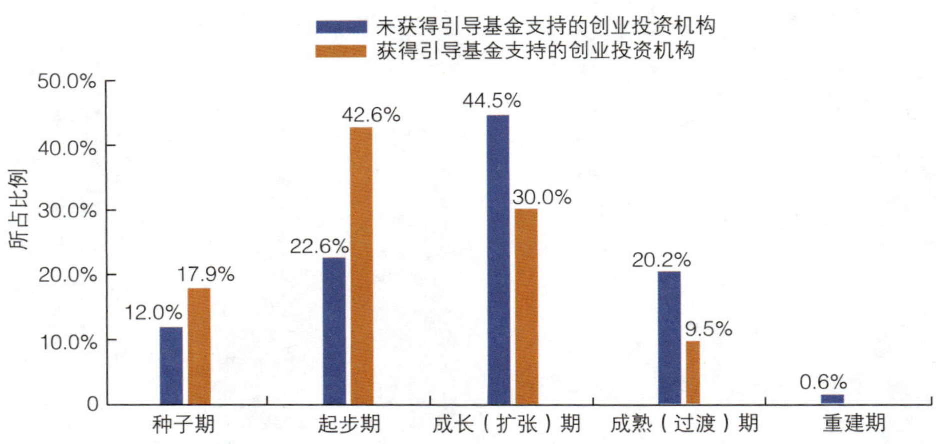

图 9-6　获得与未获得引导基金支持的创业投资机构的项目所处阶段比较（按投资金额）

从投资项目[①]上来看，统计数据显示：获得政府引导基金支持和未获得政府引导基金的两类基金在项目阶段分布上较为接近，政府引导基金更偏重于起步期和种子期的项目。

在起步期项目投资数量上，获得引导基金支持的创业投资机构投资项目占比达到43.8%，未获得引导基金支持的创业投资机构对起步期的投资占比为36.9%；然后是种子期的项目，获得引导基金支持的创业投资机构投资占比为20.7%，而未获得引导基金支持的创业投资机构投资占比为23.1%；在成熟（过渡）期的项目投资数量上，未获得引导基金支持的创业投资机构占比较高，为6.3%，而获得引导基金支持的创业投资机构为5.6%。

与2018年相比，获得引导基金支持的创业投资机构在项目所处阶段分布上无明显变化，未获得引导基金支持的创业投资机构在种子期项目占比减少，2018年未获得引导基金支持的创业投资机构投资种子期项目占比为26.4%，2019年相应数据为23.1%，下降了3.3个百分点；未获得引导基金支持的创业投资机构在成长期项目占比增加，2018年未获得引导基金支持的创业投资机构投资成长期项目占比为29.1%，2019年相应数据为33.3%，增加了4.2个百分点（图9–7）。

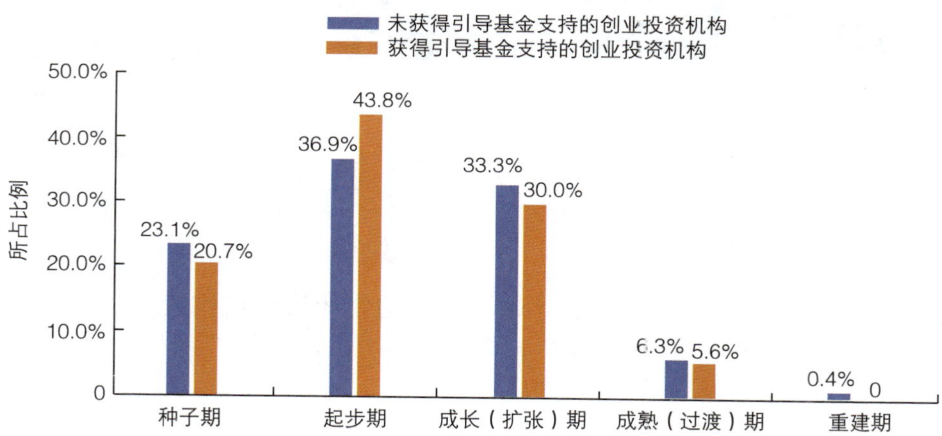

图9-7　获得与未获得引导基金支持的创业投资企业投资项目所处阶段对比（按投资项目数）

9.4　中国创业投资引导基金投资项目运作情况

2019年，获得引导基金支持的创业投资机构与未获得引导基金支持的创业投资机构在投资强度上存在一定差异。相比而言，获得引导基金支持的创业投资机构投资强度更大，2000万元以上项目的投资占比为77.2%，高于未获得政府引导基金支持的机构（图9–8、表9–2）。

① 排除未获得引导基金支持但资本来源中有引导基金的机构。

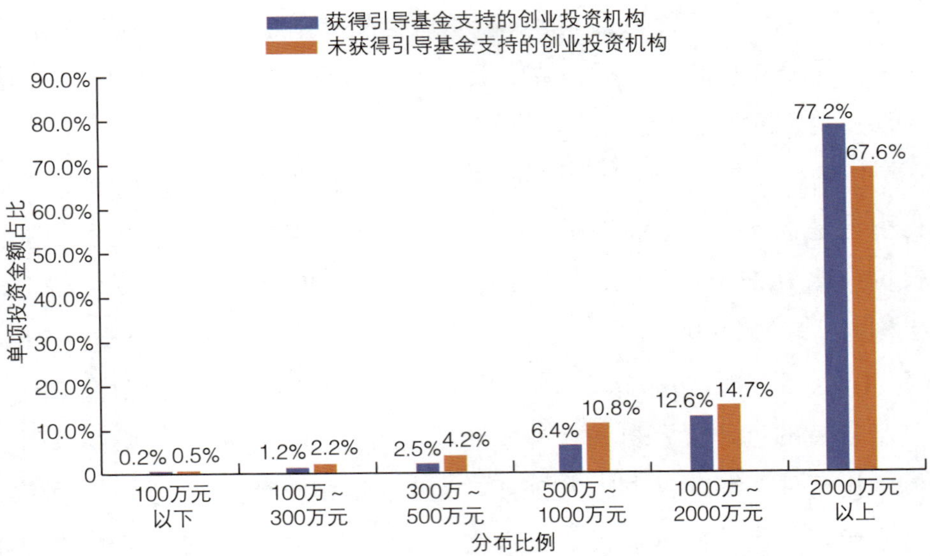

图 9-8　2019 年获得与未获得引导基金支持的创业投资机构单项投资金额分布

表 9-2　获得与未获得引导基金支持的创业投资机构单项投资金额占比

单位：%

分布比例	100 万元以下	100 万～300 万元	300 万～500 万元	500 万～1000 万元	1000 万～2000 万元	2000 万元以上
获得引导基金支持的创业投资机构	0.2	1.2	2.5	6.4	12.6	77.2
未获得引导基金支持的创业投资机构	0.5	2.2	4.2	10.8	14.7	67.6

从投资趋势来看，2019 年，获得引导基金支持的创业投资机构投资金额在 2000 万元以上的项目占比有所上升，投资强度增大（表 9–3）。

表 9-3　2017—2019 年获得引导基金支持的创业投资机构的单项投资金额

单位：%

投资额分布	100 万元以下	100 万～300 万元	300 万～500 万元	500 万～1000 万元	1000 万～2000 万元	2000 万元以上
2017 年	0.2	1.4	3.5	8.6	17.5	68.8
2018 年	0.2	1.4	3.1	6.8	13.4	75.0
2019 年	0.2	1.2	2.5	6.4	12.6	77.2

统计数据显示，2019 年获得引导基金支持的创业投资机构共计投资了 468 家高新技术企业，未获得引导基金支持的创业投资机构共计投资了 301 家高新技术企业。可见，获得引导基金支持的创业投资机构更倾向于选择高新技术企业进行投资。与 2018 年相比，获得

引导基金支持的创业投资机构投资于高新技术企业的项目数占比有所上升，平均投资金额有所下降（表 9–4、图 9–9 至图 9–11）。

表 9-4 2018—2019 年创业投资机构项目中投资高新技术企业情况

企业分类	投资高新技术企业数量 / 家		投资高新技术企业占比 /%		平均投资金额 / 万元	
	2019 年	2018 年	2019 年	2018 年	2019 年	2018 年
未获得引导基金支持的创业投资机构	301	362	25.6	20.1	1803.1	1846.5
获得引导基金支持的创业投资机构	468	220	33.3	25.7	2387.7	2594.4

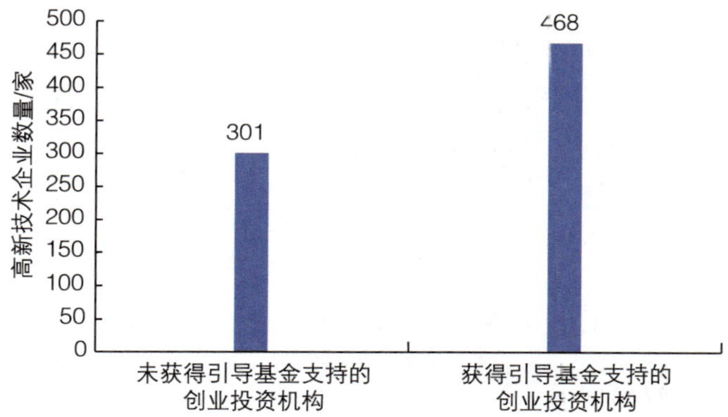

图 9-9 获得与未获得引导基金支持的创业投资机构投资高新技术企业数量

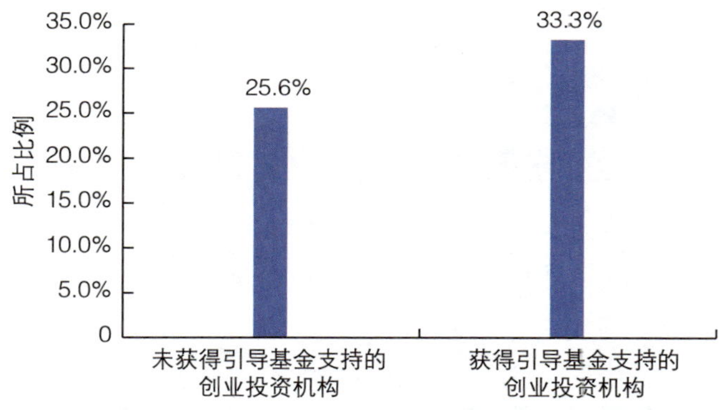

图 9-10 获得与未获得引导基金支持的创业投资机构投资高新技术企业项目数占比对比

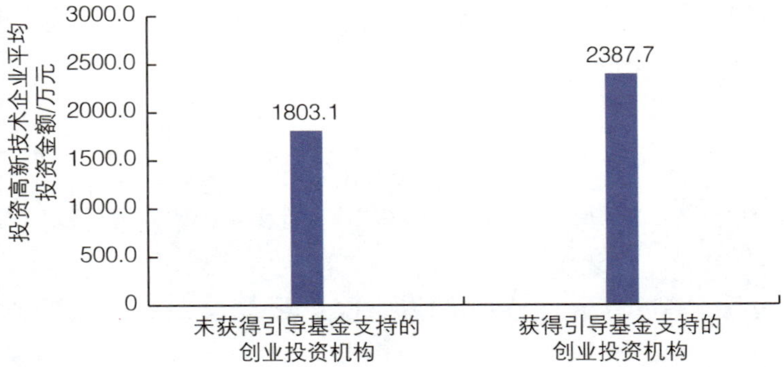

图 9-11　获得与未获得引导基金支持的创业投资机构投资高新技术企业平均投资金额

图 9-12 和表 9-5 对 2019 年获得引导基金支持的创业投资机构和未获得引导基金支持的创业投资机构的项目运作状况进行了对比。结果显示，获得引导基金支持的创业投资机构的投资项目中，被境内上市公司收购、境内上市、原股东（创业者）回购的比例相对较高，未获得引导基金支持的创业投资机构的投资项目中清算的比例相对较高。同时，不论是否获得引导基金支持，大多数项目仍然在继续运行。这种分布比例与 2018 年分布比例基本一致。

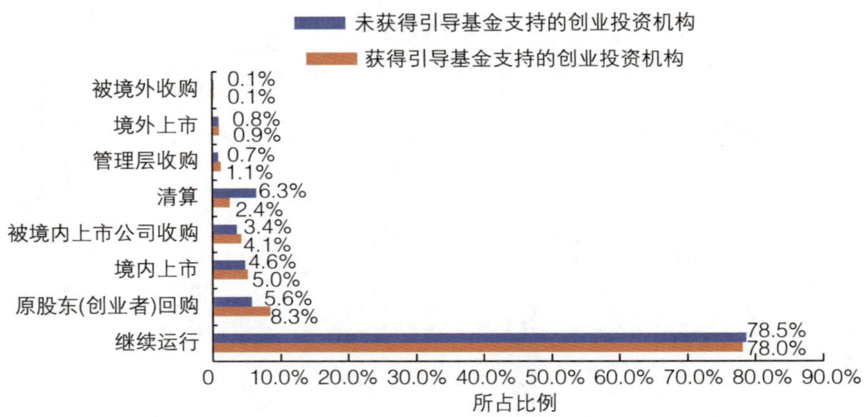

图 9-12　获得与未获得引导基金支持的创业投资机构投资项目运作情况对比

表 9-5　2019 年创业投资机构投资项目运作状况　　单位：%

运作情况	继续运行	原股东（创业者）回购	境内上市	被境内上市公司收购	清算	管理层收购	境外上市	被境外收购
获得引导基金支持的创业投资机构	78.0	8.3	5.0	4.1	2.4	1.1	0.9	0.1
未获得引导基金支持的创业投资机构	78.5	5.6	4.6	3.4	6.3	0.7	0.8	0.1

附　录

附录 A　2019 年美国创业投资回顾

一、总体概括

2019 年，创业投资者、创投基金的数量及创投行业管理资产数量结束了 10 年的增长。截至 2019 年年底，共有 1328 家公司管理着 2211 家风险基金，管理的美国创业投资资产约为 4440 亿美元。过去两年融资水平的提高，使得 2018—2019 年创业投资资产管理规模同比增长 5%。2019 年，资产管理规模创下了 10 年来创投基金总规模约 3500 亿美元的上限。创投资产规模从 2009 年年底的 2300 亿美元，到 2019 年几乎翻了一番，年增长率为 7%（附表 A–1、附图 A–1）。

附表 A-1　美国创业投资总体情况一览

指标	2007 年	2013 年	2019 年
现存创业投资管理机构数 / 家	946	917	1328
现存创业投资基金数 / 家	1586	1422	2211
首次募集的创业投资数量 / 家	31	23	35
当年募集资金的创业投资基金数量 / 家	187	215	272
当年募集的资本额 /10 亿美元	35.1	20.4	50.5
创业投资管理资本金额 /10 亿美元	221.6	257.6	444.3
平均创业投资管理资本额 / 百万美元	221.6	255.1	337.9
平均创业投资基金规模 / 百万美元	128.1	131.0	138.4
当年新增创业投资基金平均规模 / 百万美元	213.0	102.4	189.3
创业投资管理机构管理资金规模中位值 / 百万美元	66.5	70.2	77.7
目前创业投资基金规模中位值 / 百万美元	55.0	52.0	50.0
当年创业投资基金规模中位值 / 百万美元	133.0	37.5	80.0
目前最大创业投资基金募集额 / 百万美元	3000.0	1100.0	3200.0

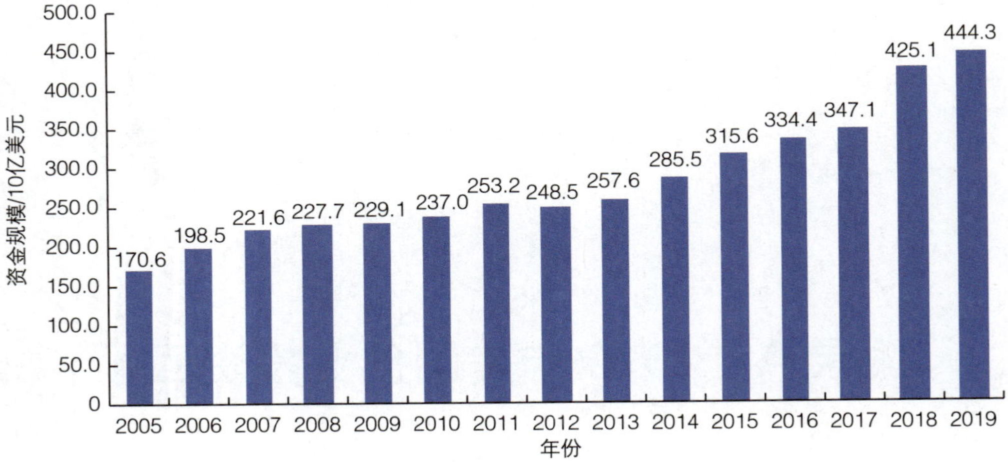

附图 A-1　2005—2019 年美国创业投资管理资金规模

2019 年，创业投资公司规模中位值约为 7800 万美元。尽管创投资产管理规模不断增长，大型基金也越来越普遍，但截至 2019 年年底，大多数公司（755 家公司或 56% 的公司）管理的资金不到 1 亿美元，92 家公司管理的资金超过 10 亿美元（附图 A–2）。

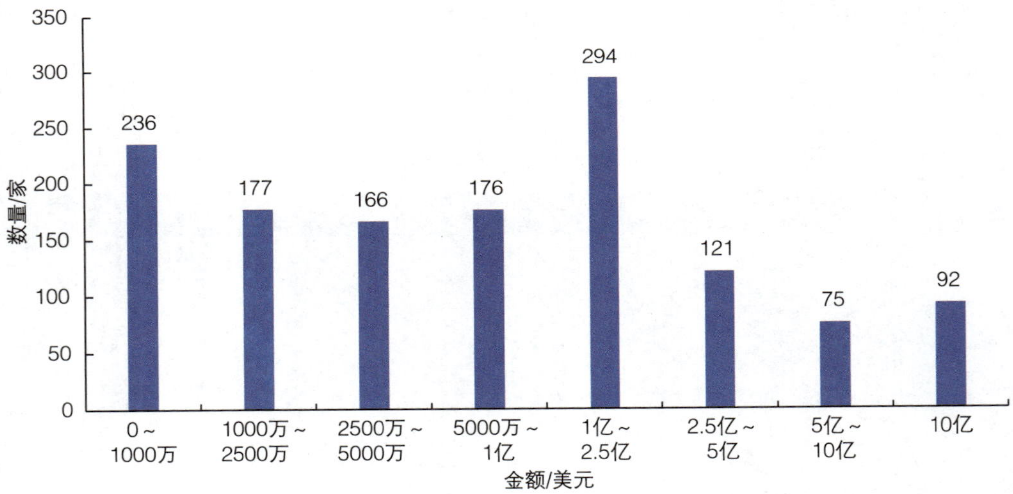

附图 A-2　2019 年美国创投管理资金规模分布

2019 年，全球共有 7958 名活跃的创投投资者（包含所有类型）对美国企业进行了一轮或多轮投资。其中，美国投资者在 2017 年达到峰值后继续下跌，2019 年下降至 2279 人。

从全球范围来看，美国在全球筹资中所占比例保持稳定，占总筹资额的 67.2%（附表 A–2）。

附表 A-2 美国创投募资在全球的占比情况

年份	全球募资资金 / 百万美元	美国募资资金 / 百万美元	全球募资项目 / 项	美国募资项目 / 项	美国募资资金占全球的百分比 /%	美国募资项目数占全球的百分比 /%
2009	24.3	13.1	341	122	53.8	35.8
2010	35.3	19.0	398	150	53.9	37.7
2011	45.8	23.4	434	154	51.1	35.5
2012	39.5	24.7	432	205	62.5	47.5
2013	40.4	20.4	394	215	50.4	54.6
2014	52.2	34.9	490	293	66.8	59.8
2015	74.6	37.4	522	314	50.1	60.2
2016	72.8	42.6	534	328	58.6	61.4
2017	59.0	36.0	466	280	61.0	60.1
2018	87.0	58.1	460	304	66.8	66.1
2019	75.1	50.5	432	272	67.3	63.0

2019 年，美国公司在全球创业投资方面取得了进展，占 2019 年全球投资总量的 51.8%。但是，这与 2004 年美国占全球投资总量的 84.0% 相比，已经大幅下滑（附表 A–3）。

附表 A-3 美国创投交易量在全球的占比情况

年份	全球交易值 / 百万美元	美国交易值 / 百万美元	全球交易数量 / 项	美国交易数量 / 项	美国占全球交易值的百分比 /%	美国占全球交易数的百分比 /%
2009	37.0	27.5	6988	4546	74.2	65.1
2010	47.2	31.6	8943	5463	66.9	61.1
2011	66.0	44.8	11 381	6822	67.9	59.9
2012	62.0	41.3	13 604	7958	66.6	58.5
2013	71.4	47.7	16 785	9413	66.8	56.1
2014	114.8	72.3	20 212	10 720	62.9	53.0
2015	158.1	83.5	22 481	11 073	52.8	49.3
2016	161.8	78.1	21 286	9694	48.3	45.5
2017	183.9	87.1	21 952	10 392	47.4	47.3

续表

年份	全球交易值 / 百万美元	美国交易值 / 百万美元	全球交易数量 / 项	美国交易数量 / 项	美国占全球交易值的百分比 /%	美国占全球交易数的百分比 /%
2018	308.5	141.8	23 726	10 648	46.0	44.9
2019	257.3	133.4	23 268	11 359	51.9	44.8

2019 年，美国创投企业退出资本总额占全球比例的 40%，首次跌破了 50%（附表 A–4）。

附表 A-4　美国创投退出在全球的占比情况

年份	全球退出值 / 百万美元	美国退出值 / 百万美元	全球退出数 / 项	美国退出数 / 项	美国占全球退出值的百分比 /%	美国占全球退出数的百分比 /%
2009	35.2	21.5	793	480	61.3	60.5
2010	66.1	41.4	1196	707	62.7	59.1
2011	95.0	66.7	1260	739	70.2	58.7
2012	133.2	124.4	1428	868	93.4	60.8
2013	101.0	72.3	1549	906	71.6	58.5
2014	203.0	111.6	1959	1081	55.0	55.2
2015	122.5	75.6	2007	1030	61.7	51.3
2016	113.2	73.3	1825	908	64.7	49.8
2017	157.2	97.8	1849	929	62.2	50.2
2018	394.5	130.3	1837	1022	33.0	55.6
2019	332.7	260.6	1719	918	78.3	53.4

二、资金募集

2019 年，美国创投市场中有 272 支投资基金完成了 505 亿美元的资本募集，与 2018 年相比，分别同比下降 11% 和 13%。然而，2019 年也是连续第 6 年募集资金超过 300 亿美元（附图 A–3）。

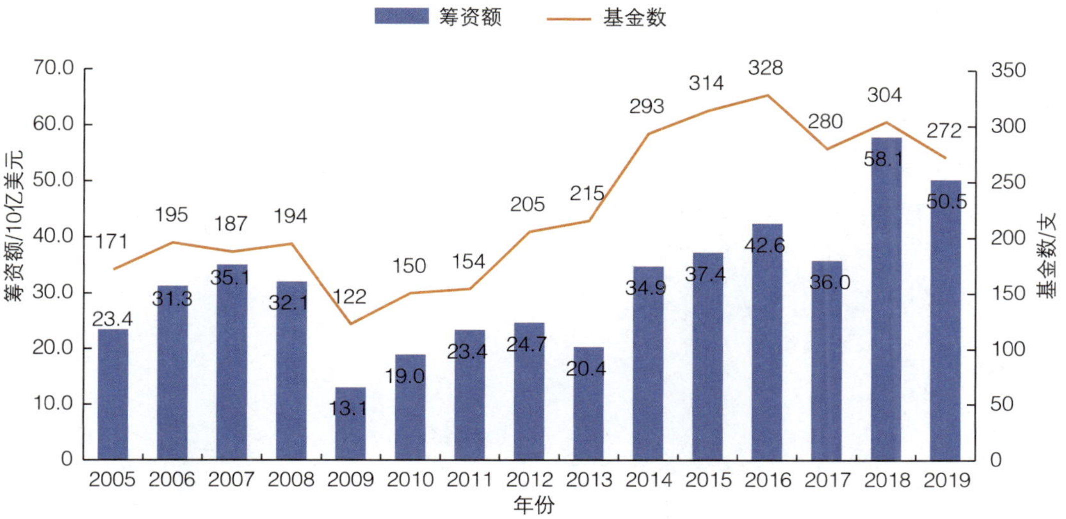

附图 A-3　2005—2019 年美国创投基金募集情况

2019 年，创投基金规模仍在上升，中位数和平均规模分别为 8000 万美元和 1.89 亿美元。大型基金推动了这一趋势——2019 年，8 支基金收盘价超过 10 亿美元，占募集资金总额的 28%（附表 A–5）。

附表 A-5　2019 年美国募集的十大创投基金

投资者	基金名称	基金规模 / 百万美元	募资完成日	基金所在州
TCV	TCV X 基金	3200.0	2019 年 1 月 31 日	加州
安德森・霍洛维茨基金	安德森・霍洛维茨基金 LSV 一期	2238.9	2019 年 7 月 17 日	加州
诺维斯特风险投资	诺维斯特风险投资十五期	2000	2019 年 11 月 14 日	加州
创始人基金	创始人基金七期	1496.4	2019 年 11 月 20 日	加州
维梧资本	维梧资本九期	1430.0	2019 年 10 月 30 日	加州
蓝宝石投资	蓝宝石投资四期	1400.00	2019 年 12 月 18 日	加州
美国光速资本	美国光速资本三期	1361.80	2019 年 6 月 21 日	加州
债券资本（旧金山）	债券资本基金	1250.00	2019 年 5 月 1 日	加州
红杉资本	红杉资本八期	998.5	2019 年 12 月 6 日	加州
安德森・霍洛维茨基金	安德森・霍洛维茨基金五期	840	2019 年 7 月 17 日	加州

三、投资活动

2019 年是继 2015 年之后第 2 次超过 1 万家公司获得创业投资，融资超过 1300 亿美元。2010—2019 年，投资者在将近 9.4 万笔融资中投资了 7616 亿美元，在全美范围内启动、建立和发展了 8.7 万家以上的企业（附图 A–4）。

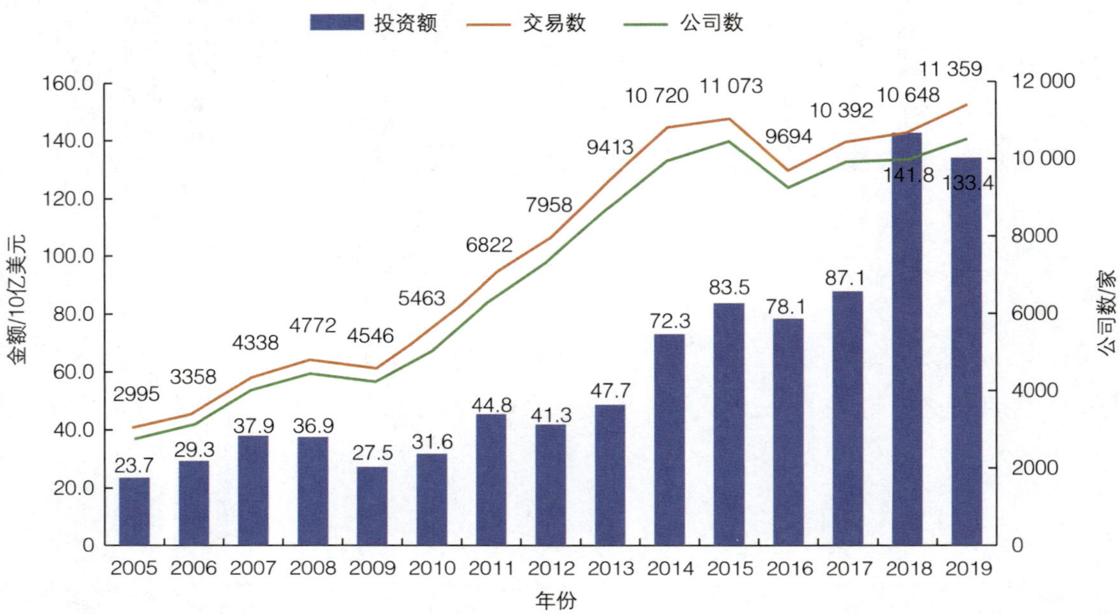

附图 A-4　2005—2019 年美国风险投资公司当年投资情况

2019 年，共 10 430 家公司获得 1330 亿美元的融资；其中，单笔投资额在 1 亿美元以上的大型交易占总投资额的 44%，略低于 2018 年，但投资交易数量达到 237 项，是有记录以来最高的一年。这些大型交易中有相当部分针对独角兽企业，因为它们往往处于成长周期的后期，规模更大。2019 年，独角兽吸引了近 370 亿美元，占总投资额的 27.8%；独角兽交易数量（157 项）也创下了历史新高，但不到交易总额的 1.4%（附图 A–5）。

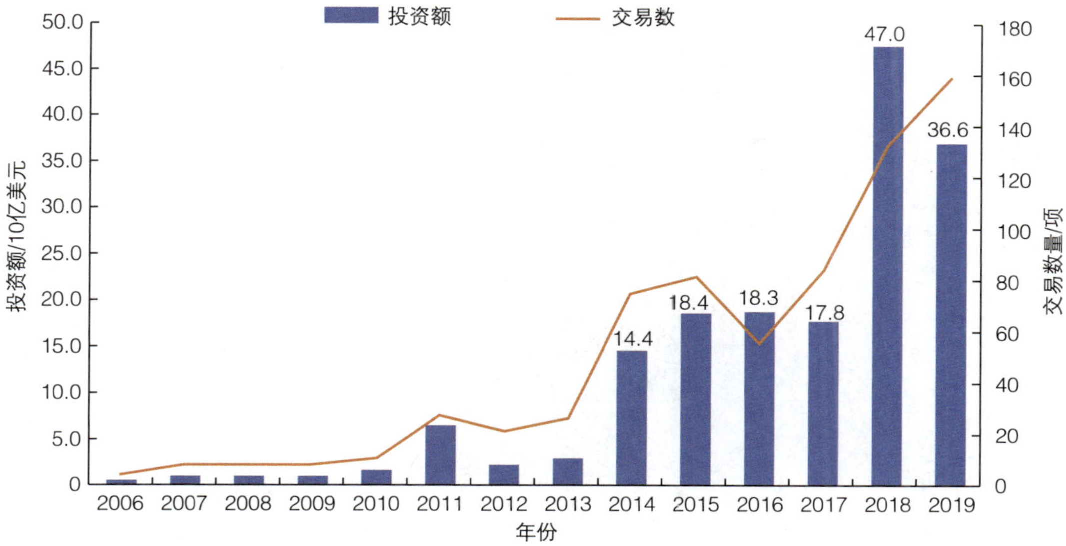

附图 A-5　2006—2019 年投资独角兽企业情况

（一）投资阶段

近年来，大型交易和独角兽交易显著增长。与 2018 年相比，2019 年天使 / 种子期 VC 投资数量保持稳定，完成4760项交易，占2019年总交易量的42%。早期投资数量接近4000笔，略高于总交易量的 1/3。2019 年与 2010 年相比，天使 / 种子期交易中位数增长了 2.3 倍，早期风险投资交易中位数增长了 2.4 倍，后期风险投资交易中位数增长了 1.8 倍（附表 A-6、附图 A-6）。

附表 A-6　美国创投投资企业的阶段分布（交易数量）　单位：项

阶段	2007年	2008年	2009年	2010年	2011年	2012年	2013年	2014年	2015年	2016年	2017年	2018年	2019年
天使 / 种子期	790	923	1235	1746	2618	3557	4668	5491	5783	4790	4956	4622	4760
早期	2125	2288	1859	2129	2453	2630	2852	3172	3250	3016	3384	3731	3882
后期	1423	1561	1452	1588	1751	1771	1893	2057	2040	1888	2052	2295	2717

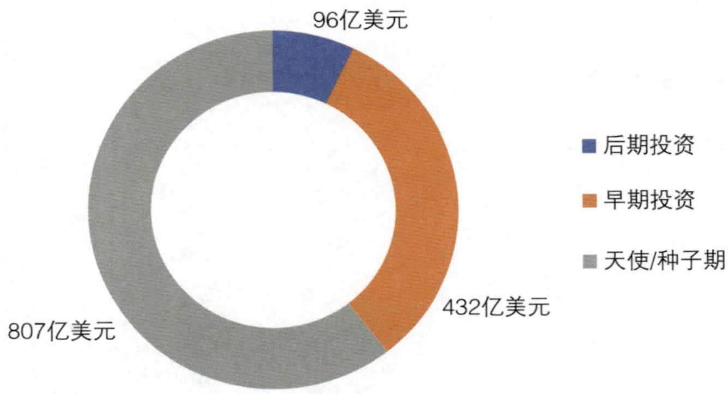

附图 A-6　2018 年美国创投投资的阶段分布（按交易金额划分）

（二）投资行业

2019 年，软件行业继续占据主导地位，投资在该领域的资金占总投资额的 34%，占总交易量的 36%。这一占比 10 年间基本保持稳定。生命科学投资活动继续呈上升趋势，2019 年，1487 家公司共投资逾 220 亿美元，占总投资的 17%，占总交易数的 14%。但与 2010 年相比，这两项指标都有所下降。然而，从绝对值来看，2019 年生命科学投资额和交易数量分别比 2010 年高出 2.9 倍和 1.7 倍。此外，商业产品和服务（B2B）行业的公司在 2019 年最大投资排名中占据了前两位（附表 A-7）。

附表 A-7　2018—2019 年按行业分类统计的投资状况　　单位：10 亿美元

行业分类	2018 年	2019 年
软件	46.82	44.8
制药与生物技术	17.38	16.7
医疗服务和系统	6.80	7.1
医疗设备和用品	5.87	5.7
商业服务	5.40	14.0
消费品与娱乐	2.63	6.3
IT 硬件	2.28	3.9
能源	1.75	1.5
媒体	1.37	2.9
其他行业	40.63	30.6

（三）投资轮次

首次融资的数量在2000年后上升，并在2019年恢复到2012年之前的水平。2019年，2729家公司获得了首次融资，吸引了113亿美元，创下有纪录以来第2高的年度资本投资额。2019年生命科学行业吸引了17%的总投资，该行业通过首次融资吸引了26%的资本。制药与生物技术公司首次获得29亿美元的融资，是2019年各行业中最高的（附图A-7、附图A-8）。

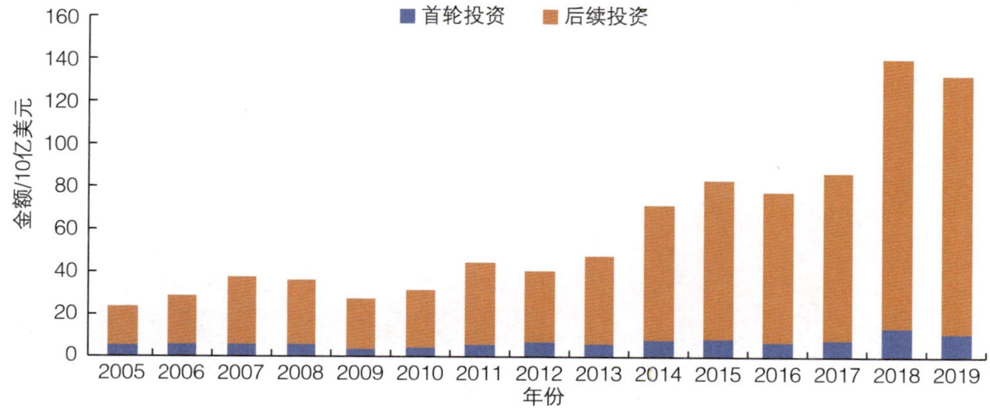

附图 A-7　2005—2019年美国创投投资的首轮投资与后续投资（按交易金额划分）

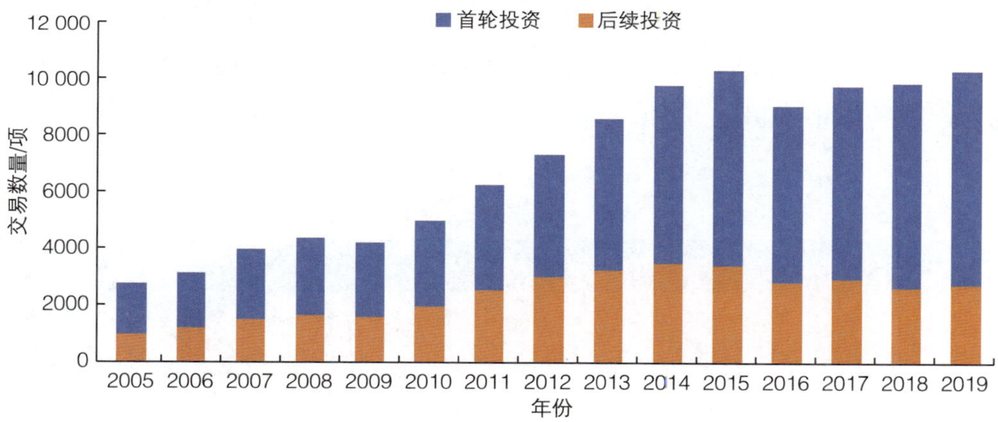

附图 A-8　2005—2019年美国创投投资的首轮投资与后续投资（按交易量划分）

（四）投资地区

2019年，美国50个州和哥伦比亚特区、242个大都会统计区（MSA），以及397个国会选区内的企业都获得了创业投资。其中，加利福尼亚州、马萨诸塞州和纽约州继续占据美国创业投资中心的主导地位；2019年这3个州合计交易数量占交易总额的53%，投资额占总投资的73%。然而，与2018年相比，加利福尼亚州和马萨诸塞州投资资本同比下降（附表A-8）。

附表 A-8　2019 年主要地区投资情况

地区	投资企业数 / 家	交易数量 / 项	投资额 / 百万美元
加利福尼亚州	3519	3870	65 601.7
纽约州	1283	1400	20 901.7
马萨诸塞州	720	773	10 832.5
得克萨斯	538	584	3695.4
华盛顿	421	460	3887.8
伊利诺斯	293	312	2213.0
宾夕法尼亚	265	289	2653.1
佛罗里达州	255	269	2918.7
北卡罗来纳州	199	211	1218.5
弗吉尼亚	194	211	1171.1

四、公司型创投

2019 年，来自企业创投的活动略有下降。2019 年，公司型创投投资者参与了 1776 项创业投资交易，占交易总数的 24%。总交易规模达 570 亿美元，是过去 15 年中第 2 高的年度金额。2019 年也是连续第 7 年有超过 1200 家创业投资涉及公司型创投参与（附表 A–9）。

附表 A-9　2012—2019 年公司型创投投资情况

指标	2012 年	2013 年	2014 年	2015 年	2016 年	2017 年	2018 年	2019 年
所有创投交易数量 / 项	5620	6555	7236	7182	6296	6750	7333	7427
所有公司型创投交易数量 / 项	903	1209	1486	1613	1559	1667	1846	1776
公司型创投交易数占比 /%	16	18	21	22	25	25	25	24
所有创投平均交易值 / 百万美元	7.2	7.2	10.2	12.1	13.0	13.4	21.1	20.4
公司型创投平均交易值 / 百万美元	14.7	15.2	22.3	26.6	26.6	25.9	42.2	36.2
所有创投交易值中位数 / 百万美元	2.0	2.0	2.3	2.8	3.4	4.0	4.9	5.3
公司型创投交易值中位数 / 百万美元	6.5	6.0	7.0	9.0	9.1	10.0	11.0	13.7
所有创投平均后期估值 / 百万美元	62.5	66.6	125.6	141.2	141.7	121.3	215.8	221.5
公司型创投平均后期估值 / 百万美元	98.6	136.4	266.8	339.4	313.6	210.9	412.6	319.8

续表

指标	2012 年	2013 年	2014 年	2015 年	2016 年	2017 年	2018 年	2019 年
所有创投后期估价中位数 / 百万美元	17.2	17.3	19.8	21.0	21.6	22.9	29.5	33.3
创新型创投后期估价中位数 / 百万美元	35.4	38.7	41.9	48.1	41.2	41.0	54.9	70.0
所有创投资本增长 / 百万美元	35.0	40.7	62.7	74.3	70.7	77.2	130.1	121.2
所有公司型创投资本增长 / 百万美元	12.2	16.8	30.4	39.3	37.2	38.8	71.4	57.1
公司型创投参与的交易额占比 /%	35	41	48	53	53	50	55	47

五、投资退出

健康的退出环境是创投生命周期的关键组成部分。一旦投资成功，创投基金通常会通过首次公开募股（IPO），将其出售给更大的实体（收购、合并或交易出售），或出售给金融买家（优先购买权）的方式，从这些公司中退出。2019 年，创投机构通过 IPO 实现退出的 82 个项目的总价值约为 1990 亿美元，创下有纪录以来的最高年度退出价值。这 82 个 IPO 企业上市后估值约为 2230 亿美元，而 IPO 前的投资额仅为 350 亿美元。2019 年 IPO 规模中值达到 3.69 亿美元，IPO 上市后估值中值达到 4.62 亿美元，两项指标均突破了 2018 年创下的新高（附图 A-9、附表 A-10）。

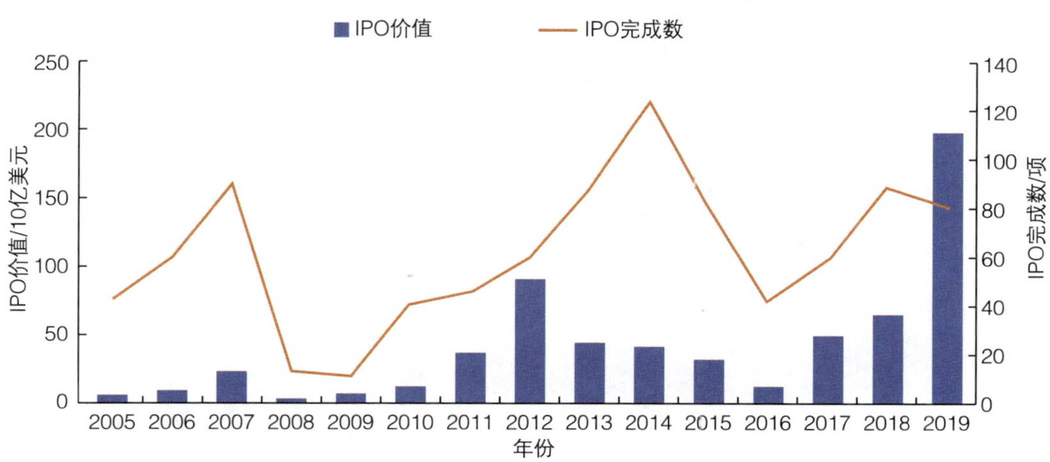

附图 A-9　2005—2019 年美国创投支持企业 IPO 情况

附表 A-10　2018 年美国创投投资企业的 IPO 价值及特征

年份	IPO 数量 / 个	交易值 / 百万美元	交易值中位数 / 百万美元	平均交易值 / 百万美元	IPO 后价值 / 百万美元	IPO 后价值中位数 / 百万美元	IPO 后价值平均数 / 百万美元	从首次 VC 到退出的时间中位值 / 年	从首次 VC 到退出的平均时间 / 年
2009	11	7838.8	317.1	783.9	9624.2	387.1	962.4	7.3	7.5
2010	40	12 133.2	203.2	303.3	15 332.5	278.7	383.3	6.7	7.2
2011	46	37 787.9	331.2	944.7	43 333.4	423.6	1083.3	5.7	6.6
2012	59	91 249.3	303.3	1862.2	112 655.8	356.6	2086.2	7.1	7.7
2013	87	43 663.5	240.1	567.1	52 500.9	328.5	648.2	6.7	7.2
2014	124	42 732.7	186.3	359.1	52 409.7	250.4	440.4	7.1	7.3
2015	80	31 854.6	220.6	430.5	38 989.5	297.0	526.9	6.5	6.0
2016	42	12 363.6	178.3	325.4	15 681.6	239.3	382.5	7.8	7.3
2017	59	51 289.5	306.2	899.8	59 683.2	411.2	1047.1	7.1	6.9
2018	89	65 280.1	344.3	759.1	77 392.4	448.8	899.9	4.7	6.6
2019	82	199 253.9	369.5	2459.9	223 469.4	462.3	2758.9	6.9	6.9

2019 年，并购活动依然强劲，连续 6 年披露的退出价值超过 400 亿美元。当年，836 项并购（219 项披露价值）披露的退出价值总额为 614 亿美元，同比下降 6%。在 2014 年达到峰值后，并购退出数量有所下降。然而，成交量的减少表明，2019 年，在估值较高的情况下，交易额中值和平均值分别达到 1 亿美元和 2.8 亿美元，均为 16 年来的新高。并购退出的平均时间为 5.5 年（附图 A–10、附表 A–11）。

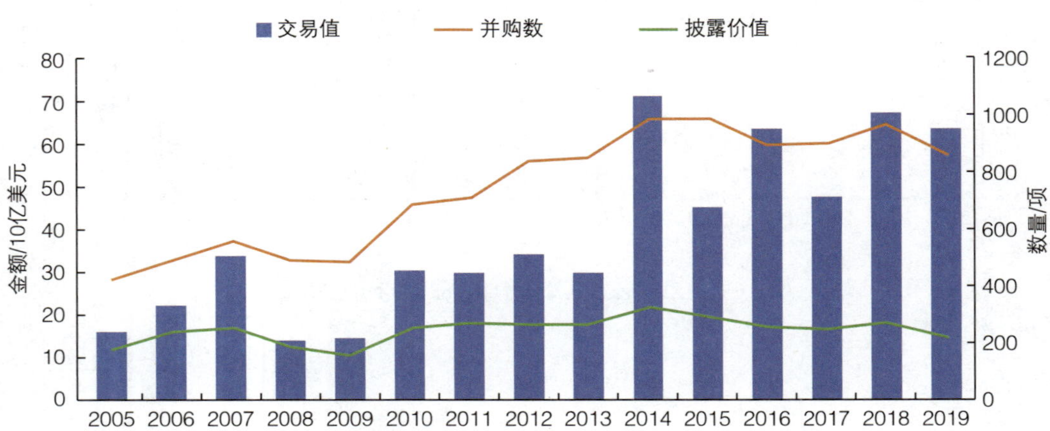

附图 A-10　2005—2019 年美国创投支持企业并购（M&A）情况

附表 A-11　2009—2019 年美国创投投资企业并购退出情况及特征

年份	并购数量 / 项	披露并购数 / 项	交易值 / 百万美元	交易值中位数 / 百万美元	平均交易值 / 百万美元	从首次投资到退出时间的中位值 / 年	从首次投资到退出的平均时间 / 年
2009	469	148	13 697.0	22.4	92.5	4.4	4.9
2010	667	239	29 262.8	40.0	122.4	4.4	5.0
2011	693	262	28 886.7	42.2	110.3	4.2	4.9
2012	809	253	33 129.2	41.2	130.9	4.5	5.1
2013	819	260	28 659.2	36.0	110.2	3.8	4.9
2014	957	314	68 820.5	50.0	219.2	4.5	5.3
2015	950	278	43 699.7	45.5	157.2	4.3	5.5
2016	866	249	60 916.8	78.0	244.6	4.5	5.7
2017	870	233	46 505.6	70.0	199.6	5.2	6.2
2018	933	256	65 062.8	98.3	254.2	5.2	6.1
2019	836	219	61 378.6	100.0	280.3	5.5	6.3

资料来源：数据由美国风险投资协会（National Venture Capital Association）提供。

附录 B　2019 年欧洲创业投资回顾

2019 年，欧洲私募股权基金共计 1426 家，其中创投企业 913 家，管理基金 1647 支。86% 的企业披露了管理资本，达到 7820 亿欧元。1999—2019 年，欧洲私募股权基金总体情况如附图 B-1 所示。

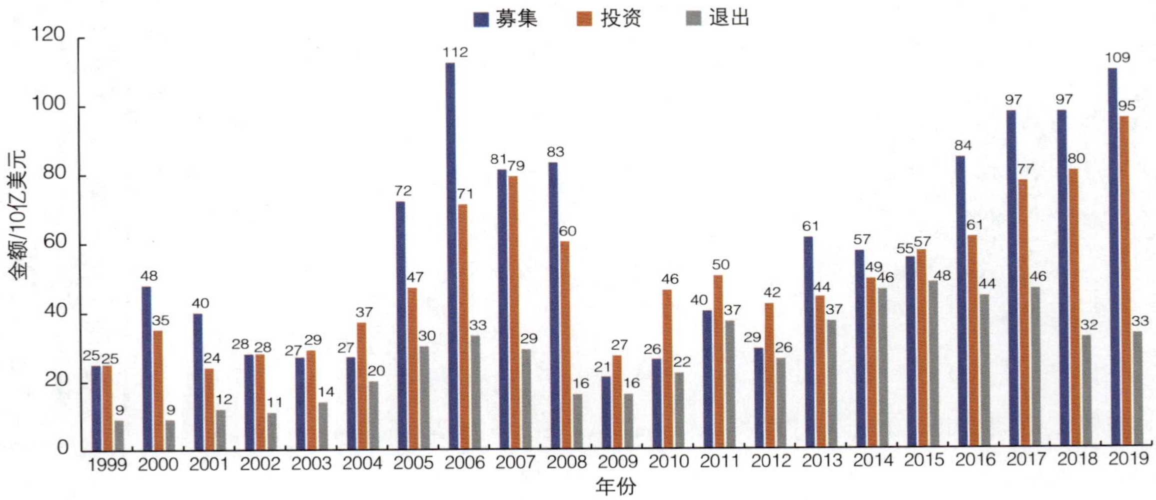

附图 B-1　1999—2019 年欧洲私募股权基金总体情况一览

一、资金募集

2019 年，欧洲融资总额达到 1090 亿欧元，较 2018 年增长 6%，达到了近 10 年的最高水平，保持了自 2012 年以来的增长态势。其中，创投行业募资实现连续 7 年持续增加，较 2018 年增加 17%，达到 150 亿欧元的新高纪录（附表 B–1）。创投资金主要来源于政府机构（20%）、家族办公室及个人投资者（19%）和企业投资者（14%）。其中，法国和荷比卢地区是最主要的资金来源，达到 36%，其次是 DACH 国家[①]（附图 B–2）。

附表 B-1　2019 年欧洲私募股权投资市场募资情况

2019	所有私募股权	创投基金	并购基金	成长基金
新募基金额 / 欧元	1090 亿	150 亿	790 亿	90 万亿
新募基金数量 / 支	578	246	119	104

① DACH 国家，包括德国、奥地利和瑞士。

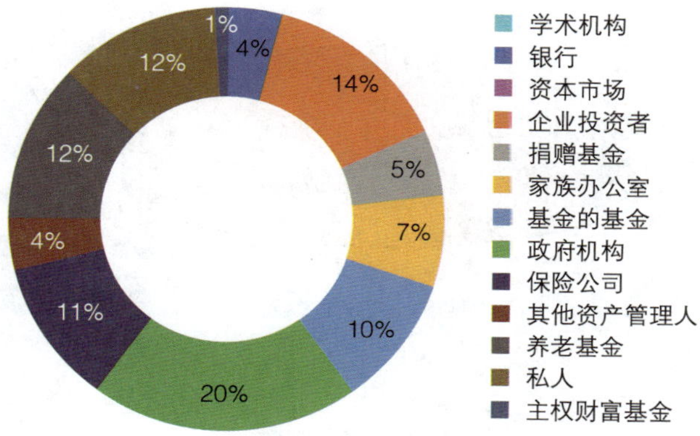

附图 B-2　2019 年欧洲创投基金募资来源

二、投资活动

2019 年，欧洲地区创业投资金额较 2018 年增长 19%，保持了自 2013 年以来的增长势头，增至 110 亿欧元，是迄今为止的最高水平。913 家创投机构投资了 4696 家企业，创历史新高。

长期来看，2015—2019 年，创业投资的投资金额占 GDP 的比重平均值为 0.062%，卢森堡创业投资占 GDP 的比重排在第一，达到 0.239%（附图 B-3）。

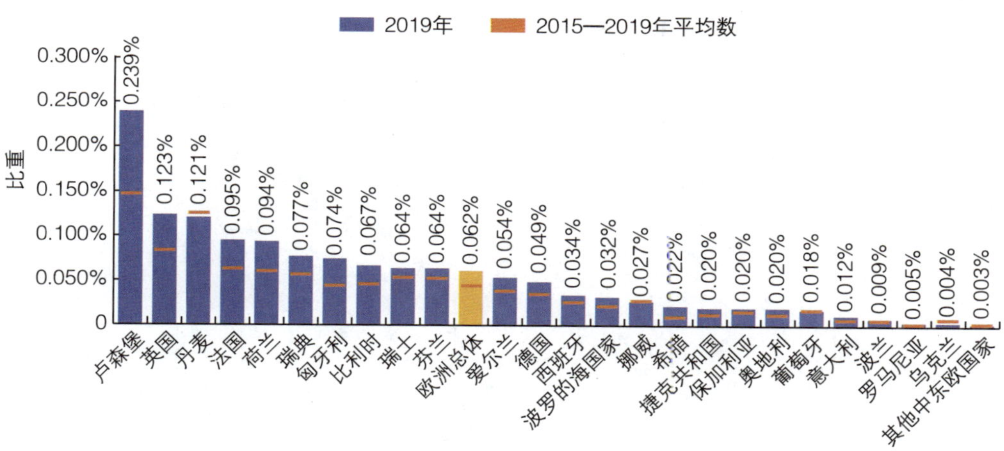

附图 B-3　2019 年欧洲主要国家创业投资占 GDP 的比重

（一）投资阶段

2019 年，欧洲地区创业投资金额较 2018 年增长 19%，保持了自 2013 年以来的增长势头。其中，投资于起步期的资金达到 60 亿欧元，比 2018 年增长 13%，占创业投资总金额的 56%，项目占比达到 58%（附图 B-4、附图 B-5）。总体来看，欧洲创业投资机构将 98% 的项目，82% 的资金投资在中小企业项目中。

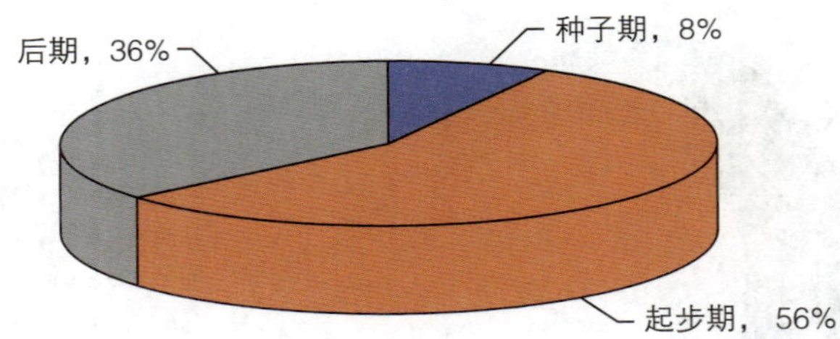

附图 B-4　2019 年欧洲创业投资的投资阶段（按投资金额划分）

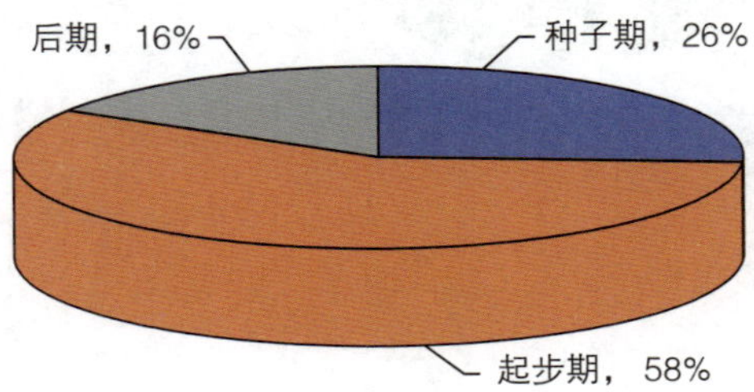

附图 B-5　2019 年欧洲创业投资的投资阶段（按投资项目划分）

（二）投资行业分布

从创业投资所投资的行业来看，2019 年主要集中在 ICT 领域，占创业投资总额的一半，其次是生物技术和医疗保健行业（资金占比 24 %）及消费品和服务行业（资金占比 8%）（附图 B-6、附图 B-7）。

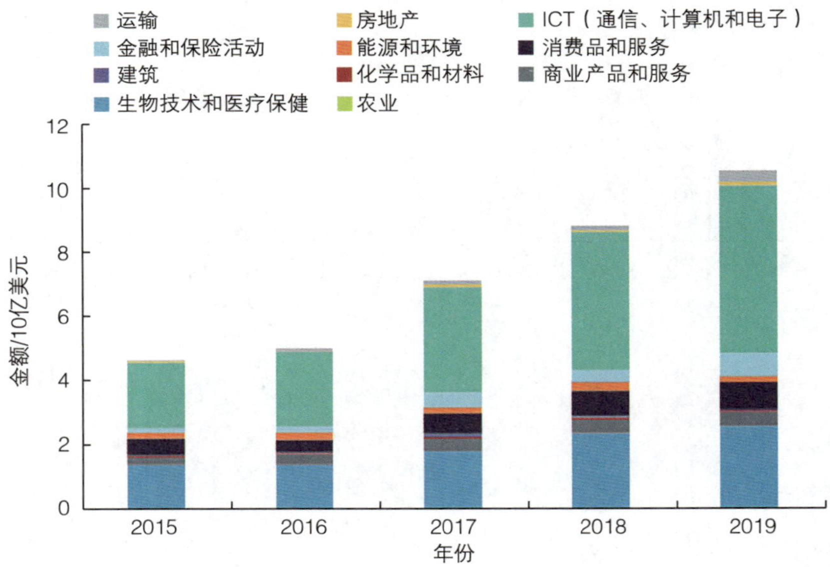

附图 B-6　2015—2019 年欧洲创业投资基金投资的行业分布（按投资金额划分）

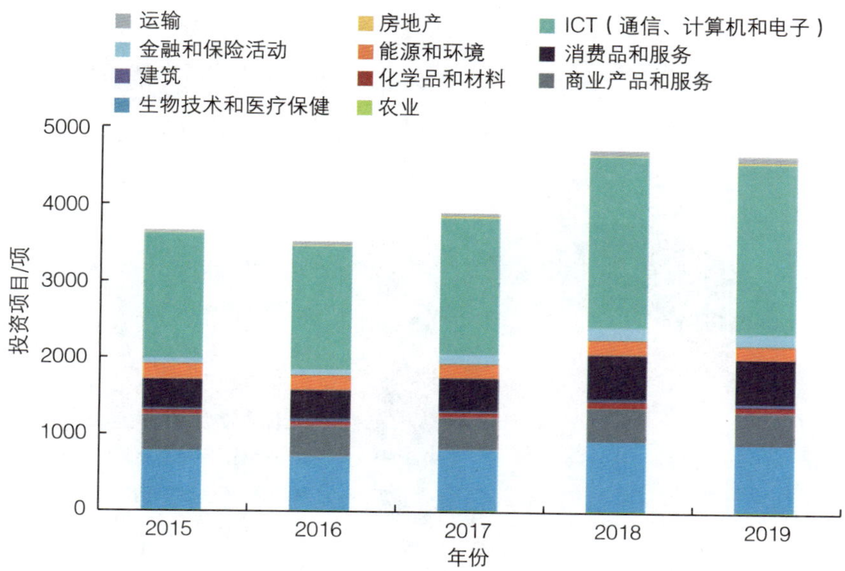

附图 B-7　2015—2019 年欧洲创业投资基金投资的行业分布（按投资项目划分）

（三）投资轮次

从投资轮次分布来看，2019 年以前，欧洲股权投资市场的首轮投资与后续投资占比基本呈现 3∶7 的比例。2019 年，首轮投资占比下降至 21%（附图 B–8）。

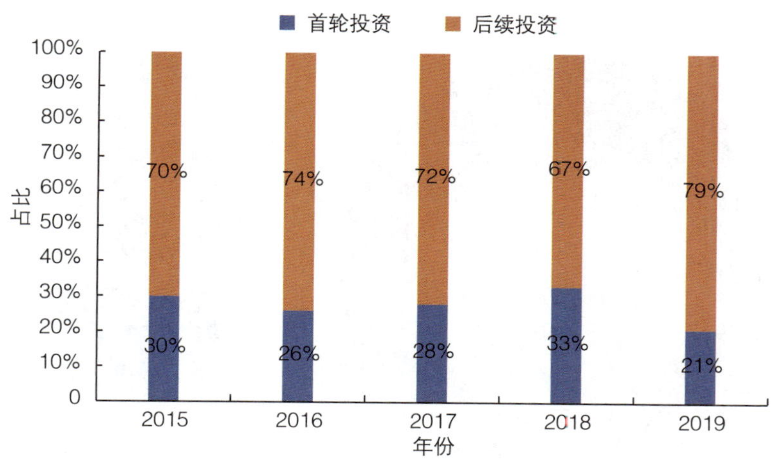

附图 B-8　2015—2019 年欧洲股权投资的首轮和后续投资

三、退出活动

2019 年，362 家创投机构持有的 1242 个项目实现退出，实现资金价值 25 亿欧元。

（一）退出方式

2019 年，欧洲创业投资按退出金额划分，主要退出方式依次为贸易出售（占比 34%）、IPO（占比 17%）及出售给另一家私募股权机构（占比 16%），如附图 B–9 所示。

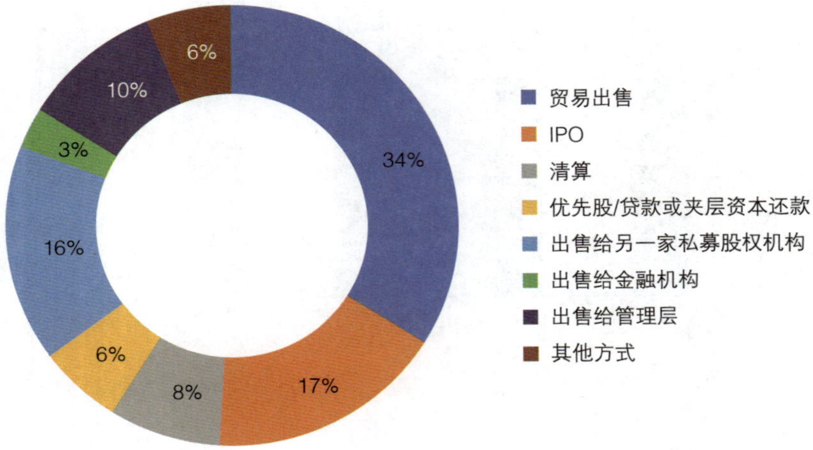

附图 B-9　2019 年欧洲创业投资的主要退出方式（按金额划分）

2019 年，欧洲创业投资按退出项目划分，主要退出方式依次为优先股 / 贷款或夹层资本还款（占比 33%）、清算（占比 18%）、贸易出售（占比 16%），如附图 B–10 所示。

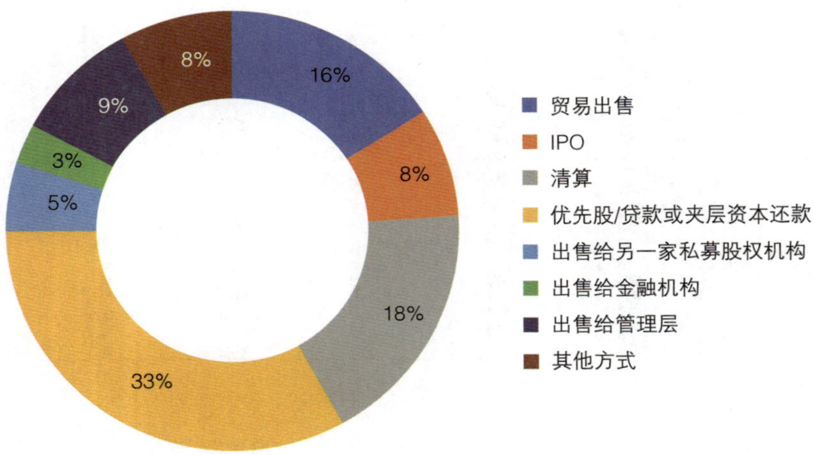

附图 B-10　2019 年欧洲创业投资的主要退出方式（按项目划分）

（二）退出行业

2019 年，欧洲创投项目退出最多的行业是 ICT 与生物技术和医疗保健行业，退出金额占比均达到 31%，项目占比分别达到 36% 和 18%，其次是能源与环境行业（资金占比

16%，项目占比 7%）、消费品和服务行业（资金占比 8%，项目占比 14%）、商业产品和服务行业（资金占比 7%，项目占比 16%），如附图 B-11 所示。

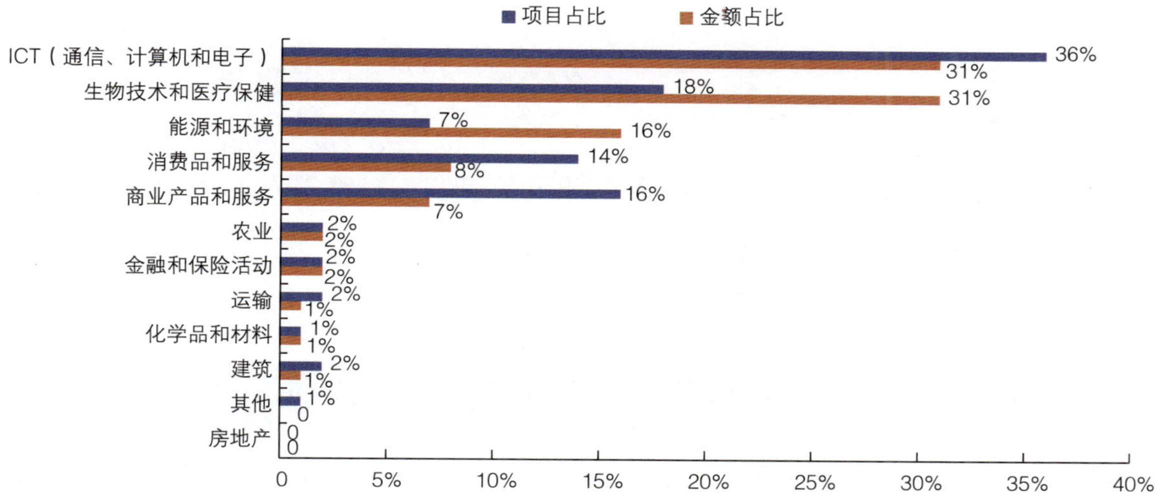

附图 B-11　2019 年欧洲创业投资退出行业划分

（资料来源：数据由欧洲风险投资协会提供）

附录 C　2019 年韩国创业投资回顾

一、韩国创业投资市场概况

2019 年，韩国创业投资发展再次创下 10 年以来新高。当年公司存量较 2018 年增加了 16 家，新增创投机构 19 家，注销 3 家机构，累计注册资本达 17 883 亿韩元（附表 C-1）。

附表 C-1　2009—2019 年韩国创业投资机构情况

指标	2009 年	2010 年	2011 年	2012 年	2013 年	2014 年	2015 年	2016 年	2017 年	2018 年	2019 年
当年新注册数（注销数）/ 家	12（9）	13（10）	9（7）	6（6）	3（7）	6（4）	14（2）	13（8）	5（4）	20（8）	19（3）
当年公司存量 / 家	100	103	105	105	101	103	115	120	121	133	149
累计注册资本 / 10 亿韩元	1360.8	1383.8	1398.5	1445.5	1394.7	1418.5	1484.3	1502.6	1522.8	1615.6	1788.3

截至 2019 年，共有 149 家创业投资企业管理着 920 支基金（附表 C-1、附表 C-2、附图 C-1）。其中，当年新注册基金 170 支，较 2018 年增加了 24 支；注销基金 54 支，较 2018 年有所下降；创业投资基金累计管理资本 273 358 亿韩元。

附表 C-2　2009—2019 年韩国创业投资基金情况

指标	2009 年	2010 年	2011 年	2012 年	2013 年	2014 年	2015 年	2016 年	2017 年	2018 年	2019 年
当年新注册数 / 支	74	66	66	41	54	82	108	120	164	146	170
金额 / 10 亿韩元	1404.3	1574.6	2148.3	906.5	1664.9	2619.5	2620.5	3829.9	4593.2	4820.8	4110.5
当年注销数 / 支	54	53	45	46	31	37	26	46	51	58	54
金额 / 10 亿韩元	566.2	576.8	454.0	858.6	527.2	832.9	570.9	842.4	1114.3	1125.6	978.8

续表

指标	2009 年	2010 年	2011 年	2012 年	2013 年	2014 年	2015 年	2016 年	2017 年	2018 年	2019 年
当年存量 / 支	350	363	384	379	402	447	529	603	716	804	920
累计管理资本 / 10 亿韩元	6449.9	7447.7	9142.0	9189.0	10 327.6	12 045.8	14 095.4	17 030.1	20 509.0	24 204.1	27 335.8

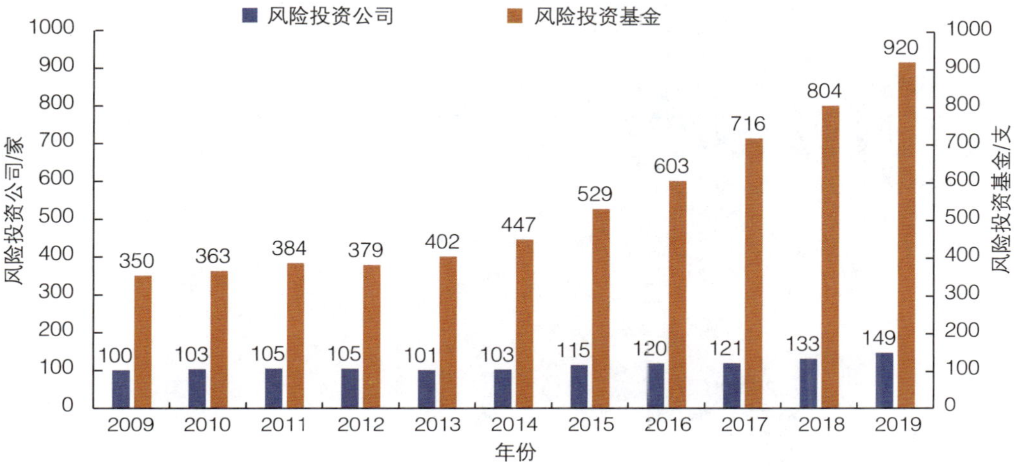

附图 C-1　2009—2019 年韩国创业投资市场概况

二、韩国创业投资活动

2019 年，韩国创业投资共投资项目 1608 项，投资金额为 42 777 亿韩元，项目投资强度连续 3 年继续提升，增长达到 2.66%（附表 C-3）。

附表 C-3　2009—2019 年韩国创业投资项目数及金额

指标	2009 年	2010 年	2011 年	2012 年	2013 年	2014 年	2015 年	2016 年	2017 年	2018 年	2019 年
新投资项目数 / 项	524	560	613	688	755	901	1045	1191	1266	1399	1608
新投资金额数 / 10 亿韩元	867.1	1091.0	1260.8	1233.3	1384.5	1639.3	2085.8	2150.3	2380.3	3424.9	4277.7
投资强度 /（10亿韩元/项）	1.65	1.95	2.06	1.79	1.83	1.82	2.00	1.81	1.88	2.45	2.66

三、韩国创业投资行业分布

2019 年，从投资金额看，生物 / 医药、ICT 服务和零售 / 服务成为投资金额最多的 3 个行业；从投资项目看，排名前三的分别是 ICT 服务、零售 / 服务及生物 / 医药。以上排名前 3 位的行业仍旧延续 2018 年位势，投资金额和投资项目不仅绝对数额增加较多，三者占比合计分别达到了 69.25% 和 62.23%（附表 C–4、附图 C–2）。

附表 C-4　2019 年韩国创业投资行业分布

指标	ICT 制造	ICT 服务	电子 / 机器 / 设备	化工 / 材料	生物 / 医药	图像 / 性能 / 存储	游戏	零售 / 服务	其他	总量
金额 /10 亿韩元	149.3	1044.6	203.6	121.1	1103.3	370.3	119.2	814.5	351.8	4277.7
项目数 / 项	80	446	107	62	299	231	66	359	124	1774①

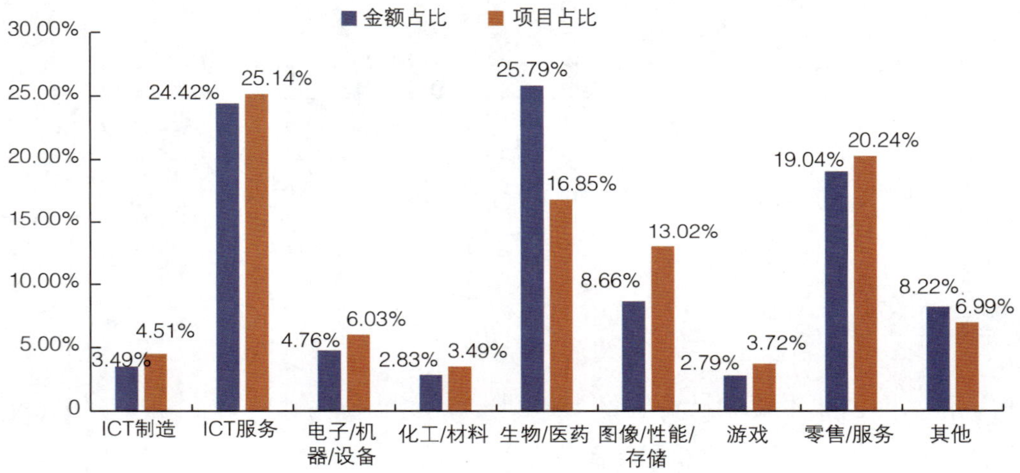

附图 C-2　2019 年韩国创业投资行业分布

四、韩国创业投资阶段分布

2019 年，从投资金额看，早期和创建期集中了韩国创业投资大量资金，二者累计比 2018 年提升显著，从 63.49% 上升至 73.78%。从投资项目看，早期的投资项目仍然多于创建期和扩展期，但比 2018 年略有下降，从 44.67% 下降至 44.31%（附表 C–5、附图 C–3、附图 C–4）。

① 报告原文项目总量数值为 1608，根据该表格前面几个分项合并计算为 1774，此处暂修正为 1774。

附表 C-5　2019 年韩国创业投资阶段分布

阶段	早期	创建期	扩展期	总量
金额 /10 亿韩元	1390.1	1766.2	1121.4	4277.7
项目 / 项	744	573	362	1679①

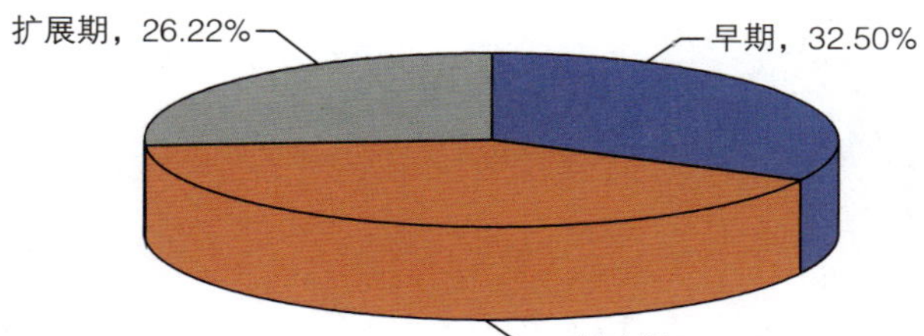

附图 C-3　2019 年韩国创业投资阶段分布（按金额划分）

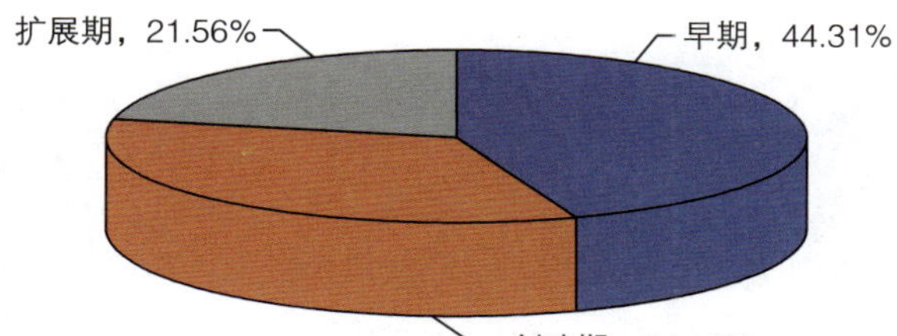

附图 C-4　2019 年韩国创业投资阶段分布（按项目划分）

（资料来源：数据由韩国创业投资协会（Korean Venture Capital Association）提供）

① 报告原文项目总量数值为 1608，根据该表格前面几个分项合并计算为 1679，此处暂修正为 1679。

附录D 财政部 税务总局 发展改革委 证监会关于创业投资企业个人合伙人所得税政策问题的通知

财税〔2019〕8 号

各省、自治区、直辖市、计划单列市财政厅（局）、发展改革委、证券监督管理机构，国家税务总局各省、自治区、直辖市、计划单列市税务局，新疆生产建设兵团财政局、发展改革委：

为进一步支持创业投资企业（含创投基金，以下统称创投企业）发展，现将有关个人所得税政策问题通知如下：

一、创投企业可以选择按单一投资基金核算或者按创投企业年度所得整体核算两种方式之一，对其个人合伙人来源于创投企业的所得计算个人所得税应纳税额。

本通知所称创投企业，是指符合《创业投资企业管理暂行办法》（发展改革委等 10 部门令第 39 号）或者《私募投资基金监督管理暂行办法》（证监会令第 105 号）关于创业投资企业（基金）的有关规定，并按照上述规定完成备案且规范运作的合伙制创业投资企业（基金）。

二、创投企业选择按单一投资基金核算的，其个人合伙人从该基金应分得的股权转让所得和股息红利所得，按照 20% 税率计算缴纳个人所得税。

创投企业选择按年度所得整体核算的，其个人合伙人应从创投企业取得的所得，按照“经营所得”项目、5% ~ 35% 的超额累进税率计算缴纳个人所得税。

三、单一投资基金核算，是指单一投资基金（包括不以基金名义设立的创投企业）在一个纳税年度内从不同创业投资项目取得的股权转让所得和股息红利所得按下述方法分别核算纳税：

（一）股权转让所得。单个投资项目的股权转让所得，按年度股权转让收入扣除对应股权原值和转让环节合理费用后的余额计算，股权原值和转让环节合理费用的确定方法，参照股权转让所得个人所得税有关政策规定执行；单一投资基金的股权转让所得，按一个纳税年度内不同投资项目的所得和损失相互抵减后的余额计算，余额大于或等于零的，即确认为该基金的年度股权转让所得；余额小于零的，该基金年度股权转让所得按零计算且不能跨年结转。

个人合伙人按照其应从基金年度股权转让所得中分得的份额计算其应纳税额，并由创投企业在次年3月31日前代扣代缴个人所得税。如符合《财政部 税务总局关于创业投资企业和天使投资个人有关税收政策的通知》（财税〔2018〕55号）规定条件的，创投企业个人合伙人可以按照被转让项目对应投资额的70%抵扣其应从基金年度股权转让所得中分得的份额后再计算其应纳税额，当期不足抵扣的，不得向以后年度结转。

（二）股息红利所得。单一投资基金的股息红利所得，以其来源于所投资项目分配的股息、红利收入以及其他固定收益类证券等收入的全额计算。

个人合伙人按照其应从基金股息红利所得中分得的份额计算其应纳税额，并由创投企业按次代扣代缴个人所得税。

（三）除前述可以扣除的成本、费用之外，单一投资基金发生的包括投资基金管理人的管理费和业绩报酬在内的其他支出，不得在核算时扣除。

本条规定的单一投资基金核算方法仅适用于计算创投企业个人合伙人的应纳税额。

四、创投企业年度所得整体核算，是指将创投企业以每一纳税年度的收入总额减除成本、费用以及损失后，计算应分配给个人合伙人的所得。如符合《财政部 税务总局关于创业投资企业和天使投资个人有关税收政策的通知》（财税〔2018〕55号）规定条件的，创投企业个人合伙人可以按照被转让项目对应投资额的70%抵扣其可以从创投企业应分得的经营所得后再计算其应纳税额。年度核算亏损的，准予按有关规定向以后年度结转。

按照“经营所得”项目计税的个人合伙人，没有综合所得的，可依法减除基本减除费用、专项扣除、专项附加扣除以及国务院确定的其他扣除。从多处取得经营所得的，应汇总计算个人所得税，只减除一次上述费用和扣除。

五、创投企业选择按单一投资基金核算或按创投企业年度所得整体核算后，3年内不能变更。

六、创投企业选择按单一投资基金核算的，应当在按照本通知第一条规定完成备案的30日内，向主管税务机关进行核算方式备案；未按规定备案的，视同选择按创投企业年度所得整体核算。2019年1月1日前已经完成备案的创投企业，选择按单一投资基金核算的，应当在2019年3月1日前向主管税务机关进行核算方式备案。创投企业选择一种核算方式满3年需要调整的，应当在满3年的次年1月31日前，重新向主管税务机关备案。

七、税务部门依法开展税收征管和后续管理工作，可转请发展改革部门、证券监督管理部门对创投企业及其所投项目是否符合有关规定进行核查，发展改革部门、证券监督管理部门应当予以配合。

八、本通知执行期限为 2019 年 1 月 1 日起至 2023 年 12 月 31 日止。

财政部 税务总局 发展改革委 证监会

2019 年 1 月 10 日

附录E　关于进一步明确规范金融机构资产管理产品投资创业投资基金和政府出资产业投资基金有关事项的通知

发改财金规〔2019〕1638号

各省、自治区、直辖市及计划单列市发展改革委、财政厅（局），中国人民银行上海总部，各分行、营业管理部、省会（首府）城市中心支行、副省级城市中心支行，各银保监局，各证监局，外汇局各省、自治区、直辖市分局、外汇管理部，深圳、大连、青岛、厦门、宁波市分局，各有关市场机构：

创业投资基金和政府出资产业投资基金（以下简称两类基金）是实现技术、资本、人才、管理等创新要素与实体经济有效结合的投融资方式，是推动经济高质量发展的重要资本力量，对于保持补短板力度，持续激发民间投资活力意义重大。根据《国务院关于促进创业投资持续健康发展的指导意见》（国发〔2016〕53号）、《国务院办公厅关于保持基础设施领域补短板力度的指导意见》（国办发〔2018〕101号）等文件精神，为进一步落实《关于规范金融机构资产管理业务的指导意见》（银发〔2018〕106号，以下简称《指导意见》）中关于两类基金有关规定另行制定的要求，现就《指导意见》中金融机构资产管理产品投资两类基金有关事项进一步明确如下。

一、本通知所称创业投资基金，是指向处于创建或重建过程中的未上市成长性创业企业进行股权投资，以期所投资创业企业发育成熟或相对成熟后，主要通过股权转让获取资本增值收益的股权投资基金。适用本通知的创业投资基金应同时满足以下条件：

（一）符合《创业投资企业管理暂行办法》（发展改革委2005年第39号令）或者《私募投资基金监督管理暂行办法》（证监会2014年第105号令）关于创业投资基金的有关规定，并按要求完成备案；

（二）基金投向符合产业政策、投资政策等国家宏观管理政策；

（三）基金投资范围限于未上市企业，但所投资企业上市后基金所持股份的未转让及其配售部分除外；

（四）基金运作不涉及债权融资，但依法发行债券提高投资能力的除外；

（五）基金存续期限不短于 7 年；对基金份额不得进行结构化安排，但政府出资设立的创业投资引导基金作为优先级的除外；

（六）基金名称体现“创业投资”字样或基金合同和基金招募说明书中体现“创业投资”策略。

二、本通知所称政府出资产业投资基金，是指包含政府出资，主要投资于非公开交易企业股权的股权投资基金和创业投资基金。适用本通知的政府出资产业投资基金应同时满足以下条件：

（一）中央、省级或计划单列市人民政府（含所属部门、直属机构）批复设立，且批复文件或其他文件中明确了政府出资的；政府认缴出资比例不低于基金总规模的 10%，其中，党中央、国务院批准设立的，政府认缴出资比例不低于基金总规模的 5%；

（二）符合《政府出资产业投资基金管理暂行办法》（发改财金规〔2016〕2800 号）和《政府投资基金暂行管理办法》（财预〔2015〕210 号）有关规定；

（三）基金投向符合产业政策、投资政策等国家宏观管理政策；

（四）基金运作不涉及新增地方政府隐性债务。

三、《指导意见》出台前，金融机构已与符合本通知规定要求的两类基金签订的认缴协议继续有效。

四、对于《指导意见》出台前已签订认缴协议且符合本通知规定要求的两类基金，过渡期内，金融机构可以发行老产品出资，但应当控制在存量产品整体规模内，并有序压缩递减，防止过渡期结束时出现断崖效应；过渡期结束仍未到期的，经金融监管部门同意，采取适当安排妥善处理。除党中央、国务院另有规定外，《指导意见》出台后新签订认缴协议的两类基金，涉及金融机构发行资产管理产品出资的，应严格按照《指导意见》有关规定执行。

五、过渡期内，对于投资方向限定于符合本通知规定要求的两类基金的资产管理产品，其管理机构应当加强投资者适当性管理，在向投资者充分披露并提示产品投资性质和投资风险的前提下，可以将该产品整体视为合格投资者，不合并计算该产品的投资者人数。对金融机构未充分履行告知义务的，金融监管部门依法依规从严从重处罚。

六、符合本通知规定要求的两类基金接受资产管理产品及其他私募投资基金投资时，该两类基金不视为一层资产管理产品。

七、各部门按照职责分工，对符合本通知规定要求的两类基金和金融机构执行本通知的情况加强监管，强化监管协调。两类基金应在接受金融机构发行老产品出资后 15 个工作日内，将金融机构出资及证明该基金符合本通知规定要求的相关材料报发展改革委，发展改革委及时将相关材料与财政部、人民银行、银保监会、证监会、外汇局共享。发展改革、财政、证监部门对两类基金日常监管中发现金融机构发行老产品违规投资于不符合本通知规定要求的两类基金的，应及时通知金融管理部门。金融管理部门按照有关法律法规、规章和《指导意见》规定，采取适当监管措施或视情节对金融机构作出行政处罚。

国家发展改革委
中国人民银行
财 政 部
银 保 监 会
证 监 会
外 汇 局
2019 年 10 月 19 日

附录 F　关于在上海证券交易所设立科创板并试点注册制的实施意见

中国证券监督管理委员会公告〔2019〕第 2 号

为进一步落实创新驱动发展战略，增强资本市场对提高我国关键核心技术创新能力的服务水平，促进高新技术产业和战略性新兴产业发展，支持上海国际金融中心和科技创新中心建设，完善资本市场基础制度，推动高质量发展，根据党中央、国务院决策部署和全国人民代表大会常务委员会《关于授权国务院在实施股票发行注册制改革中调整适用〈中华人民共和国证券法〉有关规定的决定》《关于延长授权国务院在实施股票发行注册制改革中调整适用〈中华人民共和国证券法〉有关规定期限的决定》，现就在上海证券交易所（以下简称“上交所”）设立科创板并试点注册制，提出以下意见。

经党中央、国务院同意，现公布《关于在上海证券交易所设立科创板并试点注册制的实施意见》，自公布之日起施行。

中国证监会

2019 年 1 月 28 日

一、总体要求

（一）指导思想。深入贯彻习近平新时代中国特色社会主义思想和党的十九大精神，认真落实习近平总书记关于资本市场的一系列重要指示批示精神，按照党中央、国务院决策部署，坚持稳中求进工作总基调，贯彻新发展理念，深化供给侧结构性改革，着眼于加快形成融资功能完备、基础制度扎实、市场监管有效、投资者合法权益得到有效保护的多层次资本市场体系，从设立上交所科创板入手，稳步试点注册制，统筹推进发行、上市、信息披露、交易、退市等基础制度改革，发挥资本市场对提升科技创新能力和实体经济竞争力的支持功能，更好服务高质量发展。

（二）基本原则。一是坚持市场导向，强化市场约束。尊重市场规律，明确和稳定市场预期，建立以市场机制为主导的新股发行制度安排。二是坚持法治导向，依法治市。健全资本市场法律体系，强化依法全面从严监管，保护投资者合法权益，进一步明确市场参与各方权利义务，逐步形成市场参与各方依法履职尽责及维护自身合法权益的市场环境。三是强化信息披露监管，归位尽责。建立和完善以信息披露为中心的股票发行上市制度，强化发行人对信息披露的诚信义务和法律责任，充分发挥中介机构核查把关作用，引导投资者提高风险识别能力和理性投资意识。四是坚持统筹协调，守住底线。发挥好相关政府部门和有关方面的协同配合作用，形成共促市场稳定健康发展的合力，及时防范和化解市场风险。

二、设立上交所科创板

（三）准确把握科创板定位。在上交所新设科创板，坚持面向世界科技前沿、面向经济主战场、面向国家重大需求，主要服务于符合国家战略、突破关键核心技术、市场认可度高的科技创新企业。重点支持新一代信息技术、高端装备、新材料、新能源、节能环保以及生物医药等高新技术产业和战略性新兴产业，推动互联网、大数据、云计算、人工智能和制造业深度融合，引领中高端消费，推动质量变革、效率变革、动力变革。具体行业范围由上交所发布并适时更新。

（四）制定更具包容性的科创板上市条件。更加注重企业科技创新能力，允许符合科创板定位、尚未盈利或存在累计未弥补亏损的企业在科创板上市。综合考虑预计市值、收入、净利润、研发投入、现金流等因素，设置多元包容的上市条件。具体由上交所制定并公布。

（五）允许特殊股权结构企业和红筹企业上市。依照公司法第一百三十一条规定，允许科技创新企业发行具有特别表决权的类别股份，每一特别表决权股份拥有的表决权数量大于每一普通股份拥有的表决权数量，其他股东权利与普通股份相同。特别表决权股份一经转让，应当恢复至与普通股份同等的表决权。公司发行特别表决权股份的，应当在公司章程中规定特别表决权股份的持有人资格、特别表决权股份拥有的表决权数量与普通股份拥有的表决权数量的比例安排、持有人所持特别表决权股份能够参与表决的股东大会事项范围、特别表决权股份锁定安排及转让限制等事项。

存在特别表决权股份的境内科技创新企业申请发行股票并在科创板上市的，公司章程规定的上述事项应当符合上交所有关要求，同时在招股说明书等公开发行文件中，充分披露并特别提示有关差异化表决安排的主要内容、相关风险及对公司治理的影响，以及依法落实保护投资者合法权益的各项措施。

符合《国务院办公厅转发证监会关于开展创新企业境内发行股票或存托凭证试点若干意见的通知》（国办发〔2018〕21 号）规定的红筹企业，可以申请发行股票或存托凭证并在科创板上市。红筹企业发行存托凭证的，按国家有关税收政策执行。

（六）确定投资者适当性要求。个人投资者投资科创板股票，证券账户及资金账户持有资产规模应当达到规定标准，且具备相关股票投资经验和相应的风险承受能力。具体标准由上交所制定，并可根据科创板运行情况作适当调整。强化证券公司投资者适当性管理义务和责任追究。

三、稳步实施注册制试点改革

（七）合理制定股票发行条件。精简优化现行公开发行股票条件。申请公开发行股票的公司，除符合科创板定位外，还应当符合下列基本发行条件：一是具备健全且运行良好的组织机构，具有完整的业务体系和直接面向市场独立经营的能力，不存在对持续经营有重大不利影响的情形；二是会计基础工作规范，内部控制制度健全且有效执行，最近三年财务会计报告被出具标准无保留意见审计报告；三是发行人及其控股股东、实际控制人最近三年不存在贪污、贿赂、侵占财产、挪用财产或者破坏社会主义市场经济秩序的刑事犯罪，不存在严重损害社会公共利益的重大违法行为；四是证监会规定的其他条件。逐步将现行发行条件中可以由投资者判断的事项转化为更加严格，更加全面、深入、精准的信息披露要求制度体系。证监会制定《科创板首次公开发行股票注册管理办法（试行）》等规则，对科创板试点注册制的发行条件、注册程序和具体信息披露要求等做出规定。

企业公开发行股票并在科创板上市交易，必须符合发行条件与上市条件，报上交所审核并经证监会注册。

（八）上交所负责科创板发行上市审核。上交所受理企业公开发行股票并上市的申请，审核并判断企业是否符合发行条件、上市条件和信息披露要求。审核工作主要通过提出问题、回答问题方式展开，督促发行人完善信息披露内容。上交所制定审核标准、审核程序等规则，报证监会批准。

上交所成立由相关领域科技专家、知名企业家、资深投资专家等组成的科技创新咨询委员会，为发行上市审核提供专业咨询和政策建议。必要时可对申请发行上市的企业进行询问。

（九）证监会负责科创板股票发行注册。上交所审核通过后，将审核意见及发行人注册申请文件报送证监会履行注册程序。注册工作不适用发行审核委员会审核程序，按证监会制定的程序进行，依照规定的发行条件和信息披露要求，在 20 个工作日内做出是否同意注册的决定。

科创板上市公司非公开发行新股实行注册制，具体程序与公开发行相同。证监会完善再融资制度，提高科创板再融资便利性。

（十）证监会对上交所审核工作进行监督。督促上交所建立内部防火墙制度，发行上市审核部门与其他部门隔离运行，防范利益冲突。持续追踪发行人的信息披露文件、上交所的审核意见，定期或不定期对上交所审核工作进行抽查和检查，落实对上交所审核工作的监督问责机制。督促上交所提高审核工作透明度，审核过程和审核意见向社会公开，减少自由裁量空间。上交所参与审核的人员，不得与发行人有利害关系，不得直接或间接与发行人有利益往来，不得持有发行人的股票，不得私下与发行人进行接触，切实防范以权谋私、利益输送等违法违纪行为。

（十一）强化事前事中事后全过程监管。在发行上市审核、注册和新股发行过程中，发现发行人存在重大违法违规嫌疑的，证监会可以要求上交所处理，也可以宣布发行注册暂缓生效，或者暂停新股发行，直至撤销发行注册。

四、完善基础制度

（十二）构建科创板股票市场化发行承销机制。科创板市场新股发行价格、规模、节奏主要通过市场化方式决定，强化市场约束。对新股发行定价不设限制，建立以机构投资者为参与主体的询价、定价、配售等机制，充分发挥机构投资者专业能力。试行保荐人相关子公司“跟投”制度。支持科创板上市公司引入战略投资者，科技创新企业高管、员工可以参与战略配售，发挥好超额配售选择权制度作用，促进股价稳定。加强对定价承销的事中事后监管，建立上市后交易价格监控机制，约束非理性定价。制定合理的科创板上市公司股份锁定期和减持制度安排。

（十三）强化信息披露监管。切实树立以信息披露为中心的监管理念，全面建立严格的信息披露体系并严格执行。明确发行人是信息披露第一责任人，充分披露投资者做出价值判断和投资决策所必需的信息，确保信息披露真实、准确、完整、及时、公平。明确发行人的控股股东、实际控制人不得要求或协助发行人隐瞒重要信息。

上交所建立以上市规则为中心的持续监管规则体系，在持续信息披露、并购重组、股权激励、退市等方面制定符合科创板上市公司特点的具体实施规则，报证监会批准。

科创板上市公司要根据自身特点，强化对业绩波动、行业风险、公司治理等相关事项的针对性信息披露。明确要求发行人披露科研水平、科研人员、科研资金投入等相关信息，督促引导发行人将募集资金重点投向科技创新领域。

（十四）完善交易制度。科创板采取独立交易模块和独立行情显示，交易日历、证券账户、申报成交等安排与上交所主板一致。基于科创板上市公司特点和投资者适当性要求，建立更加市场化的交易机制，研究制定股票日涨跌幅等标准。适当提高每笔最低交易股票数量。稳妥有序将科创板股票纳入融资融券标的，促进融资融券业务均衡发展。在竞价交易基础上，条件成熟时引入做市商机制。科创板运行一段时间后，由上交所对交易制度进行综合评估，必要时加以完善。

（十五）建立高效的并购重组机制。科创板上市公司并购重组统一由上交所审核，涉及发行股票的，实行注册制。证监会依法批准上交所制定的科创板上市公司并购重组审核标准及规则体系。达到一定规模的上市公司，可以依法分拆其业务独立、符合条件的子公司在科创板上市。

（十六）严格实施退市制度。严格交易类强制退市指标，对交易量、股价、股东人数等不符合条件的企业依法终止上市。优化财务类强制退市指标，科创板股票不适用证券法第五十六条第三项关于连续亏损终止上市的规定；对连续被出具否定或无法表示意见审计报告的上市公司实施终止上市。严格实施重大违法强制退市制度，对构成欺诈发行、重大信息披露违法或其他重大违法行为的上市公司依法坚决终止上市。科创板股票不适用证券法第五十五条关于暂停上市的规定，应当退市的直接终止上市。

五、完善配套改革措施

（十七）加强科创板上市公司持续监管。上交所要依法发挥一线监管职能，强化监管问询，加大现场检查力度，提高上市公司信息披露质量。适当延长核心技术团队股份锁定期，促进上市公司稳定经营。适当延长未盈利上市公司控股股东、实际控制人、董事、监事、高级管理人员的股份锁定期。加强上市公司信息披露与二级市场监管联动，切实防范和打击内幕交易与操纵市场行为。

（十八）强化中介机构责任。保荐人作为主要中介机构，必须诚实守信、勤勉尽责，充分了解发行人经营情况和风险，并对发行人的申请文件和信息披露资料进行全面核查验证。建立保荐人资格与新股发行信息披露质量挂钩机制。适当延长保荐人持续督导期。证券服务机构及其从业人员应当对本专业相关的业务事项履行特别注意义务，对其他业务事项履行普通注意义务。对发行人、上市公司虚假记载、误导性陈述或重大遗漏负有责任的保荐人、会计师事务所、律师事务所、资产评估机构，加大处罚力度。

（十九）保护投资者合法权益。严厉打击欺诈发行、虚假陈述等违法行为。对以欺骗手段骗取发行注册等违法行为，依照证券法第一百八十九条等规定依法从重处罚。对欺诈发行上市的，可以责令上市公司及其控股股东、实际控制人按规定购回已上市的股份。探索建立发行人和投资者之间的纠纷化解和赔偿救济机制。将发行人和相关中介机构及责任人的信用记录纳入国家统一信用信息平台，加强监管信息共享，完善失信联合惩戒机制。

（二十）推动完善有关法律法规。加强行政执法与司法的衔接，符合刑事追诉标准、涉嫌犯罪的案件，依法及时移送司法机关追究刑事责任。推动完善相关法律制度和司法解释，建立健全证券支持诉讼示范判决机制。根据试点情况，探索完善与注册制相适应的证券民事诉讼法律制度。

证监会根据本意见制定《科创板首次公开发行股票注册管理办法（试行）》等监管规则，明确股票发行条件、注册程序、信息披露、中介机构职责、监督管理和法律责任等事项，并完善相关配套制度规则。上交所应制定科创板发行、上市、信息披露、交易、退市等业务规则，建立健全公开透明高效的审核机制。证监会及上交所根据科创板运行和注册制试点情况，及时总结经验，适时调整完善相关具体制度安排。

附录 G　国务院关于进一步做好利用外资工作的意见

国发〔2019〕23 号

各省、自治区、直辖市人民政府，国务院各部委、各直属机构：

对外开放是我国基本国策。外资在我国经济发展中发挥了独特而重要的作用，推动高质量发展、推进现代化建设必须始终高度重视利用外资。当前，国际投资格局深刻调整，我国利用外资工作面临新形势、新特点、新挑战。为深入贯彻习近平新时代中国特色社会主义思想，全面贯彻党的十九大和十九届二中、三中、四中全会精神，统筹推进“五位一体”总体布局，协调推进“四个全面”战略布局，落实党中央、国务院关于稳外资工作的决策部署，以激发市场活力、提振投资信心为出发点，以保障外商投资企业国民待遇为重点，以打造公开、透明、可预期的外商投资环境为着力点，持续深化“放管服”改革，进一步做好利用外资工作，稳定外资规模，优化外资结构，现提出以下意见。

一、深化对外开放

（一）支持外商投资新开放领域。继续压减全国和自由贸易试验区外商投资准入负面清单，全面清理取消未纳入负面清单的限制措施，保障开放举措有效实施，持续提升开放水平。（发展改革委、商务部牵头，各有关部门、各省级人民政府按职责分工负责）

（二）加快金融业开放进程。全面取消在华外资银行、证券公司、基金管理公司等金融机构业务范围限制，丰富市场供给，增强市场活力。减少外国投资者投资设立银行业、保险业机构和开展相关业务的数量型准入条件，取消外国银行来华设立外资法人银行、分行的总资产要求，取消外国保险经纪公司在华经营保险经纪业务的经营年限、总资产要求。扩大投资入股外资银行和外资保险机构的股东范围，取消中外合资银行中方唯一或主要股东必须是金融机构的要求，允许外国保险集团公司投资设立保险类机构。继续支持按照内外资一致的原则办理外资保险公司及其分支机构设立及变更等行政许可事项。2020 年取消证券公司、证券投资基金管理公司、期货公司、寿险公司外资持股比例不超过 51% 的限制。（人民银行、银保监会、证监会按职责分工负责）

（三）优化汽车领域外资政策。各地区要保障内外资汽车制造企业生产的新能源汽车享受同等市场准入待遇。修订乘用车企业平均燃料消耗量与新能源汽车积分并行管理办法，在外方与中方合资伙伴协商一致后，允许外方在华投资的整车企业之间转让积分。（工业和信息化部、各省级人民政府按职责分工负责）

（四）着力营造公平经营环境。各地区、各部门要着力提高市场的公平性，及时纠正违反公平竞争的做法，着力消除妨害公平竞争的制度性障碍。统一内外资建筑业企业承揽业务范围。完善外国投资者申请从事互联网上网服务营业场所、娱乐场所经营等业务相关规定。坚持按照内外资机构同等待遇原则，开展强制性产品认证机构的资质审批工作。增加化学品物理危险性鉴定机构数量，不得针对外商投资企业设置限制性条件。（发展改革委、住房城乡建设部、商务部、文化和旅游部、应急部、市场监管总局、各省级人民政府按职责分工负责）

二、加大投资促进力度

（五）优化外商投资企业科技创新服务。加强对外商投资企业申请高新技术企业认定的指导和服务，组织开展政策专题培训，加强政策宣传，鼓励和引导外资更多投向高新技术产业。（科技部、财政部、税务总局、各省级人民政府按职责分工负责）

（六）提升自由贸易试验区建设水平。支持地方和部门聚焦市场主体期盼，提出支持自由贸易试验区进一步扩大开放和创新发展的具体措施，推进相关深层次改革事项在自由贸易试验区先行先试，充分发挥自由贸易试验区改革开放试验田作用。对有条件的自由贸易试验区下放更多省级经济管理审批权限，尤其是投资审批、市场准入等权限。（商务部牵头，发展改革委等有关部门、各有关省级人民政府按职责分工负责）

（七）提升开放平台引资质量。鼓励地方人民政府对有条件建设具有较强竞争力产业集群的国家级经济技术开发区予以支持，打造品牌化招商引资平台。建立重点企业联系制度，提供专业化、全流程服务，着力培育带动力强、辐射面广的龙头企业和产业链核心企业。在确有发展需要且符合条件的中西部地区，优先增设一批综合保税区。切实推进国家级经济技术开发区“审批不出区”、“互联网 + 政务服务”和“最多跑一次”改革，创新完善企业服务体系，构建一流营商环境。（财政部、工业和信息化部、商务部、海关总署、税务总局、各省级人民政府按职责分工负责）

（八）支持地方加大对外资的招商引资力度。鼓励地方政府根据当地招商工作实际，制定考核激励政策，对招商部门、团队内非公务员岗位实行更加灵活的激励措施。鼓励地方政府在法定权限内合理设定招商引资工作经费额度与标准，对出境招商活动、团组申请等予以支持。（外交部、发展改革委、财政部、人力资源社会保障部、商务部、各省级人

民政府按职责分工负责）

（九）抓好政策宣传解读。各地区、各部门要通过设立投资服务平台、政策咨询窗口等方式，积极开展政策宣传，深入企业宣讲政策，了解政策实施难点、堵点，全方位回应企业诉求，依法依规支持外商投资企业享受配套优惠政策，协助企业用足用好各项政策。（各有关部门、各省级人民政府按职责分工负责）

三、深化投资便利化改革

（十）降低资金跨境使用成本。尽快出台具体措施，支持外商投资企业扩大人民币跨境使用。扩大资本项目收入支付便利化改革试点范围。推进企业发行外债登记制度改革，完善全口径跨境融资宏观审慎管理政策，支持外商投资企业自主选择借用外债模式，降低融资成本。鼓励外商投资企业资本金依法用于境内股权投资。（发展改革委、商务部、人民银行、外汇局按职责分工负责）

（十一）提高来华工作便利度。支持各地区根据本地经济发展需要，对于急需紧缺的创新创业人才、专业技能人才来华工作，可适当放宽年龄、学历或工作经历等限制。对有创新创业意愿的外国留学生，可凭中国高校毕业证书申请 2 年私人事务类居留许可。已连续两次申请办理工作类居留许可的外国人，可在第三次申请时按规定签发 5 年有效期的工作类居留许可。优化外国人申请来华工作许可办理流程，完善部门信息共享机制，探索整合外国人工作许可证和工作类居留许可。（外交部、科技部、人力资源社会保障部、移民局、各省级人民政府按职责分工负责）

（十二）优化外资项目规划用地审批程序。持续深化规划用地“放管服”改革，加快外资项目落地进度。合并规划选址和用地预审，合并建设用地规划许可和用地批准，推进多测整合、多验合一，推进信息共享，简化报件审批材料。（自然资源部牵头，发展改革委、住房城乡建设部、商务部等部门和各省级人民政府按职责分工负责）

四、保护外商投资合法权益

（十三）全面贯彻外商投资法。外商投资法及其配套法规实施后，各地区、各部门要严格贯彻落实，进一步清理相关法规规定，抓紧制定完善具体实施办法和有关司法解释，做好解读和培训工作，确保外商投资法各项制度切实有效执行。（商务部、发展改革委、最高人民法院、司法部牵头，各部门、各省级人民政府按职责分工负责）

（十四）保护外商投资企业合法权益。各地区应建立健全外商投资企业投诉受理机构，完善处理规则，规范处理程序，提高处理效率。各地区、各部门应严格遵照外商投资法、行政许可法等法律法规对外商投资实施行政许可，不得擅自改变行政许可范围、程序及标准等，行政机关及其工作人员不得通过行政许可、监督检查、行政强制等，强制或者变相强制外国投资者、外商投资企业转让技术。（商务部牵头，各部门、各省级人民政府按职责分工负责）

（十五）强化监管政策执行规范性。优化监管方式，科学合理设定环境保护、安全生产等监管执法检查频次，降低外商投资企业合规成本。地方政府应依照大气污染防治法等有关法律法规规定采取重污染天气应急措施。指导各地在市场监管领域细化、量化行政处罚自由裁量标准。（生态环境部、应急部、市场监管总局等部门和各省级人民政府按职责分工负责）

（十六）提高行政规范性文件制定透明度。各地区、各部门制定出台涉及外商投资的行政规范性文件，应当加强合法性审核。与外商投资企业生产经营活动密切相关的行政规范性文件，应当结合实际，合理确定公布到施行之间的时间，提高政策可预见性和透明度。（各部门、各省级人民政府按职责分工负责）

（十七）发挥知识产权司法保护重要作用。充分发挥财产保全、证据保全、行为保全的制度效能，提高知识产权司法救济的及时性和便利性。优化涉及外商投资企业知识产权案件中对证据形式要件的要求，适用事实推定，合理减轻外方当事人的诉讼负担。依法加强保护商业秘密、合理分配举证责任，加大民事保护和刑事保护力度。依法集中、统一审理专利无效与侵权上诉案件，进一步提升审判质效。充分尊重知识产权的市场价值，积极运用惩罚性赔偿，加大对恶意侵权行为、重复侵权行为的打击力度。进一步完善技术调查官制度，加强技术类案件的多元事实查明机制建设。加强涉及标准必要专利的案件审理，保障公平竞争市场秩序。充分发挥知识产权案件多元化调解的作用，实质性解决纠纷。进一步统一知识产权案件诉讼证据和司法裁判标准，适时出台有关司法解释，发布指导性案例，持续提升知识产权司法审判工作规范化、科学化、国际化水平。（最高人民法院负责）

（十八）完善知识产权保护工作机制。建立健全知识产权快速协同保护和信用联合惩戒机制，持续推进知识产权纠纷仲裁调解工作，构建完善知识产权纠纷多元化解决机制。完善注册商标撤销程序。健全地理标志保护制度。完善电子商务知识产权保护机制，完善电子商务平台专利侵权判定通知、移除规则，完善电子商务领域专利执法维权协作调度机制。积极运用标准化方法，加强知识产权保护。（商务部、市场监管总局、知识产权局、各省级人民政府按职责分工负责）

（十九）支持参与标准制定。指导各地区、各部门全面落实内外资企业公平参与我国标准化工作，鼓励外商投资企业参与我国医疗器械、食品药品、信息化产品等标准制定，提高行业标准和技术规范制修订的科学性和透明度。（市场监管总局牵头，各部门、各省级人民政府按职责分工负责）

（二十）保障依法平等参与政府采购。各地区、各部门在政府采购信息发布、供应商条件确定、评标标准等方面，不得对外商投资企业实行歧视待遇，不得限定供应商的所有制形式、组织形式、股权结构或者投资者国别，以及产品或服务品牌等。（财政部牵头，各部门、各省级人民政府按职责分工负责）

各地区、各部门要深入贯彻党中央、国务院关于稳外资工作的部署要求，充分认识当前进一步做好利用外资工作的重要意义，提高站位，主动作为，务求实效，狠抓各项政策措施落实。涉及修订或废止行政法规、国务院文件、经国务院批准的部门规章的，由原牵头起草部门或商务部会同有关部门报请国务院修订或废止。商务部要会同有关部门加强指导和协调，重大问题及时向国务院报告。

国务院

2019 年 10 月 30 日

附录H　中华人民共和国外商投资法实施条例

第一章　总　　则

第一条　根据《中华人民共和国外商投资法》（以下简称《外商投资法》），制定本条例。

第二条　国家鼓励和促进外商投资，保护外商投资合法权益，规范外商投资管理，持续优化外商投资环境，推进更高水平对外开放。

第三条　外商投资法第二条第二款第一项、第三项所称其他投资者，包括中国的自然人在内。

第四条　外商投资准入负面清单（以下简称负面清单）由国务院投资主管部门会同国务院商务主管部门等有关部门提出，报国务院发布或者报国务院批准后由国务院投资主管部门、商务主管部门发布。

国家根据进一步扩大对外开放和经济社会发展需要，适时调整负面清单。调整负面清单的程序，适用前款规定。

第五条　国务院商务主管部门、投资主管部门以及其他有关部门按照职责分工，密切配合、相互协作，共同做好外商投资促进、保护和管理工作。

县级以上地方人民政府应当加强对外商投资促进、保护和管理工作的组织领导，支持、督促有关部门依照法律法规和职责分工开展外商投资促进、保护和管理工作，及时协调、解决外商投资促进、保护和管理工作中的重大问题。

第二章　投资促进

第六条　政府及其有关部门在政府资金安排、土地供应、税费减免、资质许可、标准制定、项目申报、人力资源政策等方面，应当依法平等对待外商投资企业和内资企业。

政府及其有关部门制定的支持企业发展的政策应当依法公开；对政策实施中需要由企业申请办理的事项，政府及其有关部门应当公开申请办理的条件、流程、时限等，并在审核中依法平等对待外商投资企业和内资企业。

第七条　制定与外商投资有关的行政法规、规章、规范性文件，或者政府及其有关部门起草与外商投资有关的法律、地方性法规，应当根据实际情况，采取书面征求意见以及召开座谈会、论证会、听证会等多种形式，听取外商投资企业和有关商会、协会等方面的意见和建议；对反映集中或者涉及外商投资企业重大权利义务问题的意见和建议，应当通过适当方式反馈采纳的情况。

与外商投资有关的规范性文件应当依法及时公布，未经公布的不得作为行政管理依据。与外商投资企业生产经营活动密切相关的规范性文件，应当结合实际，合理确定公布到施行之间的时间。

第八条　各级人民政府应当按照政府主导、多方参与的原则，建立健全外商投资服务体系，不断提升外商投资服务能力和水平。

第九条　政府及其有关部门应当通过政府网站、全国一体化在线政务服务平台集中列明有关外商投资的法律、法规、规章、规范性文件、政策措施和投资项目信息，并通过多种途径和方式加强宣传、解读，为外国投资者和外商投资企业提供咨询、指导等服务。

第十条　外商投资法第十三条所称特殊经济区域，是指经国家批准设立、实行更大力度的对外开放政策措施的特定区域。

国家在部分地区实行的外商投资试验性政策措施，经实践证明可行的，根据实际情况在其他地区或者全国范围内推广。

第十一条　国家根据国民经济和社会发展需要，制定鼓励外商投资产业目录，列明鼓励和引导外国投资者投资的特定行业、领域、地区。鼓励外商投资产业目录由国务院投资主管部门会同国务院商务主管部门等有关部门拟订，报国务院批准后由国务院投资主管部门、商务主管部门发布。

第十二条　外国投资者、外商投资企业可以依照法律、行政法规或者国务院的规定，享受财政、税收、金融、用地等方面的优惠待遇。

外国投资者以其在中国境内的投资收益在中国境内扩大投资的，依法享受相应的优惠待遇。

第十三条　外商投资企业依法和内资企业平等参与国家标准、行业标准、地方标准和团体标准的制定、修订工作。外商投资企业可以根据需要自行制定或者与其他企业联合制定企业标准。

外商投资企业可以向标准化行政主管部门和有关行政主管部门提出标准的立项建议，在标准立项、起草、技术审查以及标准实施信息反馈、评估等过程中提出意见和建议，并按照规定承担标准起草、技术审查的相关工作以及标准的外文翻译工作。

标准化行政主管部门和有关行政主管部门应当建立健全相关工作机制，提高标准制定、修订的透明度，推进标准制定、修订全过程信息公开。

第十四条　国家制定的强制性标准对外商投资企业和内资企业平等适用，不得专门针对外商投资企业适用高于强制性标准的技术要求。

第十五条　政府及其有关部门不得阻挠和限制外商投资企业自由进入本地区和本行业的政府采购市场。

政府采购的采购人、采购代理机构不得在政府采购信息发布、供应商条件确定和资格审查、评标标准等方面，对外商投资企业实行差别待遇或者歧视待遇，不得以所有制形式、组织形式、股权结构、投资者国别、产品或者服务品牌以及其他不合理的条件对供应商予以限定，不得对外商投资企业在中国境内生产的产品、提供的服务和内资企业区别对待。

第十六条　外商投资企业可以依照《中华人民共和国政府采购法》（以下简称政府采购法）及其实施条例的规定，就政府采购活动事项向采购人、采购代理机构提出询问、质疑，向政府采购监督管理部门投诉。采购人、采购代理机构、政府采购监督管理部门应当在规定的时限内作出答复或者处理决定。

第十七条　政府采购监督管理部门和其他有关部门应当加强对政府采购活动的监督检查，依法纠正和查处对外商投资企业实行差别待遇或者歧视待遇等违法违规行为。

第十八条　外商投资企业可以依法在中国境内或者境外通过公开发行股票、公司债券等证券，以及公开或者非公开发行其他融资工具、借用外债等方式进行融资。

第十九条　县级以上地方人民政府可以根据法律、行政法规、地方性法规的规定，在法定权限内制定费用减免、用地指标保障、公共服务提供等方面的外商投资促进和便利化政策措施。

县级以上地方人民政府制定外商投资促进和便利化政策措施，应当以推动高质量发展为导向，有利于提高经济效益、社会效益、生态效益，有利于持续优化外商投资环境。

第二十条　有关主管部门应当编制和公布外商投资指引，为外国投资者和外商投资企业提供服务和便利。外商投资指引应当包括投资环境介绍、外商投资办事指南、投资项目信息以及相关数据信息等内容，并及时更新。

第三章　投资保护

第二十一条　国家对外国投资者的投资不实行征收。

在特殊情况下，国家为了公共利益的需要依照法律规定对外国投资者的投资实行征收的，应当依照法定程序、以非歧视性的方式进行，并按照被征收投资的市场价值及时给予补偿。

外国投资者对征收决定不服的，可以依法申请行政复议或者提起行政诉讼。

第二十二条　外国投资者在中国境内的出资、利润、资本收益、资产处置所得、取得的知识产权许可使用费、依法获得的补偿或者赔偿、清算所得等，可以依法以人民币或者外汇自由汇入、汇出，任何单位和个人不得违法对币种、数额以及汇入、汇出的频次等进行限制。

外商投资企业的外籍职工和香港、澳门、台湾职工的工资收入和其他合法收入，可以依法自由汇出。

第二十三条　国家加大对知识产权侵权行为的惩处力度，持续强化知识产权执法，推动建立知识产权快速协同保护机制，健全知识产权纠纷多元化解决机制，平等保护外国投资者和外商投资企业的知识产权。

标准制定中涉及外国投资者和外商投资企业专利的，应当按照标准涉及专利的有关管理规定办理。

第二十四条　行政机关（包括法律、法规授权的具有管理公共事务职能的组织，下同）及其工作人员不得利用实施行政许可、行政检查、行政处罚、行政强制以及其他行政手段，强制或者变相强制外国投资者、外商投资企业转让技术。

第二十五条　行政机关依法履行职责，确需外国投资者、外商投资企业提供涉及商业秘密的材料、信息的，应当限定在履行职责所必需的范围内，并严格控制知悉范围，与履行职责无关的人员不得接触有关材料、信息。

行政机关应当建立健全内部管理制度，采取有效措施保护履行职责过程中知悉的外国投资者、外商投资企业的商业秘密；依法需要与其他行政机关共享信息的，应当对信息中含有的商业秘密进行保密处理，防止泄露。

第二十六条　政府及其有关部门制定涉及外商投资的规范性文件，应当按照国务院的规定进行合法性审核。

外国投资者、外商投资企业认为行政行为所依据的国务院部门和地方人民政府及其部门制定的规范性文件不合法，在依法对行政行为申请行政复议或者提起行政诉讼时，可以一并请求对该规范性文件进行审查。

第二十七条　外商投资法第二十五条所称政策承诺，是指地方各级人民政府及其有关部门在法定权限内，就外国投资者、外商投资企业在本地区投资所适用的支持政策、享受的优惠待遇和便利条件等作出的书面承诺。政策承诺的内容应当符合法律、法规规定。

第二十八条　地方各级人民政府及其有关部门应当履行向外国投资者、外商投资企业依法作出的政策承诺以及依法订立的各类合同，不得以行政区划调整、政府换届、机构或者职能调整以及相关责任人更替等为由违约毁约。因国家利益、社会公共利益需要改变政策承诺、合同约定的，应当依照法定权限和程序进行，并依法对外国投资者、外商投资企业因此受到的损失及时予以公平、合理的补偿。

第二十九条　县级以上人民政府及其有关部门应当按照公开透明、高效便利的原则，建立健全外商投资企业投诉工作机制，及时处理外商投资企业或者其投资者反映的问题，协调完善相关政策措施。

国务院商务主管部门会同国务院有关部门建立外商投资企业投诉工作部际联席会议制度，协调、推动中央层面的外商投资企业投诉工作，对地方的外商投资企业投诉工作进行指导和监督。县级以上地方人民政府应当指定部门或者机构负责受理本地区外商投资企业或者其投资者的投诉。

国务院商务主管部门、县级以上地方人民政府指定的部门或者机构应当完善投诉工作规则、健全投诉方式、明确投诉处理时限。投诉工作规则、投诉方式、投诉处理时限应当对外公布。

第三十条　外商投资企业或者其投资者认为行政机关及其工作人员的行政行为侵犯其合法权益，通过外商投资企业投诉工作机制申请协调解决的，有关方面进行协调时可以向被申请的行政机关及其工作人员了解情况，被申请的行政机关及其工作人员应当予以配合。协调结果应当以书面形式及时告知申请人。

外商投资企业或者其投资者依照前款规定申请协调解决有关问题的，不影响其依法申请行政复议、提起行政诉讼。

第三十一条　对外商投资企业或者其投资者通过外商投资企业投诉工作机制反映或者申请协调解决问题，任何单位和个人不得压制或者打击报复。

除外商投资企业投诉工作机制外，外商投资企业或者其投资者还可以通过其他合法途径向政府及其有关部门反映问题。

第三十二条　外商投资企业可以依法成立商会、协会。除法律、法规另有规定外，外商投资企业有权自主决定参加或者退出商会、协会，任何单位和个人不得干预。

商会、协会应当依照法律法规和章程的规定，加强行业自律，及时反映行业诉求，为会员提供信息咨询、宣传培训、市场拓展、经贸交流、权益保护、纠纷处理等方面的服务。

国家支持商会、协会依照法律法规和章程的规定开展相关活动。

第四章　投资管理

第三十三条　负面清单规定禁止投资的领域，外国投资者不得投资。负面清单规定限制投资的领域，外国投资者进行投资应当符合负面清单规定的股权要求、高级管理人员要求等限制性准入特别管理措施。

第三十四条　有关主管部门在依法履行职责过程中，对外国投资者拟投资负面清单内领域，但不符合负面清单规定的，不予办理许可、企业登记注册等相关事项；涉及固定资产投资项目核准的，不予办理相关核准事项。

有关主管部门应当对负面清单规定执行情况加强监督检查，发现外国投资者投资负面清单规定禁止投资的领域，或者外国投资者的投资活动违反负面清单规定的限制性准入特别管理措施的，依照外商投资法第三十六条的规定予以处理。

第三十五条　外国投资者在依法需要取得许可的行业、领域进行投资的，除法律、行政法规另有规定外，负责实施许可的有关主管部门应当按照与内资一致的条件和程序，审核外国投资者的许可申请，不得在许可条件、申请材料、审核环节、审核时限等方面对外国投资者设置歧视性要求。

负责实施许可的有关主管部门应当通过多种方式，优化审批服务，提高审批效率。对符合相关条件和要求的许可事项，可以按照有关规定采取告知承诺的方式办理。

第三十六条　外商投资需要办理投资项目核准、备案的，按照国家有关规定执行。

第三十七条　外商投资企业的登记注册，由国务院市场监督管理部门或者其授权的地方人民政府市场监督管理部门依法办理。国务院市场监督管理部门应当公布其授权的市场监督管理部门名单。

外商投资企业的注册资本可以用人民币表示，也可以用可自由兑换货币表示。

第三十八条　外国投资者或者外商投资企业应当通过企业登记系统以及企业信用信息公示系统向商务主管部门报送投资信息。国务院商务主管部门、市场监督管理部门应当做好相关业务系统的对接和工作衔接，并为外国投资者或者外商投资企业报送投资信息提供指导。

第三十九条　外商投资信息报告的内容、范围、频次和具体流程，由国务院商务主管部门会同国务院市场监督管理部门等有关部门按照确有必要、高效便利的原则确定并公布。商务主管部门、其他有关部门应当加强信息共享，通过部门信息共享能够获得的投资信息，不得再行要求外国投资者或者外商投资企业报送。

外国投资者或者外商投资企业报送的投资信息应当真实、准确、完整。

第四十条　国家建立外商投资安全审查制度，对影响或者可能影响国家安全的外商投资进行安全审查。

第五章　法律责任

第四十一条　政府和有关部门及其工作人员有下列情形之一的，依法依规追究责任：

（一）制定或者实施有关政策不依法平等对待外商投资企业和内资企业；

（二）违法限制外商投资企业平等参与标准制定、修订工作，或者专门针对外商投资企业适用高于强制性标准的技术要求；

（三）违法限制外国投资者汇入、汇出资金；

（四）不履行向外国投资者、外商投资企业依法做出的政策承诺以及依法订立的各类合同，超出法定权限做出政策承诺，或者政策承诺的内容不符合法律、法规规定。

第四十二条　政府采购的采购人、采购代理机构以不合理的条件对外商投资企业实行差别待遇或者歧视待遇的，依照政府采购法及其实施条例的规定追究其法律责任；影响或者可能影响中标、成交结果的，依照政府采购法及其实施条例的规定处理。

政府采购监督管理部门对外商投资企业的投诉逾期未作处理的，对直接负责的主管人员和其他直接责任人员依法给予处分。

第四十三条　行政机关及其工作人员利用行政手段强制或者变相强制外国投资者、外商投资企业转让技术的，对直接负责的主管人员和其他直接责任人员依法给予处分。

第六章　附　　则

第四十四条　外商投资法施行前依照《中华人民共和国中外合资经营企业法》《中华人民共和国外资企业法》《中华人民共和国中外合作经营企业法》设立的外商投资企业（以下称现有外商投资企业），在外商投资法施行后 5 年内，可以依照《中华人民共和国公司法》《中华人民共和国合伙企业法》等法律的规定调整其组织形式、组织机构等，并依法办理变更登记，也可以继续保留原企业组织形式、组织机构等。

自 2025 年 1 月 1 日起，对未依法调整组织形式、组织机构等并办理变更登记的现有外商投资企业，市场监督管理部门不予办理其申请的其他登记事项，并将相关情形予以公示。

第四十五条　现有外商投资企业办理组织形式、组织机构等变更登记的具体事宜，由国务院市场监督管理部门规定并公布。国务院市场监督管理部门应当加强对变更登记工作的指导，负责办理变更登记的市场监督管理部门应当通过多种方式优化服务，为企业办理变更登记提供便利。

第四十六条　现有外商投资企业的组织形式、组织机构等依法调整后，原合营、合作各方在合同中约定的股权或者权益转让办法、收益分配办法、剩余财产分配办法等，可以继续按照约定办理。

第四十七条　外商投资企业在中国境内投资，适用外商投资法和本条例的有关规定。

第四十八条　香港特别行政区、澳门特别行政区投资者在内地投资，参照外商投资法和本条例执行；法律、行政法规或者国务院另有规定的，从其规定。

台湾地区投资者在大陆投资，适用《中华人民共和国台湾同胞投资保护法》（以下简称《台湾同胞投资保护法》）及其实施细则的规定；台湾同胞投资保护法及其实施细则未规定的事项，参照外商投资法和本条例执行。

定居在国外的中国公民在中国境内投资，参照外商投资法和本条例执行；法律、行政法规或者国务院另有规定的，从其规定。

第四十九条　本条例自 2020 年 1 月 1 日起施行。《中华人民共和国中外合资经营企业法实施条例》《中外合资经营企业合营期限暂行规定》《中华人民共和国外资企业法实施细则》《中华人民共和国中外合作经营企业法实施细则》同时废止。

2020 年 1 月 1 日前制定的有关外商投资的规定与外商投资法和本条例不一致的，以外商投资法和本条例的规定为准。

附录Ⅰ 国家发展改革委 商务部关于印发《市场准入负面清单（2019 年版）》的通知

发改体改〔2019〕1685 号

各省、自治区、直辖市人民政府，新疆生产建设兵团，中央和国家机关各有关部委：

国家发展改革委、商务部以习近平新时代中国特色社会主义思想为指导，认真落实党中央、国务院决策部署，会同各地区各有关部门对《市场准入负面清单（2018 年版）》开展全面修订，形成《市场准入负面清单（2019 年版）》，经党中央、国务院批准印发实施。现将有关要求通知如下：

一、认真做好清单落地实施工作。对清单所列事项，各地区各部门要持续优化管理方式，严格规范审批行为，优化审批流程，提高审批效率，正确高效地履行职责。对清单之外的行业、领域、业务等，各类市场主体皆可依法平等进入，不得违规另设市场准入行政审批。需提请修改完善相关法律、法规、国务院决定的措施，各地区各部门要尽快按法定程序办理，并做好相关规章和规范性文件“立改废”工作。

二、严格落实“全国一张清单”管理模式。坚决维护市场准入负面清单制度的统一性、严肃性和权威性，确保“一单尽列、单外无单”。按照党中央、国务院要求编制的涉及行业性、领域性、区域性等方面，需要用负面清单管理思路或管理模式出台相关措施的，应纳入全国统一的市场准入负面清单。已经纳入的，各有关部门要做好对地方细化措施的监督指导，确保符合“全国一张清单”管理要求。严禁各地区各部门自行发布市场准入性质的负面清单。

三、加快完善清单信息公开机制。各地区各部门要配合做好市场准入负面清单的信息完善和公开工作，依托全国一体化政务服务平台建设，进一步梳理清单所列事项措施的管理权限、审批流程、办理要件等，为实现清单事项“一目了然、一网通办”打好基础，不断提升市场准入透明度和便捷性。

四、持续推动放宽市场准入门槛。各地区各部门要密切关注市场反映，多渠道听取市场主体、行业协会等意见，及时发现并推动破除各种形式的市场准入不合理限制和隐性壁垒，努力营造稳定公平透明可预期的营商环境。国家发展改革委、商务部将紧密围绕国家重大战略，选取部分地区以服务业为重点开展进一步放宽市场准入限制试点。

五、健全完善市场准入制度体系。各地区各部门要持续跟踪关注清单实施情况，认真研究解决发现的问题，及时提出完善市场准入负面清单制度的意见建议。要进一步健全完善与市场准入负面清单制度相适应的准入机制、审批机制、事中事后监管机制、社会信用体系和激励惩戒机制、商事登记制度等，系统集成、协同高效地推进市场准入制度改革工作。

国家发展改革委、商务部将会同各地区各部门认真落实党中央、国务院部署要求，扎实做好市场准入负面清单制度组织实施工作。清单实施中的重大情况及时向党中央、国务院报告。

国家发展改革委

商　务　部

2019 年 10 月 24 日

附录J 创业投资机构名录

公司名称	成立日期	网址	电话
北京晨光创业投资有限公司	2000-12-25	www.chgvc.com	010-69709488
北京晨光宏盛中小企业创业投资有限公司	2009-3-11	www.bjcghs.com	010-89710922
北京吉磊创业投资有限公司	2009-6-17	www.jileivc.com	010-59604999
北京金港创业投资顾问有限公司	2000-4-24	—	010-62137301/010-62133569
北京软银赛富投资顾问有限公司	2001-2-27	www.saifpartners.com.cn	010-85282666
北京盛元丰亨创业投资有限公司	2009-3-11	www.syfhct.cn	010-88596658
北京世纪方舟资本管理中心（有限合伙）	2009-12-15	macapital.cn	010-65686698
北京首创创业投资有限公司	1998-7-24	www.capitalvc.com	010-68964806
北京天星资本股份有限公司	2012-6-19	www.txcap.com	010-57569701
北京中关村创业投资发展有限公司	1998-10-7	www.zgcvc.com	010-82483087
北京中关村宏和投资咨询有限公司	2001-9-30	—	010-62793391
北京中关村青年科技创业投资有限公司	2000-1-5	www.bjcvc.com.cn	010-62770006
北京中海创业投资有限公司	2003-4-9	www.zhonghaivc.com	010-68947179-8115
富汇创新创业投资管理有限公司	2009-5-14	www.fuhocapital.com	—
世纪方舟投资有限公司	1999-12-27	www.millenniumark.com.cn	—
首一创业投资有限公司	2006-9-21	www.sonevc.com.cn	010-64939765
天裕创业投资有限公司	2010-12-6	www.tyvc.com.cn	010-88092061
中金高技术资产管理有限公司	2000-4-17	www.cicmc.cn	010-66083534
中金联合控股有限公司	2001-8-31	www.chinapioneer.net	010-65245721
紫光创新投资有限公司	2000-4-19	www.thuvc.com	010-68949919

续表

公司名称	成立日期	网址	电话
国投京津冀科技成果转化创业投资基金（有限合伙）	2016-12-13	—	—
华控（天津）投资管理有限公司	2016-7-19	www.techtransfer-vc.com	010-82159596
菁英汇投资管理（天津）有限责任公司	2015-12-15	www.jingyinghuitj.com	022-28389033
菁英科创（天津）创业投资合伙企业（有限合伙）	2018-7-10	—	—
日亚（天津）创业投资管理有限公司	2011-6-13	www.jaic-vc.co.jp	15710248645
日亚（天津）创业投资企业	2011-8-1	www.jaic-vc.co.jp	15710248645
上创普盛（天津）创业投资管理有限公司	2015-12-29	—	022-58793609
天创博盛（天津）股权投资基金合伙企业（有限合伙）	2011-10-18	—	022-86259216
天津北洋海棠创业投资合伙企业（有限合伙）	2020-2-18	—	—
天津滨海财富股权投资基金有限公司	2007-8-21	www.behycapital.com	022-23374055
天津滨海创投投资管理有限公司	2007-9-18	www.binhaicapital.com	022-58909361
天津滨海高新技术产业开发区科鑫创业投资有限公司	2012-1-12	—	022-58785818
天津滨海海胜股权投资基金管理有限公司	2009-11-4	www.haishengpe.com	022-28301122
天津滨海天创众鑫股权投资基金有限公司	2010-2-4	—	022-86259326
天津财富嘉绩投资合伙企业（有限合伙）	2014-10-22	—	022-233740550-608
天津陈塘海天创业投资合伙企业（有限合伙）	2017-1-25	—	022-58909361
天津创业投资管理有限公司	2003-3-28	www.tjvcm.com	022-86259216
天津创业投资有限公司	2001-3-30	—	022-58785805
天津东虹科技创业投资发展有限公司	2011-4-28	—	022-58785818
天津方皋创业投资有限公司	2017-7-3	—	022-60638678
天津蜂巢投资管理合伙企业（有限合伙）	2011-9-15	—	022-59908091
天津海达创业投资管理有限公司	2007-11-29	www.hideavc.com	022-59852167

续表

公司名称	成立日期	网址	电话
天津海泰滨海创业投资有限公司	2008-4-16	—	022-59908091
天津海泰戈壁创业投资管理有限公司	2008-2-21	www.htgvc.com	022-59908091
天津海泰科技投资管理有限公司	1997-5-8	www.hitech-investment.com	022-83713390
天津虹桥天使投资有限公司	2017-8-24	—	022-23374055-608
天津华金锦天医药医疗创业投资合伙企业（有限合伙）	2016-12-30	—	—
天津汇鑫创富股权投资基金管理有限公司	2010-10-21	—	022-23374055
天津科创天使投资有限公司	2006-6-19	www.tjacco.com	022-87894631
天津科技融资控股集团有限公司	2010-11-24	www.tjstgroup.com	022-58785818
天津科技投资集团有限公司	1997-12	www.stic.com.cn	022-28355150
天津陆石昱航股权投资中心（有限合伙）	2017-8-22	—	022-84908955
天津陆石之星股权投资中心（有限合伙）	2018-8-27	—	022-84908955
天津南开区苑鑫创业投资有限公司	2012-10-12	—	022-58785818
天津磐玉创业投资管理有限公司	2012-7-18	—	022-60628678
天津普银创业投资合伙企业（有限合伙）	2016-4-28	—	—
天津普银天使创业投资有限公司	2017-6-20	—	022-58793069
天津清启陆石股权投资中心（有限合伙）	2016-5-4	—	022-84908955
天津清研陆石投资管理有限公司	2016-5-3	—	022-84908955
天津市武清区信邦科技创业投资发展有限公司	2011-5-23	—	022-58785818
天津水星创业投资有限责任公司	2010-5-10	—	022-59852163
天津泰达科技投资股份有限公司	2000-10-13	www.tedavc.com.cn	022-66299990
天津天保成长资产管理有限公司	2007-3-6	—	022-86259216
天津天创华鑫现代服务产业创业投资合伙企业（有限合伙）	2012-12-4	—	022-86259216
天津天创荣鑫创业投资合伙企业（有限合伙）	2016-5-17	—	—
天津天创盈鑫创业投资合伙企业（有限合伙）	2015-12-31	—	022-86259766
天津天地酬勤创业投资合伙企业（有限合伙）	2016-5-19	www.tianjinvc.net	022-23708159

续表

公司名称	成立日期	网址	电话
天津天地酬勤天使创业投资有限公司	2016-5-24	www.tianjinvc.net	022-23708159
天津天富创业投资有限公司	2007-12-4	—	022-86259216
天津天以生物医药股权投资基金有限公司	2010-11-25	—	022-86259216
天津天英创业投资管理有限公司	2010-6-22	—	022-86259216
天津浔渡创业投资合伙企业（有限合伙）	2011-4-8	—	0510-80708899
天津燕山航空创业投资有限公司	2013-3-28	—	022-58087222
天津宜科天创智能制造产业创业投资合伙企业（有限合伙）	2016-10-27	—	—
天津友和投资管理有限公司	2015-9-25	www.uohope.com	022-88379181
天津沅渡创业投资合伙企业（有限合伙）	2010-8-11	—	0510-80708899
天津中关村磐谷图灵股权投资基金合伙企业（有限合伙）	2019-4-28	www.grainsvalley.com	010-59775065
天津中汽瑗睿创业投资有限公司	2017-6-1	—	022-86259756
天津中睿海天创业投资合伙企业（有限合伙）	2019-12-17	—	022-58909361
天津中知创富创业投资合伙企业（有限合伙）	2019-8-12	—	022-23374055
万联道一（天津）创业投资合伙企业（有限合伙）	2017-7-13	—	022-59908091
保定市创元科技风险投资有限公司	2008-12-22	—	0312-6775532
保定市科锐特创业投资有限公司	2006-2-27	www.krtvc.com	0312-5908337
沧州渤海新区创兴创业高新生物医药合伙企业（有限合伙）	2019-10-15	—	—
沧州渤海新区创兴天使生物医药创业有限公司	2019-10-15	—	—
沧州市科技创业中心	2000-6-28	—	0317-3091846
河北金冀达创业投资有限公司	2009-8-31	—	0311-85961615
河北科技投资集团有限公司	2001-2-15	www.hebvc.com	0311-85961611
河北天鑫创业投资有限公司	2011-7-4	—	0311-85961617
河北兴石创业投资有限公司	2009-12-21	—	0311-85961615
河北燕郊燕胜创业投资有限公司	2011-5-27	—	022-283067276
廊坊市高科创新创业投资有限公司	2006-10-19	—	0316-2235190

续表

公司名称	成立日期	网址	电话
秦皇岛市科技创新投资有限公司	2000-2-18	—	0335-3639741
秦皇岛燕大产业集团有限公司	1996-12-23	www.ysusp.com.cn	0335-8500964
荣盛创业投资有限公司	2007-9-8	—	010-59232688-808
石家庄科技创业投资有限公司	2002-9-19	—	0311-66685167
唐山高新创业投资有限公司	2007-7-2	—	0315-3858385
唐山科技创业投资管理有限责任公司	2009-4-22	—	0315-2832237
张家口宣科双创天使创业投资基金有限公司	2017-11-1	—	0313-3238856
内蒙古生产力促进中心有限公司	2004-12-8	—	0471-3907915
山西省科技基金发展有限公司	1993-6	www.sxstf.com	0351-4157808
成都春垒科技创业投资合伙企业（有限合伙）	2017-8-30	www.beyondcapital.com.cn	—
成都电科鹰熊创业投资中心（有限合伙）	2015-11-26	—	—
成都富坤盈创股权投资基金管理有限公司	2014-5-9	www.rlequities.com	028-68818210
成都合力蓉信股权投资基金管理有限公司	2015-12-16	—	028-86026342
成都技转智石股权投资基金管理有限公司	2018-2-2	—	028-62037121
成都阶梯创业投资合伙企业（有限合伙）	2016-3-9	—	028-65471211
成都阶梯创业投资有限公司	2015-4-15	—	028-65471211
成都老鹰易真创业投资有限公司	2015-6-5	—	—
成都晟华创合投资管理合伙企业（有限合伙）	2017-7-28	—	028-84388422
成都同德创客投资管理合伙企业（有限合伙）	2015-7-2	www.newtdvc.com	028-86154811
成都盈创德弘股权投资基金管理有限公司	2015-9-8	—	—
成都盈创泰富股权投资基金管理有限公司	2015-6-11	—	028-65938907
成都盈创兴科股权投资基金管理有限公司	2014-9-23	—	028-85318681
合之力蓉盛成都创业投资中心（有限合伙）	2015-12-31	—	028-86026342
洪泰天创投成都创业投资中心（有限合伙）	2015-9-6	www.angelplus-cd.com	028-64770755
洪泰天使（成都）股权投资基金管理有限公司	2015-9-6	www.angelplus-cd.com	028-64770755
四川创新发展投资管理有限公司	2015-12-21	—	028-23385977

续表

公司名称	成立日期	网址	电话
四川鼎祥股权投资基金有限公司	2014-7-17	www.dinxcapital.com	028-85343188
真友成都股权投资基金管理企业（有限合伙）	2016-12-22	—	028-68058724
国本股权投资基金管理（重庆）有限公司	2014-10-15	—	023-63084362
英飞尼迪（重庆）股权投资基金合伙企业（有限合伙）	2011-9-29	www.infinity-equity.com	023-12345678
圆基（重庆）股权投资基金管理有限公司	2010-2-5	—	023-63329022
重庆北斗卫星导航投资管理有限公司	2014-11-25	—	010-85180860
重庆贝信投资有限公司	2014-10-21	—	023-86713575
重庆渤溢股权投资基金管理有限公司	2014-9-30	—	023-63219655
重庆大石投资管理有限公司	2013-9-17	www.upcubator.com	023-68693523
重庆德同创业投资中心（有限合伙）	2010-4-1	—	023-67889908
重庆德同股权投资基金管理有限公司	2009-12-29	—	023-67889908
重庆德同领航创业投资中心（有限合伙）	2014-4-30	—	023-67889908
重庆富坤创业投资中心（有限合伙）	2009-9-22	www.rlequities.com	023-67030567
重庆富坤新智能交通投资合伙企业（有限合伙）	2014-4-8	www.rlequities.com	023-67030600
重庆富坤智通投资管理有限公司	2013-12-31	www.rlequities.com	023-67030567
重庆高新创投红马资本管理有限公司	2014-4-14	www.cqrhcapital.com	023-67990997
重庆汉能科技创业投资中心（有限合伙）	2011-8-30	www.hinagroup.com.cn	010-85889000
重庆华犇创业投资管理有限公司	2010-4-16	www.chinarunvc.com	023-63807808
重庆华犇电子信息创业投资中心（有限合伙）	2010-11-16	—	023-63807807
重庆洹杉股权投资基金管理有限公司	2015-1-15	—	023-63427475
重庆汇涌金股权投资基金管理有限公司	2014-4-4	www.cqhyj.cn	023-67876780
重庆开创高新技术创业投资有限公司	2005-3-25	—	023-63118585
重庆科技风险投资有限公司	1993-1-16	www.cqskjvc.com	023-67516829
重庆科兴股权投资管理有限公司	2011-10-28	—	023-67516825

续表

公司名称	成立日期	网址	电话
重庆科兴乾健创业投资有限公司	2011-12-1	—	—
重庆清研股权投资基金管理中心（有限合伙）	2016-3-15	—	023-88251185
重庆三屋领秀创业投资有限公司	2012-11-22	—	023-62628666
重庆三屋投资有限公司	2009-12-2	www.cqswtz.com	023-62628666
重庆市大渡口区科技产业创业投资有限公司	2013-1-21	—	023-67516108
重庆市江北嘴股权投资基金管理有限公司	2012-3-9	www.jbzfund.com	023-67792296
重庆天使科技创业投资有限公司	2010-1-25	—	023-67516829
重庆天使投资引导基金有限公司	2009-7-17	www.cqvcgf.com	023-67512501
重庆同趣控股有限公司	2005-6-10	—	023-67680083
重庆西证渝富股权投资基金管理有限公司	2012-5-10	www.cqxzyf.com	023-67760793
重庆信展股权投资基金管理有限公司	2011-12-16	—	023-86879520
重庆兴农股权投资基金管理有限公司	2014-5-7	www.cqxnjj.com	023-82968008
重庆星耀辉腾股权投资基金管理有限公司	2016-2-1	—	023-86695917
重庆英飞尼迪创业投资中心（有限合伙）	2011-8-16	www.infinity-equity.com	023-12345678
重庆英飞尼迪投资管理有限公司	2011-11-11	www.infinity-equity.com	023-12345678
重庆圆基新能源创业投资基金合伙企业（有限合伙）	2011-1-27	—	023-63329022
重庆中冶泊达股权投资基金管理有限公司	2013-12-17	www.zyboda.com	023-67683039
贵阳高科创业投资有限责任公司	2009-9-3	www.guiyanggk.com	0851-84391972
贵阳市创业投资有限公司	2010-12-28	www.gyvc.cn	0851-84757198
贵州国喜投资有限公司	2011-9-6	—	0851-82264888
红塔创新投资股份有限公司	2000-6-15	—	0871-65177809
云南惠众股权投资基金管理有限公司	2011-7-6	—	0871-63632718
云南南天盈富泰克资本管理有限公司	2015-11-26	—	17687199888
云南宁祥股权投资基金管理有限公司	2012-10-19	—	0871-68358445
云南文产创业投资有限责任公司	2011-12-21	—	0871-63365118
沈阳科技风险投资有限公司	1998-11-4	—	024-22791880

续表

公司名称	成立日期	网址	电话
大连创业工坊科技服务有限公司	2002-8-7	www.chuangyegongfang.cn	0411-39576190
大连海融高新创业投资基金公司	2007-12-29	—	0411-66863671
大连科技风险投资基金有限公司	2000-2	www.dstvc.com.cn	0411-82781352
大连赛伯乐创业投资中心（有限合伙）	2013-9-13	www.cybernaut.com.cn	0411-62946598
大连中以英飞投资管理有限公司	2014-3-4	www.zhongyifund.com	0411-39576022
大连众创空间企业管理有限公司	2015-7-10	—	0411-39875777
大庆市高新技术产业投资企业（有限合伙）	2016-7-22	—	0451-51920801
哈尔滨华滨创业投资管理有限公司	2014-12-2	—	15145110504
哈尔滨华滨光辉创业投资企业（有限合伙）	2014-12-29	—	15145110504
哈尔滨嘉玺创业投资管理有限公司	2012-12-27	—	0451-51854033
哈尔滨经济技术开发区新兴产业股权投资企业（有限合伙）	2016-6-24	—	0451-51920808
哈尔滨凯致辰风投资管理有限公司	2015-8-19	—	0451-51920707
哈尔滨科力创业投资管理有限公司	2016-5-19	—	0451-51920801
哈尔滨朗江创新股权投资企业	2015-4-1	—	0451-84865258
哈尔滨朗江创业投资管理有限公司	2015-3-26	—	0451-82622588
哈尔滨越榕先锋创业投资有限责任公司	2014-12-15	—	0451-87186164
哈尔滨越榕阳光创业投资企业（有限合伙）	2014-12-25	—	0451-87186164
哈尔滨云谷创业投资企业	2013-7-10	—	13904649197
黑龙江凯致天使创业投资企业（有限合伙）	2015-11-4	—	13936057371
黑龙江科力北方投资企业（有限合伙）	2018-2-8	—	0451-51920801
黑龙江科力天使创业投资有限公司	2014-7-11	—	0451-51920806
黑龙江省工研院创业投资管理有限公司	2017-8-4	—	0451-87171034
黑龙江省工研院创业投资企业（有限合伙）	2017-11-15	—	0451-87171034
黑龙江省科力高科技产业投资有限公司	2003-6-25	www.hljkl.com	0451-51920806
齐齐哈尔市科技成果转化创业投资合伙企业（有限合伙）	2017-9-20	—	0451-51920801

续表

公司名称	成立日期	网址	电话
楚商领先（武汉）创业投资基金管理有限公司	2013-6-25	www.chushang-invest.cc	027-87750826
湖北楚天高速投资有限责任公司	2013-12-31	—	027-87576676
湖北高诚澴锋投资基金管理有限公司	2017-12-14	—	0721-2750736
湖北高泰云天股权投资基金有限公司	2018-3-15	—	0721-87734203
湖北航天高投光电子投资基金合伙企业（有限合伙）	2016-9-6	—	027-65523804
湖北红安高宏股权投资基金有限公司	2017-1-24	—	—
湖北宏泰高新创投基金管理有限公司	2017-12-13	—	—
湖北津梁创业投资中心（有限合伙）	2016-6-29	—	027-87571051
湖北凯辉股权投资管理有限公司	2017-5-3	www.cathay.fr	021-68888069
湖北量科高投创业投资有限公司	2010-11-26	—	027-87734221
湖北省宏睿智能产业股权投资基金合伙企业（有限合伙）	2016-11-7	—	027-87116629
湖北盛世高金创业投资有限公司	2011-3-24	—	027-87813798
湖北兴发高投新材料创业投资基金合伙企业（有限合伙）	2016-5-6	—	0717-6387706
湖北政和基金投资管理有限公司	2016-4	www.hbzhjj.com	0712-2750900
湖北资环创业投资天使基金（有限合伙）	2018-8-14	—	—
科华（宜都）科技创业投资基金（有限合伙）	2015-12-2	—	027-59817357
科华银赛创业投资有限公司	2009-7-30	www.khysct.com	027-59817357
融银创业投资有限责任公司	2009-6-5	—	—
武汉长瑞恒兴投资基金管理有限公司	2016-6-24	—	027-87115406
武汉光谷烽火集成电路创业投资基金合伙企业（有限合伙）	2017-12-22	—	027-81618969
武汉人福生物医药产业投资基金中心（有限合伙）	2016-11-17	—	—
武汉智启临空智慧城市创业投资基金合伙企业（有限合伙）	2017-10-26	—	027-87691179
咸宁星陀投资管理有限责任公司	2018-9-17	—	010-65000889
宜昌国投产业投资基金（有限合伙）	2016-5-18	—	0717-6276828

续表

公司名称	成立日期	网址	电话
长沙大定投资管理有限公司	2012-2-29	www.dadingcaifu.com	0731-82777501
长沙鼎钧投资管理有限公司	2014-7-2	—	0731-84156188
长沙高新技术创业投资管理有限公司	2000-9-9	www.cshvc.com	0731-88286868
长沙麓谷创业投资管理有限公司	2007-12-18	—	0731-88713979
长沙麓谷高新移动互联网创业投资有限公司	2014-3-25	—	0731-85414128
长沙天巽投资合伙企业（有限合伙）	2017-5-24	—	0731-84110285
长沙通和投资管理咨询有限公司	2010-1-21	—	0731-84418986
长沙先导产业投资有限公司	2009-5-15	www.cpih.cn	0731-88222827
长沙兴创投资管理合伙企业（有限合伙）	2007-11-13	—	0731-82953001
常德中科芙蓉创业投资有限责任公司	2011-1-12	—	0736-7703192
常德中科现代农业投资管理中心（有限合伙）	2015-11-4	—	0736-7111286
哈工成长（岳阳）私募股权基金企业（有限合伙）	2018-5-30	—	—
衡阳高新南粤基金管理有限公司	2016-12-26	—	0734-816857
衡阳岳涵新材料投资有限公司	2016-4-21	—	0734-8530077
湖南财富同超创业投资管理股份有限公司	2010-7-19	—	0731-82567348
湖南财富同超创业投资有限公司	2010-10-10	—	0731-82567348
湖南达晨文化旅游创业投资管理有限公司	2010-10-21	—	0731-89823058
湖南鼎信泰和股权投资管理有限公司	2012-6-7	—	0731-89714685
湖南枫石私募股权投资基金管理有限公司	2019-9-19	—	0731-85260690
湖南高科发创智能制造装备创业投资有限公司	2013-2-5	—	0731-28861596
湖南高新创业投资管理有限公司	2011-3-10	www.hhtvc.com	0731-85165395
湖南高新创业投资集团有限公司	2007-6-28	www.hhtvc.com	0731-85165403
湖南国微集成电路创业投资基金合伙企业（有限合伙）	2015-12-24	—	0731-89952611
湖南国微投资管理合伙企业（有限合伙）	2015-11-27	—	0731-89952611
湖南海捷投资有限公司	2010-4-9	www.hiyield.cn	0731-88780176
湖南海捷先进装备创业投资有限公司	2013-5-8	www.hiyield.cn	0731-88780116

续表

公司名称	成立日期	网址	电话
湖南弘高高技术服务创业投资有限公司	2015-7-7	—	0731-62190624
湖南湖大海捷津杉创业投资有限公司	2011-4-29	www.hiyield.cn	0731-88780116
湖南华鸿景开投资管理有限公司	2010-6-8	—	0731-88186797
湖南华菱津杉投资管理有限公司	2010-3-25	—	0731-89952613
湖南华曦资产管理有限公司	2015-2-12	www.huaxizichan.com	0731-85580510
湖南汇垠天星股权投资私募基金管理有限公司	2014-11-26	—	0731-85565512
湖南浚源鼎立创业投资管理有限公司	2015-6-25	—	0731-82263898
湖南昆石私募股权基金管理有限公司	2017-7-6	—	0738-8282101
湖南力合创业投资有限公司	2016-7-21	—	0731-55515511
湖南麓晨创业投资基金管理有限公司	2016-2-18	—	15675846944
湖南美林股权投资基金管理有限公司	2014-4-11	www.hnmlzb.com	0731-22130992
湖南美雅资本管理有限公司	2008-8-21	—	0731-82226292
湖南摩根信通投资有限公司	2014-9-25	www.mgxtinvest.com	0731-84166383
湖南瑞世私募股权基金管理有限公司	2018-2-2	—	0731-89728763
湖南三一创业投资管理有限公司	2016-10-21	—	0731-84031031
湖南省广信创业投资基金有限公司	2012-6-5	—	0731-88737707
湖南省天惠科创融合投资基金合伙企业（有限合伙）	2019-12-26	—	0731-84120350
湖南天巽高端制造产业投资基金合伙企业（有限合伙）	2018-6-5	—	0731-84110285
湖南天巽投资管理有限公司	2015-8-31	—	0731-84110285
湖南文化旅游创业投资基金企业（有限合伙）	2010-12-21	—	0731-89820078
湖南新能源创业投资基金企业（有限合伙）	2010-5-14	—	0731-82768320
湖南兆富资产管理有限公司	2015-11-27	—	0731-85657217
湖南浙商嘉立创业投资有限公司	2010-8-6	—	0731-85696976
湖南中大联合创业咨询有限公司	2013-8-9	www.zdlhcy.com	0731-88988933

续表

公司名称	成立日期	网址	电话
湖南中科高科动力产业创业投资基金企业（有限合伙）	2017-11-30	—	0731-28861596
湖南中能融创私募股权基金管理有限公司	2016-12-23	—	0731-82244228
华菱津杉（湖南）创业投资有限公司	2011-1-4	—	0731-89952613
三泽创业投资管理有限公司	2008-2-28	www.sunzfund.com	0731-82768320
湘潭智造谷产业投资管理有限责任公司	2016-3-15	—	0731-58260718
益阳高新产业发展投资集团有限公司	1992-6-3	—	0737-2938300
岳阳临港高新技术产业发展有限公司	2016-12-29	—	0730-8422112
招商湘江产业投资管理有限公司	2008-3	www.xjinvestment.com	0731-85952988
株洲高新动力产业投资发展有限公司	2016-11-12	—	0731-28861563
株洲广信兆富投资管理有限公司	2012-2-28	—	0731-88737707
株洲经济开发区产业投资管理有限公司	2017-9-26	—	0731-28689163
株洲启元动力谷私募股权基金合伙企业（有限合伙）	2018-3-5	—	010-65052480
株洲时代创新投资企业（有限合伙）	2016-10-19	www.timesinvest.cn	0731-22877368
株洲时代汇鑫投资中心（有限合伙）	2013-7-8	—	0731-22877368
株洲市国投创新创业投资有限公司	2015-11-27	www.zzgtct.com	0731-28688892
株洲市国投创盈私募股权基金合伙企业（有限合伙）	2018-1-3	—	0731-28688892
株洲市青年创业引导投资合伙企业（有限合伙）	2016-12-6	—	18373351655
株洲新动力众创天使投资企业（有限合伙）	2017-1-23	—	0731-22323256
株洲兆富成长企业创业投资有限公司	2010-10-13	—	0731-88737707
株洲中车时代高新投资有限公司	2003-5-12	www.timesinvest.cn	0731-22877368
安阳惠通高创新材料创业投资合伙企业（有限合伙）	2012-7-25	—	0371-86615679
河南宝祥民营科技创业投资有限公司	2012-12-5	—	0371-55011760
河南汴州基金管理有限公司	2018-4-12	—	0371-22717799
河南秉鸿生物高新技术创业投资有限公司	2012-11-5	www.beyondfund.com	010-82483542

续表

公司名称	成立日期	网址	电话
河南创业投资股份有限公司	2002-9	www.hnvc.cn	0371-67897008
河南德瑞恒通高端装备创业投资基金有限公司	2013-5-15	—	0371-55698755
河南高新众创空间有限公司	2015-9-1	—	0371-56716168
河南华祺节能环保创业投资有限公司	2013-6-20	www.haiyuqi.com	0371-86684801
河南科源产业投资基金合伙企业（有限合伙）	2018-3-5	—	010-62365885
河南睿达资产管理中心（有限合伙）	2012-12-6	www.henanruida.com	0371-86002515
河南赛淇高技术服务创业投资基金（有限合伙）	2016-11-25	—	0371-68599029
河南省国控基金管理有限公司	2012-10-31	—	0371-86556701
河南信科股权投资基金管理有限公司	2016-3-28	—	0379-60869936
河南兴豫生物医药创业投资基金（有限合伙）	2014-5-26	—	0371-86661004
河南战兴产业投资基金（有限合伙）	2018-7-11	—	15565132553
河南中创信环保产业创业投资基金（有限合伙）	2016-10-21	—	0371-53369659
河南中证开元创业投资基金（有限合伙）	2013-9-17	—	0371-55918219
鹤壁金鹤上市辅导投资基金（有限合伙）	2016-4-7	—	0371-55636377
鹤壁市海创产业转型发展投资基金（有限合伙）	2017-6-13	—	13837309109
焦作通财创新创业投资基金（有限合伙）	2019-4-19	—	0391-3121387
洛阳红土创新资本创业投资有限公司	2009-4-18	—	0379-64902650
洛阳宏科创新创业投资有限公司	2014-12-19	www.lyhkct.com	0379-60211158
洛阳盈科智能装备投资管理有限公司	2017-3-20	—	17739083826
信阳市汇盈创业孵化有限公司	2016-3-3	www.xyhycyfh.com	13137622530
许昌市发展创业投资有限公司	2006-6-20	—	13849881409
郑州百瑞创新资本创业投资有限公司	2007-7-30	www.szvc.com.cn	0371-69177633
郑州浩海投资发展中心（有限合伙）	2011-2-11	—	15736725726
郑州企巢资产管理有限公司	2017-8-22	—	0371-55555536
郑州乾乾投资管理中心（有限合伙）	2014-7-23	—	0371-86068198

续表

公司名称	成立日期	网址	电话
郑州易企投资产管理有限公司	2018-3-23	—	0371-56716168
郑州优埃富欧投资管理有限公司	2015-10-29	www.ufovc.com.cn	0371-56788629
郑州郑大眉湖创业投资管理有限公司	2017-10-13	—	0371-55901122
郑州中惠融金创业投资管理中心（有限合伙）	2017-11-22	—	17719803626
中鼎开源创业投资管理有限公司	2012-2-8	—	0371-69177108
中科图灵洛阳投资管理中心（有限合伙）	2017-11-10	—	0379-69697796
戈壁创赢（上海）创业投资管理有限公司	2011-7-13	www.gobivc.com	021-51601618
戈壁盈智（上海）创业投资合伙企业（有限合伙）	2015-8-5	www.gobivc.com	021-51601618
海硅（上海）创业投资合伙企业（有限合伙）	2011-8-5	—	021-65651178
经纬资本（上海旌卓投资管理有限公司）	2015-5-27	www.matrixpartners.com.cn	021-61620600
上海遨问创业投资管理有限公司	2009-11-23	www.cmventure.net	021-61409770
上海漕河泾创业投资有限公司	2002-5-22	—	021-54260100
上海创伴创业投资合伙企业（有限合伙）	2016-3-7	www.chuangvest.com	021-50807777
上海创伴投资管理有限公司	2015-10-12	www.chuangvest.com	021-50807777
上海复旦医疗产业创业投资有限公司	2003-1-24	www.fudanmed.com	021-64724195
上海戈壁企灵创业投资合伙企业（有限合伙）	2018-4-28	www.gobivc.com	021-51601618
上海国盛古贤创业投资管理有限公司	2012-12-12	www.gsgx-capital.com	021-58306168
上海国盛古贤创业投资合伙企业（有限合伙）	2013-4	www.gsgx-capital.com	021-58306168
上海嘉定创业投资管理有限公司	2011-8-1	www.jdsam.com	021-59521920
上海科技创业投资股份有限公司	1993-6-30	www.sstic.com.cn	021-64338288
上海力合清源创业投资管理合伙企业（有限合伙）	2012-8-22	www.leaguercapital.com	021-60322064
上海力合清源创业投资合伙企业（有限合伙）	2012-9-21	www.leaguercapital.com	021-60322064

续表

公司名称	成立日期	网址	电话
上海利彤创业投资有限公司	2015-7-23	—	021-50891281
上海尼罗创业投资管理有限公司	2014-5-14	—	—
上海欧奈尔创业投资中心（有限合伙）	2011-6-28	—	021-50800508
上海浦东创业投资有限公司	1997-1-9	www.pdvc.com	021-50800216
上海千骥创业投资管理有限公司	2010-1-7	www.cenova.com	021-64662333
上海千骥创业投资中心（有限合伙）	2012-7-12	www.cenova.com	021-64662333
上海千骥诺格医药创业投资管理有限公司	2012-5-30	www.cenova.com	021-64662333
上海千骥生物医药创业投资有限公司	2010--4-29	www.cenova.com	021-64662333
上海千骥星鹤创业投资中心（有限合伙）	2015-6-26	www.cenova.com	021-64662333
上海瑞经达创业投资有限公司	2010-2-10	—	13951629052
上海商投创业投资有限公司	2001-6-5	—	021-53088751
上海晟唐创业投资中心（有限合伙）	2015-7-3	www.shsti.cn	021-20966005
上海市北科技创业投资有限公司	2011-11-23	—	021-62509257
上海肆祺创业投资中心（有限合伙）	2016-12-26	—	021-65055235
上海探针创业投资管理有限公司	2014-10-27	www.probingvc.com	021-58306168
上海天地人和创业投资有限公司	2008-10-13	www.tdgc.com	021-58791618
上海沃燕创业投资合伙企业（有限合伙）	2015-10-13	—	010-87758066
上海亚商股权投资管理有限公司	2011-7-27	www.abccapital.cn	021-62955001
上海寅辰创业投资合伙企业（有限合伙）	2014-12-8	—	021-65651178
上海寅福创业投资有限公司	2010-5-6	—	021-65651178
上海寅嘉创业投资管理有限公司	2010-6-22	www.incufortune.com	021-65651178
上海原禾创业投资中心（有限合伙）	2012-5-21	—	021-65055235
上海源子创业投资中心（有限合伙）	2014-9-19	—	021-65055235
上海责祥投资管理有限公司	2016-3-30	—	021-31115128
上海闸北创业投资有限公司	2011-11-9	—	021-62509257
上海真金创业投资管理有限公司	2011-8-26	www.shgenuine.com	021-50663736

续表

公司名称	成立日期	网址	电话
上海真金高技术服务业创业投资中心（有限合伙）	2012-11-12	—	021-50663736
上海正海聚弘创业投资中心（有限合伙）	2014-8-21	—	021-50937908
上海正海资产管理有限公司	2008-1-31	www.royalsea-capital.com	021-50937908
上海正赛联创业投资管理有限公司	2011-1-31	www.cacfund.com	021-64286339
上海正赛联创业投资有限公司	2010-10-22	www.cacfund.com	021-64286339
上海助肆企业管理中心（有限合伙）	2019-8-22	—	021-65055235
探针（上海）创业投资合伙企业（有限合伙）	2015-1-12	www.probingvc.com	021-58306168
原子（上海）投资股份有限公司	2012-4-1	www.atomvc.com	021-65055235
滨州北海创业投资有限公司	2011-12-26	—	0543-6515002
滨州滨陆投资有限公司	2015-5-11	—	0543-3411324
滨州市创业发展投资有限公司	2006-1-17	—	—
滨州市慧立创业投资有限公司	2011-6-20	—	0543-3160189
德州市创业投资有限公司	2009-12-31	—	0534-2230559
济南华科创业投资合伙企业（有限合伙）	2013-11-12	—	0531-88880699
济南金控海投新旧动能转换股权投资合伙企业（有限合伙）	2018-5-15	—	15689697588
济南科技创业投资集团有限公司	2001-4	www.jnvc.com.cn	0531-88879287
济南科信创业投资有限公司	2011-10	www.jnvc.com	0531-88879287
济南胜悦轨道交通产业投资基金合伙企业（有限合伙）	2018-11-26	—	15689697588
济南天元股权投资管理有限公司	2013-10-17	—	0531-86051177
济南云海创业投资有限公司	2013-5-24	—	0531-85106729
济宁市惠达财丰创业投资有限公司	2014-3-11	www.huidatouzi.com	0537-5170103
济宁英飞尼迪创业投资管理有限公司	2010-12-22	www.infinity-equity.com.cn	0537-3281510
济宁英飞尼迪创业投资中心（有限合伙）	2011-4-21	www.infinity-equity.com.cn	0537-3281510
临沂经开创业投资有限公司	2010-9-3	—	0536-8053388

续表

公司名称	成立日期	网址	电话
齐鲁创新资本管理有限公司	2016-9-1	—	0531-88687023
日照华和科技创业投资有限责任公司	2010-5-28	—	0633-8336990
日照蓝海创投科技服务有限公司	2018-4-19	—	15163338621
山东多盈节能环保产业创业投资有限公司	2014-1-7	—	15153100210
山东府新创业投资有限公司	2012-10-23	—	0543-3181669
山东工研院股权投资基金合伙企业（有限合伙）	2016-11-17	—	15689697588
山东恒发创业投资有限公司	2012-2-28	—	0543-5077698
山东红桥创业投资有限公司	2011-12-22	—	0531-67803781
山东红桥股权投资管理有限公司	2011-11-30	—	0531-67803781
山东红土创业投资有限公司	2012-1-19	—	18653269523
山东华融创业投资股份有限公司	2006-11-23	—	0531-68654726
山东华天科技创业投资有限公司	2012-7-30	—	0531-82670023
山东黄河三角洲创业发展集团有限公司	2010-3-30	www.sdhsjcy.com	0543-3181669
山东黄金创业投资有限公司	2015-8-20	—	0531-67711096
山东汇益创业投资有限公司	2014-1-13	—	0531-68654798
山东嘉华盛裕创业投资股份有限公司	2009-8-27	www.jhsytz.com	0535-6869999
山东嘉瑞创业投资集团有限公司	2012-8-6	—	0539-6012023
山东江诣创业投资有限公司	2010-8-12	—	0535-6719306
山东君联创业投资有限公司	2015-11-27	—	0533-5150158
山东科创投资有限公司	2010-10-22	—	0537-3292710
山东科融天使创业投资合伙企业（有限合伙）	2015-2-6	—	0531-67803781
山东旗城科技创业投资股份有限公司	2009-8-19	—	0536-2132008
山东融创股权投资管理有限公司	2015-5-18	—	0531-89019017
山东融裕金谷创业投资有限公司	2014-8-22	www.sdryjg.com	0531-88821351
山东省方正创业投资有限责任公司	2010-10-29	—	0543-6782271
山东舜盈股权投资基金管理有限公司	2019-8-30	—	0531-88687195
山东天齐创业投资有限公司	2010-3-24	—	13606437953
山东招溢创业投资有限公司	2015-7-27	—	0531-88209779

续表

公司名称	成立日期	网址	电话
泰安开发区泰山创业投资有限公司	2000-7-24	—	0538-8938352
威海北创投资管理有限公司	2015-9-11	—	0631-5699019
威海创新投资有限公司	2003-7-16	—	0631-5231709
威海恒创股权投资管理有限公司	2017-4-26	—	—
潍坊红土资本管理有限公司	2008-8	—	0536-8795070
潍坊鲁信厚源创业投资中心（有限合伙）	2014-6-13	—	0531-86566788
潍坊市国维创业投资有限公司	2014-11-13	—	0536-8101056
潍坊市国信创业投资有限公司	2012-7-17	—	0536-7100035
潍坊万通创业投资有限公司	2009-9-28	—	0536-8101056
烟台安芙兰创业投资中心（有限合伙）	2015-12-11	—	0535-2160208
烟台创新创业投资有限公司	2014-5-8	—	0535-6656505
烟台红土创业投资管理有限公司	2014-5-7	—	0535-6933130
烟台市蓝海创业投资有限公司	2011-12	—	0535-6891617
烟台泰达生物及新医药产业创业投资中心（有限合伙）	2015-1-22	—	022-66299990
烟台文化发展创业投资基金有限公司	2014-5-27	—	0531-86155515
淄博创新资本创业投资有限公司	2007-5	—	0533-3583388
淄博高新技术风险投资股份有限公司	2003-7-10	www.zbvc.net	0533-3586338
淄博市高新技术创业投资有限公司	2007-7-25	—	0533-6206610
安丰创业投资有限公司	2008-2-28	www.anfengvc.com	0571-87633583
北海万豪铭安投资合伙企业（有限合伙）	2019-2-21	—	—
长兴君盈股权投资合伙企业（有限合伙）	2017-12-5	—	0571-88861566
长兴科商创业投资合伙企业（有限合伙）	2015-6-15	—	0571-88869317
长兴科威创业投资合伙企业（有限合伙）	2014-12-30	—	0571-88869317
谷银国际投资基金（北京）有限公司杭州分公司	2018-4-20	www.guyinfund.com	0571-8526-1440
海宁力合天使创业投资合伙企业（有限合伙）	2014-9-30	—	0573-87296061
海宁普华友创股权投资管理合伙企业（有限合伙）	2015-9-15	—	0571-89774867

续表

公司名称	成立日期	网址	电话
海宁三仁腾兴股权投资合伙企业（有限合伙）	2015-6-2	—	—
海宁三仁望岳股权投资合伙企业（有限合伙）	2015-6-2	—	0571-89774867
杭商资产管理（杭州）有限公司	2010-10-26	www.hangshangcapital.com	0571-86837835
杭州安丰宸元创业投资合伙企业（有限合伙）	2016-1-21	—	0571-87633580
杭州安丰创健创业投资合伙企业（有限合伙）	2018-7-17	—	0571-87633580
杭州安丰杭盈创业投资合伙企业（有限合伙）	2017-4-20	—	0571-87633580
杭州安丰慧元创业投资合伙企业（有限合伙）	2016-3-15	—	0571-87633583
杭州安丰玖号创业投资合伙企业（有限合伙）	2015-9-28	—	0571-87633583
杭州安丰上盈创业投资合伙企业（有限合伙）	2015-1-9	—	0571-87633583
杭州安丰盛科创业投资合伙企业（有限合伙）	2017-6-15	—	0571-87633580
杭州安丰新干投创业投资合伙企业（有限合伙）	2017-1-9	—	0571-87633580
杭州安丰鑫元创业投资合伙企业（有限合伙）	2017-1-10	—	0571-87633580
杭州帮创投资合伙企业（有限合伙）	2016-1-29	—	—
杭州帮实投资管理有限公司	2014-4-3	www.vcchina.com	0571-58100716
杭州葆光投资管理有限公司	2012-10-18	—	0571-85450699
杭州贝达投资管理有限公司	2011-5-11	—	0571-87182917
杭州滨江普华天晴股权投资合伙企业（有限合伙）	2016-2-24	—	0571-87755559
杭州滨江众创投资合伙企业（有限合伙）	2015-4-24	—	—
杭州伯乐圣赢股权投资合伙企业（有限合伙）	2015-8-6	—	—
杭州博观丰年投资合伙企业（有限合伙）	2015-4-22	—	0571-89774867
杭州不死鸟投资管理有限公司	2016-3-28	www.fenghuizixun.com	0571-87776092
杭州长江创业投资有限公司	1996-1-6	—	0571-86622798
杭州辰弘投资合伙企业（有限合伙）	2016-6-14	—	0571-88771697
杭州诚和创业投资有限公司	2006-6-1	—	0571-88219849
杭州诚和西元投资合伙企业（有限合伙）	2012-8-30	—	0571-88219849

续表

公司名称	成立日期	网址	电话
杭州驰富投资管理合伙企业（有限合伙）	2017-7-28	—	0571-87600533
杭州赤子之礼投资管理合伙企业（有限合伙）	2016-5-30	—	0571-56056898
杭州赤子之心投资管理合伙企业（有限合伙）	2015-12-3	—	0571-56056898
杭州赤子之易投资管理合伙企业（有限合伙）	2016-5-30	—	0571-56056898
杭州崇石投资合伙企业（有限合伙）	2015-6-3	—	0571-89774867
杭州穿越投资合伙企业（有限合伙）	2018-6-15	—	—
杭州创潮汇投资管理有限公司	2015-10-12	—	0571-86036868
杭州创客加速投资管理有限公司	2014-12-2	www.makeraccel.com	0571-87983570
杭州大头投资管理有限公司	2015-9-8	—	—
杭州道生灵境股权投资基金合伙企业（有限合伙）	2017-10-30	—	0571-87035705
杭州道生投资管理有限公司	2015-4-14	www.daocin.com	13588170397
杭州道生元力投资合伙企业（有限合伙）	2016-12-20	—	0571-87035705
杭州道昇投资合伙企业（有限合伙）	2015-8-7	—	13588170397
杭州德石灵动投资合伙企业（有限合伙）	2018-7-26	—	0571-28182340
杭州德石驱动投资合伙企业（有限合伙）	2014-8-1	—	0571-28182340
杭州德石速动投资合伙企业（有限合伙）	2017-3-29	—	0571-28182340
杭州德同创业投资合伙企业（有限合伙）	2010-7-8	—	0571-86690980
杭州登弘投资合伙企业（有限合伙）	2015-7-15	—	0571-88122783
杭州迭代创氪投资管理合伙企业（有限合伙）	2015-6-30	—	—
杭州迭代夸克投资管理合伙企业（有限合伙）	2014-11-19	—	—
杭州迭代升集投资管理合伙企业（有限合伙）	2018-5-22	—	—
杭州迭代投资管理有限公司	2014-10-28	www.demonow.cn	18657109810
杭州鼎聚芥园创业投资合伙企业（有限合伙）	2011-5-28	—	—
杭州鼎聚景茂投资合伙企业（有限合伙）	2018-1-11	—	—
杭州鼎聚景盛创业投资合伙企业（有限合伙）	2018-8-7	—	—
杭州鼎聚景远创业投资合伙企业（有限合伙）	2016-5-23	—	—
杭州鼎聚坤华创业投资合伙企业（有限合伙）	2011-12-21	—	—

续表

公司名称	成立日期	网址	电话
杭州鼎聚茂华创业投资合伙企业（有限合伙）	2013-1-7	—	—
杭州鼎聚投资管理有限公司	2011-4-6	—	—
杭州东方嘉富资产管理有限公司	2016-5-17	—	0571-87600533
杭州东方嘉奇投资合伙企业（有限合伙）	2016-9-9	—	0571-87600533
杭州飞来投资管理有限公司	2007-6-28	www.flyvc.com	0571-88868827
杭州枫惠投资管理有限公司	2006-7-14	—	0571-89939634
杭州蜂巢创业投资合伙企业（有限合伙）	2017-4-24	—	—
杭州复朴共进投资合伙企业（有限合伙）	2015-3-31	—	0571-86690980
杭州复朴投资管理有限公司	2014-9-17	—	0571-86690980
杭州富海银涛投资管理合伙企业（有限合伙）	2011-7-27	—	0755-82588181
杭州高特佳股权投资管理有限公司	2010-12	—	—
杭州高特佳龙之海脉投资管理合伙企业（有限合伙）	2011-6-15	—	0571-28206818
杭州高特佳睿海合伙企业（有限合伙）	2016-2-29	—	—
杭州高新创业投资有限公司	2005-12-29	—	0571-86078912
杭州工创股权投资基金合伙企业（有限合伙）	2016-9-28	—	—
杭州广润创业投资有限公司	2007-11-28	—	0571-87182917
杭州广赢投资管理有限公司	2017-4-1	—	0571-81101916
杭州贵诚投资合伙企业（有限合伙）	2016-2-6	—	0571-85395797
杭州贵巨创业投资合伙企业（有限合伙）	2015-9-23	—	0571-87182917
杭州海邦沣华投资管理有限公司	2017-10-15	—	0571-88212200
杭州海邦巨擎创业投资合伙企业（有限合伙）	2016-3-14	—	0571-88212200
杭州海邦投资管理有限公司	2010-12-10	www.hbvc.com.cn	0571-88212200
杭州海邦新湖人才创业投资合伙企业（有限合伙）	2013-8-2	www.hbvc.com.cn	0571-88212200
杭州海邦药谷从正创业投资合伙企业（有限合伙）	2015-6-5	—	0571-88212200
杭州海邦羿谷创业投资合伙企业（有限合伙）	2017-12-28	—	0571-88212200
杭州海邦引智投资管理有限公司	2012-6-1	www.hbvc.com.cn	0571-8821200

续表

公司名称	成立日期	网址	电话
杭州汉洋友创投资合伙企业（有限合伙）	2015-1-29	—	0571-87952529
杭州瀚臻投资管理有限公司	2015-7-15	—	0571-86893065
杭州杭商宝石创业投资合伙企业（有限合伙）	2011-2-21	—	0571-86837835
杭州杭实赛谨投资合伙企业（有限合伙）	2018-1-25	—	—
杭州好望角车航投资合伙企业（有限合伙）	2016-6-30	—	0571-28178260
杭州好望角奇点投资合伙企业（普通合伙）	2014-12-29	—	0571-28178237
杭州好望角启航投资合伙企业（有限合伙）	2011-7-28	—	0571-28178237
杭州好望角投资管理有限公司	2007-8-22	—	0571-28178237
杭州好望角苇航投资合伙企业（有限合伙）	2015-11-23	—	0571-28178260
杭州好望角引航投资合伙企业（有限合伙）	2014-5-5	—	0571-28178235
杭州好望角越航投资合伙企业（有限合伙）	2014-12-25	—	0571-28178235
杭州浩瀚星空股权投资合伙企业（有限合伙）	2019-4-28	—	—
杭州和达投资管理有限公司	2016-5-9	—	0571-85227197
杭州河创投资合伙企业（有限合伙）	2018-11-21	—	0571-87756026
杭州宏桥爱富投资合伙企业（有限合伙）	2015-8-14	—	0571-87031727
杭州宏桥精彩未来投资合伙企业（有限合伙）	2015-8-10	—	0571-87031727
杭州宏桥熠熠生辉投资合伙企业（有限合伙）	2015-8-7	—	0571-87031727
杭州厚初创业投资合伙企业（有限合伙）	2014-5-22	—	0571-88301885
杭州厚达瑞择投资合伙企业（有限合伙）	2015-12-28	—	0571-86091135
杭州花贝投资管理合伙企业（有限合伙）	2015-6-9	—	0571-81061899
杭州华旦丹阳投资管理有限公司	2006-12-14	—	0571-81061899
杭州华旦投资管理合伙企业（有限合伙）	2014-9-19	—	0571-85350669、0571-81061899
杭州华睿嘉银股权投资合伙企业（有限合伙）	2019-7-5	www.sinowisdom.cn	0571-88163183
杭州华薇创业投资合伙企业（有限合伙）	2017-11-3	—	0571-88902017
杭州怀记投资管理有限公司	2015-4-17	—	0571-88861566
杭州汇颐投资管理合伙企业（有限合伙）	2015-6-12	—	0571-88771697
杭州汇宇投资管理有限公司	2016-6-14	—	0571-82730298
杭州绩优投资管理有限公司	2014-7-7	—	0571-86957309

续表

公司名称	成立日期	网址	电话
杭州绩优悦泉创业投资合伙企业（有限合伙）	2015-8-27	—	0571-86957399
杭州绩优卓源创业投资合伙企业（有限合伙）	2015-2-9	—	0571-86957399
杭州吉年投资合伙企业（有限合伙）	2015-6-3	—	—
杭州既明乙未创业投资合伙企业	2016-1-29	www.oriza.com	0512-66969514
杭州嘉富天堂硅谷二号股权投资合伙企业（有限合伙）	2017-8-31	—	0571-87600533
杭州嘉富泽地投资管理合伙企业（有限合伙）	2018-6-12	—	0571-87600533
杭州嘉富泽君投资管理合伙企业（有限合伙）	2018-6-12	—	0571-87600533
杭州见和投资管理合伙企业（有限合伙）	2015-7-10	—	0571-89939634
杭州戒和投资管理合伙企业（有限合伙）	2015-12-22	—	0571-89939634
杭州金投智业创业投资合伙企业（有限合伙）	2019-11-11	—	—
杭州金投智远创业投资合伙企业（有限合伙）	2017-7-21	—	0571-87155986
杭州金永信创业投资合伙企业（有限合伙）	2009-12-21	—	0571-85270710
杭州金永信润禾创业投资合伙企业（有限合伙）	2010-5-4	—	0571-85270710
杭州金永信天时创业投资合伙企业	2010-4-7	—	0571-85270710
杭州锦聚投资管理有限公司	2014-7-21	www.jinju-capital.com	0571-85395572
杭州锦聚新能源壹号投资合伙企业（有限合伙）	2017-12-12	—	0571-28205211
杭州锦薇股权投资合伙企业（有限合伙）	2017-5-9	—	0571-87600533
杭州锦杏谷创业投资合伙企业（有限合伙）	2015-2-13	—	0571-28205211
杭州锦元资产管理有限公司	2015-4-8	—	13666660071
杭州经济技术开发区创业投资有限公司	2008-10-9	www.hedaventures.com	0571-88073089
杭州憬源企业管理咨询有限公司	2018-11-6	—	—
杭州君品科技有限公司	2014-6-26	—	0571-87710781
杭州君青投资合伙企业（有限合伙）	2018-3-31	—	0571-81993000
杭州君远投资管理合伙企业（有限合伙）	2016-8-28	—	—
杭州君知投资合伙企业（有限合伙）	2017-2-1	—	—

续表

公司名称	成立日期	网址	电话
杭州君志投资合伙企业（有限合伙）	2017-2-10	—	—
杭州科发创业投资合伙企业（有限合伙）	2013-1-9	—	0571-89939939
杭州科发金鼎创业投资合伙企业（有限合伙）	2017-10-12	www.zjkfcapital.com	0571-89939939
杭州科发天使投资合伙企业（有限合伙）	2015-2-12	—	0571-88250328
杭州科发相湖创业投资合伙企业（有限合伙）	2018-3-19	—	0571-88250328
杭州兰德润广投资管理有限公司	2010-12-20	—	0571-86963977
杭州兰德优势创业投资合伙企业（有限合伙）	2011-7-7	—	0571-86963977
杭州蓝贝壳帮实创业投资合伙企业（有限合伙）	2015-11-26	—	—
杭州澜拓投资合伙企业（有限合伙）	2017-1-22	—	0571-88122783
杭州朗月照人股权投资合伙企业（有限合伙）	2015-6-18	—	0571-86821155
杭州浪淘沙势弘投资合伙企业（有限合伙）	2016-6-14	—	0571-88771697
杭州浪淘沙投资管理有限公司	2014-9-19	www.ltsvc.com	0571-88771697
杭州浪淘沙娱众投资管理有限公司	2016-3-2	—	—
杭州浪淘沙智选创业投资合伙企业（有限合伙）	2014-11-6	—	0571-88771697
杭州立晟佳悦创业投资合伙企业（有限合伙）	2016-5-11	www.ls-vc.com	0571-88212200
杭州立晟投资管理有限公司	2016-3-24	—	0571-88611705
杭州立元宸皓投资合伙企业（有限合伙）	2016-7-1	www.cnlyjt.com	0571-87769018
杭州立元创业投资股份有限公司	2006-12-8	www.cnlyjt.com	0571-87974698
杭州立元天投壹号投资合伙企业（有限合伙）	2015-11-12	www.cnlyjt.com	0571-87769018
杭州立元熙茂投资合伙企业（有限合伙）	2016-2-18	www.cnlyjt.com	0571-87769018
杭州立元熙润投资合伙企业（有限合伙）	2016-4-15	www.cnlyjt.com	0571-87769018
杭州联创投资管理有限公司	2008-10-7	www.newmargin.com	0571-28130555
杭州联创永津创业投资合伙企业（有限合伙）	2009-9-1	—	0571-28130555
杭州联创永润投资合伙企业（有限合伙）	2012-3-14	—	0571-28130555
杭州联创永溢创业投资合伙企业（有限合伙）	2010-10-8	—	0571-28130555
杭州联创永源股权投资合伙企业（有限合伙）	2011-3-7	—	0571-28130555

续表

公司名称	成立日期	网址	电话
杭州链反应投资合伙企业（有限合伙）	2015-11-17	—	0571-28178235
杭州灵峰赛伯乐创业投资合伙企业（有限合伙）	2008-12-10	—	0571-86089290
杭州龙庆长阜股权投资合伙企业（有限合伙）	2012-11-9	—	0571-86821155
杭州龙庆长泰智慧产业投资管理有限公司	2015-6-12	—	0571-86821155
杭州龙庆长旭股权投资合伙企业（有限合伙）	2017-8-4	—	0571-86821155
杭州龙庆地信股权投资合伙企业（有限合伙）	2017-1-3	—	—
杭州隆启投资管理有限公司	2016-7-15	—	0571-87769995
杭州梦定投资管理合伙企业（有限合伙）	2016-7-18	—	0571-87600533
杭州梦飞投资管理合伙企业（有限合伙）	2016-7-18	—	0571-87600533
杭州明烨资产管理有限公司	2017-3-30	—	0571-88902017
杭州睦和投资管理合伙企业（普通合伙）	2010-5-28	—	0571-86751630
杭州纳泽投资合伙企业（有限合伙）	2017-3-15	—	0517-88122783
杭州藕舫投资合伙企业（有限合伙）	2018-2-9	—	0571-87952529
杭州普华博帆投资合伙企业（有限合伙）	2016-1-21	—	—
杭州普华博谊投资合伙企业（有限合伙）	2016-1-21	—	0571-89774867
杭州普华帆顺投资合伙企业（有限合伙）	2016-10-26	—	—
杭州普华锐昆创业投资合伙企业（有限合伙）	2017-10-26	—	—
杭州普华顺程投资合伙企业（有限合伙）	2016-10-26	—	—
杭州普华昱辰股权投资合伙企业（有限合伙）	2019-8-29	—	—
杭州普华智顺股权投资合伙企业（有限合伙）	2016-10-25	—	—
杭州庆诚投资合伙企业（有限合伙）	2015-8-20	—	—
杭州容胜投资合伙企业（有限合伙）	2015-12-1	—	—
杭州榕环股权投资基金合伙企业（有限合伙）	2016-12-9	—	—
杭州如山创业投资有限公司	2007-8	—	0571-87814985
杭州润琰投资合伙企业（有限合伙）	2013-4-8	—	0571-85450699
杭州赛滨投资管理合伙企业（有限合伙）	2015-8-12	—	—
杭州赛伯乐晨星投资合伙企业（有限合伙）	2010-9-21	—	0571-86089296
杭州赛伯乐瓦特投资合伙企业（有限合伙）	2016-8-23	—	—

续表

公司名称	成立日期	网址	电话
杭州赛宸吉盛投资合伙企业（有限合伙）	2015-1-26	—	0571-86072192
杭州赛德智云投资合伙企业（有限合伙）	2017-11-17	—	—
杭州赛硅银投资合伙企业（有限合伙）	2014-4-11	www.cybernaut.com.cn	0571-89939898
杭州赛航投资合伙企业（有限合伙）	2015-5-25	—	0571-86072192
杭州赛久投资合伙企业（有限合伙）	2016-2-4	—	—
杭州赛麓股权投资合伙企业（有限合伙）	2016-6-27	—	—
杭州赛圣谷海大创业投资合伙企业（有限合伙）	2014-12-31	—	—
杭州赛智珩科投资合伙企业（有限合伙）	2007-5-10	—	—
杭州赛智君锐投资合伙企业（有限合伙）	2017-5-19	—	—
杭州赛智网科投资合伙企业（有限合伙）	2017-12-19	—	—
杭州昇远投资合伙企业（有限合伙）	2018-6-6	—	0571-85025900
杭州盛水渊投资管理有限公司	2015-5-28	—	—
杭州盛水渊源头投资合伙企业（有限合伙）	2018-3-29	—	—
杭州盛元安久股权投资合伙企业	2019-9-11	—	—
杭州十棱投资管理有限公司	2018-1-29	www.tenedge.com	0571-86934167
杭州市高科技投资有限公司	2000-8-20	—	0571-86699729
杭州数创创业投资合伙企业（有限合伙）	2013-11-13	—	0571-87997755
杭州硕石投资合伙企业（有限合伙）	2015-11-17	—	0571-89774867
杭州四祥股权投资合伙企业（有限合伙）	2017-3-27	—	0571-86893065
杭州泰恒投资管理有限公司	2010-6-3	—	0571-87155986
杭州天帮投资合伙企业（有限合伙）	2014-6-26	—	—
杭州天赋投资管理合伙企业（有限合伙）	2016-4-29	—	0571-85395797
杭州天联投资管理合伙企业（有限合伙）	2014-3-14	—	0571-28233263
杭州天璞创业投资合伙企业（有限合伙）	2013-7-5	—	—
杭州天堂硅谷嘉富一号股权投资合伙企业（有限合伙）	2017-8-31	—	0571-87600533
杭州天堂硅谷新弈股权投资合伙企业（有限合伙）	2017-8-9	—	—

续表

公司名称	成立日期	网址	电话
杭州天跃投资管理合伙企业（有限合伙）	2016-1-25	—	0571-85395797
杭州同心众创投资合伙企业（有限合伙）	2017-10-19	—	—
杭州头头是道投资合伙企业（有限合伙）	2015-10-13	—	—
杭州万豪碧扬投资合伙企业（有限合伙）	2012-3-15	—	13588813698
杭州万豪绵汐投资合伙企业（有限合伙）	2012-3-15	—	13588813698
杭州万豪培汕投资合伙企业（有限合伙）	2012-3-15	—	13588813698
杭州万豪投资管理有限公司	2006-1-9	—	0571-88129633
杭州文辰友创投资合伙企业（有限合伙）	2017-4-5	—	0571-87952529
杭州文诚创业投资有限公司	2012-7-9	—	0571-89833218
杭州文广创业投资有限公司	2010-12-29	—	0571-89833218
杭州文广股权投资管理有限公司	2010-11-10	—	0571-89833988
杭州西创股权投资合伙企业（有限合伙）	2015-12-30	—	0571-86036868
杭州禧筠朝旭创业投资合伙企业（有限合伙）	2018-4-2	—	0571-87048673
杭州禧筠股权投资基金管理合伙企业（有限合伙）	2018-2-9	www.xy-cap.cn	0571-87048673
杭州禧筠康辰股权投资合伙企业（有限合伙）	2018-7-24	—	0571-87048673
杭州新兹投资管理合伙企业（有限合伙）	2016-4-28	—	—
杭州信倍股权投资合伙企业（有限合伙）	2016-5-31	—	0571-87331033
杭州信得宝投资管理有限公司	2016-2-17	www.cndebo.com	0571-87331033
杭州信珝股权投资合伙企业（有限合伙）	2016-6-12	—	0571-87331033
杭州兴富投资管理合伙企业（有限合伙）	2016-5-23	—	0571-87600533
杭州兴绎投资合伙企业（有限合伙）	2012-10-17	—	0571-88122783
杭州宣富投资管理合伙企业（有限合伙）	2017-1-5	—	0571-87600533
杭州宣弘投资合伙企业（有限合伙）	2016-6-14	—	0571-88771697
杭州言和投资管理合伙企业（有限合伙）	2015-7-22	—	0571-89939634
杭州以弘投资合伙企业（有限合伙）	2017-1-18	—	0571-88122783
杭州银瀚创业投资合伙企业（有限合伙）	2017-5-18	—	—
杭州银江智慧产业创业投资合伙企业（有限合伙）	2014-11-7	—	—

续表

公司名称	成立日期	网址	电话
杭州银杏海股权投资合伙企业（有限合伙）	2016-8-1	—	0571-86036868
杭州银杏数股权投资合伙企业（有限合伙）	2015-3-13	—	0571-86036868
杭州英维投资管理有限公司	2007-7-3	—	0571-28280180
杭州英选投资合伙企业（有限合伙）	2016-6-14	—	0571-88771697
杭州盈动投资管理有限公司	2008-7-25	—	0571-87997755
杭州盈动悦创创业投资合伙企业（有限合伙）	2015-9-10	—	0571-87997755
杭州永宣永铭股权投资合伙企业（有限合伙）	2011-10-14	—	0571-28130555
杭州友创天辰投资合伙企业（有限合伙）	2017-7-6	—	0571-87952529
杭州友创天晟股权投资合伙企业（有限合伙）	2019-5-31	—	0571-87952529
杭州友创天使投资合伙企业（有限合伙）	2016-7-20	—	0571-87952529
杭州友创天泰投资合伙企业（有限合伙）	2017-7-6	—	0571-87952529
杭州元弘投资管理有限公司	2014-9-26	—	0571-88122783
杭州元弈投资合伙企业（有限合伙）	2016-3-1	—	0571-88122783
杭州原质连客创业投资合伙企业（有限合伙）	2015-4-21	www.yuanzhivc.com	0571-88579775
杭州原质投资管理有限公司	2015-3-26	www.yuanzhivc.com	0571-88579775
杭州远瞩股权投资合伙企业（有限合伙）	2014-10-20	—	—
杭州云创创业投资合伙企业（有限合伙）	2014-10-24	—	0571-87997755
杭州云蝶加速投资管理合伙企业（有限合伙）	2015-1-28	—	0571-87983570
杭州云栖创投股权投资合伙企业（有限合伙）	2017-11-20	—	0571-86036868
杭州云祥创新投资合伙企业（有限合伙）	2011-9-23	—	0571-87960700
杭州云卓投资合伙企业（有限合伙）	2016-4-22	—	0571-87960700
杭州哲创投资合伙企业（有限合伙）	2016-12-4	—	—
杭州浙大未来创新投资管理有限公司	2017-5-8	www.zjucapital.com	0571-85025900
杭州浙科厚合创业投资合伙企业（有限合伙）	2018-2-2	—	0571-88869317
杭州浙科汇福创业投资合伙企业（有限合伙）	2016-10-12	—	0571-88869317
杭州浙科汇经创业投资合伙企业（有限合伙）	2017-6-30	—	0571-88869317
杭州浙科汇庆创业投资合伙企业（有限合伙）	2013-4-10	—	0571-88869317
杭州浙科盛元创业投资合伙企业（有限合伙）	2017-8-18	—	0571-88869317

续表

公司名称	成立日期	网址	电话
杭州浙农科业投资管理有限公司	2015-6-5	—	0571-85229220
杭州浙农科众创业投资合伙企业（有限合伙）	2017-5-17	—	0571-85229220
杭州浙农鑫科创业投资合伙企业（有限合伙）	2015-6-15	—	0571-85229220
杭州浙农鑫翔创业投资合伙企业（有限合伙）	2016-9-26	—	0571-85229220
杭州浙欣投资合伙企业（有限合伙）	2014-10-24	—	—
杭州真和投资管理合伙企业（有限合伙）	2017-7-31	—	0571-89939634
杭州臻品资产管理有限公司	2015-7-15	—	0571-86898925
杭州志云创业投资合伙企业（有限合伙）	2017-11-7	—	0571-28205211
杭州致睿投资合伙企业（有限合伙）	2017-5-23	—	0571-88771697
杭州致源投资合伙企业（有限合伙）	2017-7-7	—	0571-83511152
杭州中寰投资管理有限公司	2017-3-21	www.zhzb.com	0571-28801311
杭州中来锦聚投资管理有限公司	2015-1-28	—	0571-28205211
杭州中来锦聚新能源合伙企业（有限合伙）	2015-4-20	—	0571-28205211
杭州中赢复朴仁股权投资合伙企业（有限合伙）	2015-10-15	—	0571-86690980
杭州中赢复朴投资管理有限公司	2015-9-21	—	0571-86690980
杭州宙石投资有限公司	2017-5-18	—	0571-88861566
杭州紫金港未来创新投资合伙企业（有限合伙）	2017-6-21	—	0571-85025900
红榕创业投资股份有限公司	2010-7-16	www.hr-invest.com	0571-81101060
湖州创客有邦投资管理合伙企业（有限合伙）	2015-7-30	—	0571-87983570
湖州盛元宁化股权投资合伙企业	2019-11-22	—	—
湖州颐通投资管理合伙企业（有限合伙）	2016-11-28	—	0571-86893065
湖州银江智慧产业投资合伙企业（有限合伙）	2016-5-5	—	—
华夏恒天资本管理有限公司	2015-5-27	www.hx-ht.com	0571-81103812
淮安浙科成远创业投资合伙企业（有限合伙）	2017-10-30	—	0571-88869317
嘉兴硅谷天堂辉正投资管理合伙企业（有限合伙）	2016-3-24	—	0571-86483523
嘉兴豪真投资合伙企业（有限合伙）	2015-8-20	—	0571-87156516

续表

公司名称	成立日期	网址	电话
嘉兴禾焕投资合伙企业（有限合伙）	2016-10-25	—	0571-87952529
嘉兴华睿布谷鸟创业投资合伙企业（有限合伙）	2014-8-14	—	—
嘉兴绩优投资合伙企业（有限合伙）	2016-10-25	—	0571-86957399
嘉兴康晶半导体产业投资合伙企业（有限合伙）	2019-8-20	—	—
嘉兴可桢创业投资合伙企业（有限合伙）	2019-7-12	—	0571-87952529
嘉兴联创汉德投资合伙企业（有限合伙）	2015-6-2	—	0571-28130555
嘉兴龙庆股权投资管理有限公司	2010-4-14	—	0571-86821155
嘉兴米硕股权投资基金合伙企业（有限合伙）	2016-6-23	—	—
嘉兴敏实定向股权投资合伙企业（有限合伙）	2019-12-10	—	0571-87235801
嘉兴明兔投资合伙企业（有限合伙）	2018-12-5	—	0571-88902017
嘉兴市领汇创业投资管理有限公司	2010-12-21	—	0571-87153786
嘉兴泰如股权投资合伙企业（有限合伙）	2017-2-22	—	0571-86893065
嘉兴天禀投资合伙企业（有限合伙）	2014-5-16	—	0571-85395797
嘉兴天浩投资管理有限公司	2014-12-10	—	0571-85395797
嘉兴天澜投资合伙企业（有限合伙）	2014-11-17	—	0571-85395797
嘉兴天禄投资合伙企业（有限合伙）	2014-12-22	—	0571-85395797
嘉兴天叶投资合伙企业（有限合伙）	2016-6-24	—	0571-85395797
江山市恒创投资合伙企业（有限合伙）	2016-1-19	—	—
江阴银杏谷股权投资合伙企业（有限合伙）	2014-12-8	—	0510-86036868
金华普华君跻投资合伙企业（有限合伙）	2017-3-3	—	—
金华普华天勤股权投资基金合伙企业（有限合伙）	2017-5-26	—	—
金华融嘉富金投资管理合伙企业（有限合伙）	2017-8-21	—	0571-87600533
金华市博观科华股权投资合伙企业（有限合伙）	2015-6-4	—	—
金华市普华百川股权投资合伙企业（有限合伙）	2015-7-27	—	—

续表

公司名称	成立日期	网址	电话
金华市普华海纳股权投资合伙企业（有限合伙）	2015-7-28	—	—
金华市普华济帆股权投资合伙企业（有限合伙）	2016-2-17	—	—
金华市普华济兴股权投资合伙企业（有限合伙）	2016-2-3	—	—
金华市天勤科华股权投资合伙企业（有限合伙）	2015-6-3	—	—
金华中呼股权投资管理有限公司	2011-8-17	—	0579-82399977
金控天勤（杭州）创业投资合伙企业（有限合伙）	2019-12-18	—	—
金库（杭州）创业投资管理有限公司	2011-8-23	www.kymcocapital.com	0571-86693010
开化硅谷天堂鲲裕股权投资基金合伙企业（有限合伙）	2017-5-23	—	0571-87081027
兰溪普华聚力股权投资合伙企业（有限合伙）	2015-12-1	—	—
兰溪普华同润创业投资合伙企业（有限合伙）	2015-9-15	—	0571-89774867
兰溪普华臻宜股权投资合伙企业（有限合伙）	2018-3-15	—	0571-89774867
丽水绿谷信息产业投资合伙企业（有限合伙）	2016-12-20	—	—
临安绩优青岚创业投资合伙企业（有限合伙）	2016-11-7	—	0571-86957399
隆启星路（杭州）投资管理合伙企业（有限合伙）	2017-4-6	—	0571-87769995
宁波安丰和众创业投资合伙企业（有限合伙）	2011-3-10	—	0571-87633580
宁波安丰汇群创业投资合伙企业（有限合伙）	2011-8-12	—	0571-87633580
宁波安丰领先创业投资合伙企业（有限合伙）	2011-4-26	—	0571-87633580
宁波安丰添富创业投资合伙企业（有限合伙）	2012-7-13	—	0571-87633580
宁波安丰众盈创业投资合伙企业（有限合伙）	2010-4-27	—	0571-87633580
宁波富国金源创业投资合伙企业（有限合伙）	2016-2-26	—	0571-88068369
宁波华桐创业投资管理有限公司	2016-2-24	—	0574-87747281
宁波金硕投资有限公司	2011-9-16	—	0571-88219849
宁波科发宝鼎创业投资合伙企业（有限合伙）	2016-11-16	—	0571-88250328

续表

公司名称	成立日期	网址	电话
宁波科发富鼎创业投资合伙企业（有限合伙）	2017-11-2	—	0571-88250328
宁波科发海鼎创业投资合伙企业（有限合伙）	2014-5-30	—	0571-89939939
宁波联利中芯投资管理合伙企业（有限合伙）	2015-3-31	—	—
宁波梅山保税港区道通好合股权投资合伙企业（有限合伙）	2017-6-7	—	0571-85450699
宁波铭韬投资合伙企业（有限合伙）	2016-1-15	—	—
宁波普华友实股权投资合伙企业（有限合伙）	2016-7-22	—	—
宁波普华元顺股权投资合伙企业（有限合伙）	2016-7-22	—	—
宁波市科发二号股权投资基金合伙企业（有限合伙）	2012-9-18	—	0571-89939939
宁波市科发股权投资基金合伙企业（有限合伙）	2012-3-1	—	0571-89939939
宁波思得成长创业投资合伙企业（有限合伙）	2018-5-21	—	0574-88313329
宁波思得投资管理有限公司	2017-3-31	—	0574-88313329
宁波天堂硅谷科创股权投资合伙企业（有限合伙）	2018-7-30	—	—
宁波天堂硅谷蓝色理想股权投资合伙企业（有限合伙）	2014-12-16	—	0571-86483523
宁波天堂硅谷融创股权投资合伙企业（有限合伙）	2014-1	—	0571-87081027
宁波天堂硅谷融合股权投资合伙企业（有限合伙）	2018-7-10	—	0571-86483523
宁波天堂硅谷融龙股权投资合伙企业（有限合伙）	2018-7-10	—	0571-86483523
宁波天堂硅谷新风股权投资合伙企业（有限合伙）	2015-12-17	—	—
宁波天堂硅谷新健股权投资合伙企业（有限合伙）	2015-12-23	—	—
宁波天堂硅谷新力股权投资合伙企业（有限合伙）	2018-7-10	—	0571-86483523
宁波天堂硅谷新象股权投资合伙企业（有限合伙）	2015	—	0571-86483523

续表

公司名称	成立日期	网址	电话
宁波天堂硅谷元德股权投资合伙企业（有限合伙）	2016-1-6	—	—
宁波天堂硅谷元丰股权投资合伙企业（有限合伙）	2018-7-30	—	—
宁波天堂硅谷元正股权投资合伙企业（有限合伙）	2018-7-30	—	—
宁波天堂硅谷正汇股权投资合伙企业（有限合伙）	2012-9-7	—	—
宁波万豪铭辉投资合伙企业（有限合伙）	2017-12-18	—	13940559107
宁波万豪铭锐投资合伙企业（有限合伙）	2017-5-15	—	—
宁波万豪铭山投资合伙企业（有限合伙）	2016-10-26	—	—
宁波万豪铭轩投资合伙企业（有限合伙）	2018-2-9	—	—
宁波银洋创业投资合伙企业（有限合伙）	2014-12-2	—	—
宁波浙科汇聚创业投资合伙企业（有限合伙）	2014-7-16	—	0571-88869317
宁波浙科永强创业投资合伙企业（有限合伙）	2015-12-9	—	0571-88829317
平湖绿合股权投资基金合伙企业（有限合伙）	2018-5-31	—	18721136258
曲水普特创业投资合伙企业（有限合伙）	2018-6-25	—	0571-86812478
绍兴海邦人才创业投资合伙企业（有限合伙）	2017-7-7	www.hbvc.com.cn	0571-88212200
绍兴柯桥锦聚创业投资合伙企业（有限合伙）	2016-2-24	—	0574-28205211
绍兴柯桥天堂硅谷远光股权投资合伙企业（有限合伙）	2017-8-24	—	—
绍兴上虞乾邦股权投资合伙企业（有限合伙）	2019-6-17	—	0575-82691717
绍兴上虞乾泰股权投资合伙企业（有限合伙）	2017-11-20	—	0575-82691717
绍兴上虞乾自股权投资合伙企业（有限合伙）	2019-4-1	—	0575-82691717
绍兴市上虞区安丰盈元创业投资合伙企业（有限合伙）	2017-7-3	—	0574-87633580
绍兴市上虞区青创投资合伙企业（有限合伙）	2018-1-9	—	0571-88575727
绍兴天堂硅谷恒煜股权投资合伙企业	2016-9-27	—	0571-86483523
深圳市帮而为实天使投资企业（有限合伙）	2015-6-10	—	—
遂昌县科技创新创业投资基金合伙企业	2017-9-17	—	0571-88219849

续表

公司名称	成立日期	网址	电话
台州普华安盛股权投资合伙企业（有限合伙）	2016-7-29	—	—
天堂硅谷资产管理集团有限公司	2000-11-11	www.ttgg.com.cn	0571-87081027
桐乡桐创投资管理有限公司	2015-6-1	—	—
万向创业投资股份有限公司	2000-12	—	0571-81101791
温州瓯瑞股权投资合伙企业（有限合伙）	2018-5-21	—	—
温州市科技创业投资有限公司	2012-7-27	—	0577-88168001
象山弘成股权投资基金合伙企业（有限合伙）	2018-7-10	—	0574-28885831
象山弘日股权投资基金合伙企业（有限合伙）	2017-7-10	—	0574-28885831
义乌科发创业投资合伙企业（有限合伙）	2016-1-21	—	0571-88250328
义乌浙科汇富创业投资合伙企业（有限合伙）	2016-1-25	—	0571-88869317
鹰潭联浙商投创业投资合伙企业（有限合伙）	2016-1-14	—	0701-88771697
永康市天堂硅谷智能制造投资合伙企业（有限合伙）	2018-3-14	—	—
浙江安丰进取创业投资有限公司	2009-3-25	—	0571-87633580
浙江北大协同创新投资管理有限公司	2015-8-26	—	13868182929
浙江博通创业投资有限公司	2007-7	—	0571-87087816
浙江赤子股权投资基金管理有限公司	2015-9-28	www.purefunds.cn	0571-56056898
浙江春晖创业投资有限公司	2007-10-17	—	0575-82167856
浙江大学科技创业投资有限公司	2008-10-29	zdkc.zju.edu.cn	0571-87397926
浙江富国创新投资有限公司	2010-8-12	—	0571-88068383
浙江富国创业投资有限公司	2007-4-29	—	0571-88068369
浙江富国投资管理有限公司	2010-7-13	—	0571-88068369
浙江海邦人才创业投资合伙企业（有限合伙）	2011-12	www.hbvc.com.cn	0571-88212200
浙江海邦投资管理有限公司	2014-12-4	www.hbvc.com.cn	0571-81022992
浙江海宁天玑创业投资管理合伙企业（有限合伙）	2015-6-19	—	0571-85395797
浙江海宁天擎创业投资管理合伙企业（有限合伙）	2015-7-6	—	0571-85395797
浙江海洋经济创业投资有限公司	2010-1-19	—	0580-2036865

续表

公司名称	成立日期	网址	电话
浙江浩誉创业投资有限公司	2011-1-14	—	0571-88383341
浙江合力创业投资有限公司	2011-3-9	—	0571-88301885
浙江恒晋同盛创业投资合伙企业（有限合伙）	2013-10-10	—	—
浙江红石创业投资有限公司	2007-11-27	—	0571-88163183
浙江红土创业投资有限公司	2010-4-21	—	0573-83710188
浙江宏城创业投资有限公司	2011-4-27	—	0575-87003060
浙江宏桥春阳资产管理有限公司	2015-6-18	—	0571-87031727
浙江华瓯创业投资有限公司	2007-11-16	www.hovc.cn	0571-88301885
浙江华瓯股权投资管理有限公司	2011-5-17	—	0571-88301885
浙江华睿北信源数据信息产业投资合伙企业（有限合伙）	2015-8-19	—	—
浙江华睿布谷鸟创业投资合伙企业（有限合伙）	2015-6-3	—	—
浙江华睿产业互联网股权投资合伙企业（有限合伙）	2015-4-13	—	—
浙江华睿德银创业投资有限公司	2010-5-4	—	0571-88163183
浙江华睿点金创业投资有限公司	2009-8-10	—	—
浙江华睿点石投资管理有限公司	2007-11-14	—	—
浙江华睿富华创业投资合伙企业（有限合伙）	2012-7-3	—	0571-88163183
浙江华睿海越光电产业创业投资有限公司	2009-12-23	—	0571-8813183
浙江华睿海越现代服务业创业投资有限公司	2010-1-28	—	0571-88163183
浙江华睿弘源智能产业创业投资有限公司	2010-3-22	—	0571-88163183
浙江华睿胡庆余堂健康产业投资基金合伙企业（有限合伙）	2015-11-27	—	—
浙江华睿火炬创业投资合伙企业（有限合伙）	2016-10-27	—	—
浙江华睿金石投资合伙企业（有限合伙）	2017-3-15	—	—
浙江华睿控股有限公司	2002-8	www.sinowisdom.cn	0571-88163183
浙江华睿蓝石投资有限公司	2014-9-2	—	0571-88163183
浙江华睿如山创业投资有限公司	2010-12-7	—	0575-88163183
浙江华睿如山装备投资有限公司	2009-10-13	—	—

续表

公司名称	成立日期	网址	电话
浙江华睿睿银创业投资有限公司	2007-3-28	—	—
浙江华睿盛银创业投资有限公司	2009-8-11	—	—
浙江华睿泰信创业投资有限公司	2008-7-21	—	0571-88163183
浙江华睿泰银投资有限公司	2009-7-20	—	0571-88163183
浙江华睿祥生环境产业创业投资有限公司	2010-11-15	—	0571-88163183
浙江华睿兴华股权投资合伙企业（有限合伙）	2012-12-24	—	0571-88163729
浙江华睿医疗创业投资有限公司	2011-1-24	—	—
浙江华睿中科创业投资有限公司	2010-7-5	—	0571-88163183
浙江金控创业投资合伙企业（有限合伙）	2015-12-21	—	—
浙江金控资本管理有限公司	2015-11-13	—	0571-87235801
浙江金永信投资管理有限公司	2005-3-24	—	0571-85270710
浙江君亚创业投资合伙企业（有限合伙）	2012-5-21	—	0571-8675-1630
浙江科发资本管理有限公司	2003-11-11	www.zjkfcapital.com	0571-89939939
浙江联盛创业投资有限公司	2007-10-26	—	0575-82960006
浙江领庆创业投资有限公司	2011-3-14	—	0571-87153786
浙江美林创业投资有限公司	2008-7-11	www.merrillcapital.cn	0571-85451820
浙江瓯联创业投资有限公司	2009-5-12	—	0571-88301885
浙江瓯盛创业投资有限公司	2008-6-3	—	0571-88301885
浙江瓯信创业投资有限公司	2009-4-2	—	0571-88301885
浙江普华天勤股权投资管理有限公司	2011-6-20	www.puhuacapital.com	0571-89774867
浙江如山成长创业投资有限公司	2008-8-18	—	0571-87814985
浙江如山高新创业投资有限公司	2010-11-10	—	0571-87814985
浙江如山汇金资本管理有限公司	2010-9-26	www.crestvalue.com	0571-87814985
浙江如山汇鑫创业投资合伙企业（有限合伙）	2015-11-5	—	0571-87814985
浙江如山新兴创业投资有限公司	2012-9-11	—	0571-87814985
浙江赛伯乐科创股权投资管理有限公司	2011-8-9	www.cybernautvc.com	0571-88085123

续表

公司名称	成立日期	网址	电话
浙江赛伯乐投资管理有限公司	2008-6-16	www.zjcybernaut.com	0571-86089290
浙江赛珩投资合伙企业（有限合伙）	2016-9-13	—	—
浙江赛康创业投资有限公司	2010-4-20	—	0571-86089290
浙江赛盛投资合伙企业（有限合伙）	2011-7-26	—	—
浙江赛智科创资本投资管理有限公司	2015-9-10	—	—
浙江绍兴普华兰桥文化投资合伙企业（有限合伙）	2015-11-10	—	—
浙江绍兴普华天勤投资管理有限公司	2015-10-27	—	—
浙江省创业投资集团有限公司	2000-9-30	www.zjvc.cn	0571-88259216
浙江省科技风险投资有限公司	1993-6	www.zvc-zj.com	0571-88869317
浙江盛元股权投资基金管理有限公司	2017-5-12	—	0571-88375737
浙江泰银创业投资有限公司	2007-10-26	—	—
浙江天使湾创业投资有限公司	2010-9-29	www.tisiwi.com	0571-28237185
浙江天堂硅谷朝阳创业投资有限公司	2007-4-16	—	0571-87081027
浙江天堂硅谷晨曦创业投资有限公司	2007-10-16	—	0571-87081027
浙江天堂硅谷合丰创业投资有限公司	2009-10-13	—	0571-87081027
浙江天堂硅谷合胜创业投资有限公司	2009-10-20	—	0571-87081027
浙江天堂硅谷合行至臻股权投资合伙企业（有限合伙）	2015-5-18	—	0571-86483523
浙江天堂硅谷合众创业投资有限公司	2007-10-24	—	0571-87081027
浙江天堂硅谷和翔股权投资合伙企业（有限合伙）	2012-7-9	—	0571-86483523
浙江天堂硅谷恒通创业投资有限公司	2008-5-26	—	0571-87081027
浙江天堂硅谷恒裕创业投资有限公司	2008-1-3	—	0571-87081027
浙江天堂硅谷久和股权投资合伙企业（有限合伙）	2012-3-1	—	0571-86483523
浙江天堂硅谷久融股权投资合伙企业（有限合伙）	2011-6-2	—	0571-86483523
浙江天堂硅谷久晟股权投资合伙企业（有限合伙）	2011-8-23	—	0571-87081027

续表

公司名称	成立日期	网址	电话
浙江天堂硅谷久盈至臻股权投资合伙企业（有限合伙）	2012-2-13	—	0571-86483523
浙江天堂硅谷鲲诚创业投资有限公司	2006-12-1	—	0571-87081027
浙江天堂硅谷鲲鹏创业投资有限公司	2009-6-26	—	0571-87081027
浙江天堂硅谷乐通至臻股权投资合伙企业（有限合伙）	2011-2-24	—	0571-86483523
浙江天堂硅谷七弦股权投资合伙企业（有限合伙）	2011-2-21	—	0571-87081027
浙江天堂硅谷台州合盈股权投资有限公司	2011-3-3	—	0571-87081027
浙江天堂硅谷天晟股权投资合伙企业（有限合伙）	2011-4-29	—	0571-86483523
浙江天堂硅谷阳光创业投资有限公司	2006-6-20	—	0571-87081027
浙江天堂硅谷银泽股权投资合伙企业（有限合伙）	2010-10-19	—	0571-87081027
浙江天堂硅谷盈丰股权投资合伙企业（有限合伙）	2010-7-30	—	0571-87081027
浙江天堂硅谷盈通创业投资有限公司	2010-6-1	—	0571-87081027
浙江万安投资管理有限公司	2015-5-18	—	0571-86655863
浙江维科创业投资有限公司	2008-2-28	—	0571-87207616
浙江先文投资管理有限公司	2017-4-14	—	0517-85279785
浙江新安创业投资有限公司	2011-3-25	—	0571-88845040
浙江信德丰创业投资有限公司	2010-5-27	—	0571-87221919
浙江亿都创业投资有限公司	2007-11	—	0571-85310058
浙江银江股权投资管理有限公司	2011-5-26	—	0571-81960355
浙江银江辉皓创业投资合伙企业（有限合伙）	2019-11-1	—	—
浙江银杏云股权投资基金合伙企业（有限合伙）	2014-6-12	—	0571-86036868
浙江盈瓯创业投资有限公司.	2010-11-5	—	0571-88301885
浙江浙大大晶创业投资有限公司	2001-1-3	—	0571-87382890
浙江浙大联合创新投资管理合伙企业（有限合伙）	2014-9-15	www.zdlhcx.com	0571-88022127

续表

公司名称	成立日期	网址	电话
浙江浙大友创投资管理有限公司	2001-1-21	—	0571-87952529
浙江浙华投资有限公司	2005-6-18	www.zhinvest.com.cn	0573-82582616
浙江浙科汇利创业投资有限公司	2010-5	—	0571-88869317
浙江浙科汇涛创业投资合伙企业（有限合伙）	2011-5-9	—	0571-88869317
浙江浙科汇盈创业投资有限公司	2009-8	—	0571-88869317
浙江浙科美林创业投资有限公司	2011-4	—	0571-88869317
浙江浙科投资管理有限公司	2011-11	—	0571-88869317
浙江浙科银江创业投资有限公司	2010-10-14	—	0571-88869317
浙江浙能创业投资有限公司	2003-3-11	—	0571-86679060
浙江臻弘股权投资基金管理有限公司	2016-1-20	—	0571-88071605
浙江智新泽地投资管理有限公司	2016-5-18	www.zhixinzedi.com	0571-86020000
浙江舟山如山汇盈创业投资合伙企业（合伙企业）	2016-4-28	—	0571-87814985
浙江诸暨惠风创业投资有限公司	2008-8-6	—	0575-87015792
浙江诸暨头头是道投资合伙企业（有限合伙）	2017-9-20	—	0571-88370000
舟山浙科东港创业投资合伙企业（有限合伙）	2018-7-24	—	0571-88869317
诸暨鼎信创业投资有限公司	2008-7-29	—	0571-87814985
诸暨富华产业转型升级基金合伙企业（有限合伙）	2017-8-3	—	—
诸暨富华中云投资合伙企业（有限合伙）	2017-11-17	—	0575-88163183
诸暨恒晋融汇创业投资合伙企业（有限合伙）	2017-8-23	—	0571-88217757
诸暨华睿嘉银创业投资合伙企业（有限合伙）	2014-11-21	—	—
诸暨华睿聚智股权投资合伙企业（有限合伙）	2018-5-29	—	—
诸暨华睿庆丰创业投资合伙企业（有限合伙）	2016-12-1	—	—
诸暨华睿文华股权投资合伙企业（有限合伙）	2015-6-10	—	—
诸暨华睿新锐投资合伙企业（有限合伙）	2015-6-1	—	—
诸暨华越投资有限公司	2017-7-3	—	—
诸暨如山汇安创业投资合伙企业（有限合伙）	2017-5-2	—	0571-87814985

续表

公司名称	成立日期	网址	电话
诸暨市文晨股权投资合伙企业（有限合伙）	2018-7-18	—	0571-89978799
诸暨浙科乐英创业投资合伙企业（有限合伙）	2018-4-2	—	0571-88869317
华章天地传媒投资控股集团有限公司	2013-4-28	—	0791-86895379
江西高技术产业投资股份有限公司	2002-3	www.jxvc.com.cn	0791-88110252
江西立达新材料产业创业投资中心（有限合伙）	2011-8-3	www.reitercapital.com	0791-83851565
南昌创业投资有限公司	2005-12	www.ncct.com.cn	0791-82287891
安徽鼎信创业投资有限公司	2012-6-5	—	0551-65312833
安徽丰创生物技术产业创业投资有限公司	2013-4-2	—	0551-65182095
安徽高新金通安益二期创业投资基金（有限合伙）	2015-12-24	www.jtay.cn	0551-66187661
安徽高新金通安益股权投资基金（有限合伙）	2015-3-23	www.jtay.cn	0551-66103781
安徽国安创业投资有限公司	2010-9-15	—	0551-65732844
安徽国耀创业投资有限公司	2013-11-28	—	0551-62625578
安徽国元创投有限责任公司	2010-6-13	www.ahgyct.com	0551-63699708
安徽汇智富创业投资有限公司	2013-3-26	www.tzjf.com.cn	0551-65383158
安徽火花科技创业投资有限公司	2013-6-25	—	18756917539
安徽省创业投资有限公司	2008-7-9	www.ahinv.com	0551-63677280
安徽省科创投资管理咨询有限责任公司	2000-10-31	—	0551-66195767
安徽省科技产业投资有限公司	1999-7	www.ahkjtz.com.cn	0551-66195717
安徽兴皖创业投资有限公司	2010-8-20	—	0551-65732844
安徽智鼎创业投资有限公司	2009-11	www.qyzyw.com	0551-64651822
安庆发投创业投资有限公司	2012-9-28	—	0556-5289108
蚌埠市天使投资基金（有限合伙）	2016-10-20	—	0552-3183878
蚌埠市远大创新创业投资有限公司	2010-9-28	—	0551-63186678
蚌埠中城创业投资有限公司	2009-3-16	—	0552-3183878
池州中安创业投资基金合伙企业（有限合伙）	2016-6-14	—	0551-65732844
滁州浚源创业投资中心（有限合伙）	2011-6	www.jycapital.cn	010-82609194
合肥高特佳创业投资有限责任公司	2010-4-19	www.szgig.com	15056922103

续表

公司名称	成立日期	网址	电话
合肥高新产业投资有限公司	2016-7-12	—	0551-65326361
合肥高新创业投资管理合伙企业（有限合伙）	2015-8-21	www.hfgxt.com.cn	0551-65326361
合肥高新科技创业投资有限公司	2012-10-19	www.hfgxt.com.cn	0551-65326361
合肥赛富合元创业投资中心（有限合伙）	2011-1-13	—	010-65630202
合肥市创新科技风险投资有限公司	2000-8-28	www.hfgk.com	0551-62616563
合肥市高科技风险投资有限公司	2000-4-18	—	0551-63535831
合肥兴泰资本管理有限公司	1997-6-2	www.hfxtzb.com	0551-63758991
合肥中科亚商创业投资管理有限公司	2017-12-7	—	—
淮南市创业风险投资有限公司	2011-11-26	—	0554-6699152
六安中安天使基金合伙企业（有限合伙）	2016-6-21	—	0551-63677280
铜陵明源循环经济产业创业投资基金中心（有限合伙）	2014-4-30	—	0562-2885287
芜湖瑞建汽车产业创业投资有限公司	2010-7-1	—	0553-3812768
芜湖市世纪江东创业投资中心（有限合伙）	2009-8-18	www.jd-capital.cn	0553-5772022
芜湖远大创业投资有限公司	2009-4-23	—	0553-5992132
宣城火花科技创业投资有限公司	2017-6-15	—	0551-65168562
国科瑞祺物联网创业投资有限公司	2010-7-22	www.casim.cn	010-82607629
海得汇金创业投资江阴有限公司	2011-3-3	www.head-capital.cn	0510-81602057
华软创业投资无锡合伙企业（有限合伙）	2009-8	www.csinvestmentgroup.com	010-82525455
华软创业投资宜兴合伙企业（有限合伙）	2010-8-25	www.csinvestmentgroup.com	010-82525455
江苏金茂环保产业创业投资有限公司	2010-12-17	www.jolmo.net	025-84730370
江苏省无锡江大大学科技园有限公司	2001-12-30	www.j-park.jiangnan.edu.cn	0510-85191065
江苏中科物联网科技创业投资有限公司	2010-7-14	www.casiot.com	0510-85383398
江阴滨江科技创业投资有限公司	2016-6-20	—	0510-86869712
江阴市高新技术创业投资有限公司	2007-2-6	—	0510-81602090

续表

公司名称	成立日期	网址	电话
农银国联无锡投资管理有限公司	2011-9-30	—	0510-85199125
苏民创业投资有限公司	2017-10-16	—	0510-88585200
无锡 TCL 爱思开半导体产业投资基金合伙企业（有限合伙）	2015-9-1	—	0510-82800509
无锡 TCL 创业投资合伙企业（有限合伙）	2010-7	—	0510-82800509
无锡滨湖科技创业投资有限责任公司	2006-7-18	—	0510-85898528
无锡创业投资集团有限公司	2000-10-26	www.wxvcg.com	0510-82698712
无锡高新技术创业投资股份有限公司	2000-8	www.wxvc.com.cn	0510-85269565
无锡国联厚泽创业投资企业（有限合伙）	2011-10-28	—	021-61631096
无锡国联浚源创业投资中心（有限合伙）	2010-4-16	www.jycapital.cn	0510-82700340
无锡国联卓成创业投资有限公司	2009-12-23	—	021-61005590
无锡厚泽成长创业投资企业（有限合伙）	2011-7-5	—	021-61631095
无锡厚泽创新创业投资企业（有限合伙）	2011-6-27	—	021-61631095
无锡华软投资管理有限公司	2009-6	www.csinvestmentgroup.com	010-82525455
无锡惠开正合投资管理有限公司	2018-3-29	—	0510-83588698
无锡江南大学国家大学科技园有限公司	2009-4-3	www.j-park.jiangnan.edu.cn	0510-85191065
无锡江溪科技创业投资有限公司	2017-9-22	—	0510-88232059
无锡金投资本管理有限公司	2015-2-10	—	0510-85189096
无锡均衡创业投资有限公司	2007-11-14	—	0510-86216651
无锡浚源资本管理中心（有限合伙）	2010-4-16	www.jycapital.cn	0510-82700340
无锡力合清源创业投资合伙企业（有限合伙）	2011-9-9	www.leaguercapital.com	0519-86220118
无锡领汇创业投资中心（有限合伙）	2011-5-23	—	021-64011718
无锡瑞明博创业投资有限公司	2010-12-15	—	025-83172132
无锡赛天投资管理有限公司	2017-5-31	—	—
无锡市金惠创业投资有限责任公司	2006-11	—	0510-83891372
无锡市锡山创业投资有限公司	2007-8	—	0510-88705868
无锡市新区科技金融创业投资集团有限公司	2008-1-31	www.wxvc.com.cn	0510-81816620

续表

公司名称	成立日期	网址	电话
无锡太湖云和正奇科技成果转化创业投资企业	2018-10-25	www.yunhecapital.com	010-51709709
无锡锡山科技创业园有限公司	2005-9-20	—	0510-83781855
无锡新区领航创业投资有限公司	2009-8-3	www.wxvc.com.cn	0510-85269546
无锡源清创业投资有限公司	2012-6-28	—	0510-81801983
无锡源清盛华创业投资有限公司	2013-4-28	—	0510-81801983
无锡源鑫创业投资企业（有限合伙）	2015-1-5	—	0510-85160676
无锡耘杉创业投资中心（有限合伙）	2013-7-12	—	0510-83333767
无锡正海联云投资企业（有限合伙）	2012-12-4	—	021-50937908
无锡中科汇盈二期实业投资有限责任公司	2010-4-7	—	0510-82739911
无锡中科汇盈实业投资有限责任公司	2008-3-7	—	0510-82739911
无锡众合投资发展有限公司	2006-12	—	0510-82720555
宜兴江南天源创业投资企业（有限合伙）	2011-3-16	—	0510-82800509
东莞市博源凯德创业投资合伙企业（有限合伙）	2011-1-24	—	0769-23022118
佛山市优势集成创业投资合伙企业（有限合伙）	2010-6-8	—	0757-83216333
佛山优势资本创业投资合伙企业（有限合伙）	2012-10-24	—	0757-81231622
广东博源创业投资有限公司	2009-9-24	—	0769-23022118
广东红土创业投资有限公司	2012-3-27	—	020-33372666
广东汇鑫成长股权投资合伙企业（有限合伙）	2016-8-2	—	0769-22801029
广东集成创业投资有限公司	2008-9-23	www.ipevc.cn	0757-83216333
广东猎投基金管理合伙企业（有限合伙）	2014-6-17	—	0757-86367375
广东启程青年创业投资合伙企业（有限合伙）	2013-11-15	www.th-vc.com	020-31001286
广东清合创业投资有限公司	2016-2-4	—	—
广东三泽投资管理有限公司	2015-11-23	—	0731-82768320
广东省科技创业投资有限公司	1992-11-5	www.gvcgc.com	020-87680388
广东省科技风险投资有限公司	1998-1-8	www.gvcgc.com	020-87683662
广东省粤科大学生创新创业投资有限公司	2015-6-11	—	020-83256937

续表

公司名称	成立日期	网址	电话
广东省粤科金融集团有限公司	2000-9-21	www.gvcgc.com	020-87680388
广东莞商清大股权投资合伙企业（有限合伙）	2016-8-12	—	0769-22897997
广东蚁米创业投资合伙企业（有限合伙）	2015-5-5	—	020-28212008
广东粤科惠华电子信息产业创业投资有限公司	2013-12-20	—	020-83256973
广东粤科天使一号创业投资有限公司	2013-12-9	—	020-83256918
广东中科科创创业投资管理有限责任公司	2009-7-15	www.gdcsm.com	020-88836036
广华创业投资有限公司	2016-3-3	www.grower-vc.com.cn	020-22213668
广州暴龙投资企业（有限合伙）	2014-2-28	www.trexcap.com	020-37887249
广州超级暴龙投资企业（有限合伙）	2015-5-19	www.trexcap.com	020-37887249
广州海朋壹投资企业（有限合伙）	2016-2-6	—	13828237127
广州红土科信创业投资有限公司	2011-7-6	—	020-33372666
广州科学城创业投资管理有限公司	2018-3-22	—	020-82517530
广州零米壹投资企业（有限合伙）	2016-6-30	—	020-80929283
广州萌芽投资企业（有限合伙）	2014-3-26	—	020-66685558
广州南粤澳德股权投资基金管理有限公司	2015-5-21	—	020-86155837
广州乾兴引导股权投资合伙企业（有限合伙）	2018-1-4	—	020-85655572
广州睿诚创业投资有限公司	2017-11-1	—	020-84625788
广州市英诺投资合伙企业（有限合伙）	2015-10-8	www.innoangel.com	080-84788935
广州市中海汇金创业投资合伙企业（有限合伙）	2017-11-3	—	020-31077846
广州穗甬原创投资管理有限公司	2016-6-30	—	020-80929283
广州投元一号股权投资合伙企业（有限合伙）	2018-5-2	—	0755-82800020
广州蚁米町丰创业投资合伙企业（有限合伙）	2016-8-3	—	020-28212008
广州蚁米戊星股权投资合伙企业（有限合伙）	2017-8-7	—	020-28212008
广州原点壹号创业投资企业（有限合伙）	2016-5-9	www.oriza.com.cn	—
广州原与心投资合伙企业（有限合伙）	2017-1-12	—	020-80929283
广州中创崔毅天使投资企业（有限合伙）	2016-4-14	—	020-66685558

续表

公司名称	成立日期	网址	电话
广州琢石成长股权投资企业（有限合伙）	2015-5-20	—	020-89206579
清远高新区天安产业投资基金（有限合伙）	2018-5-31	—	0755-25588909
深圳安芙兰股权投资基金合伙企业（有限合伙）	2018-6-26	—	010-66415610
深圳健和投资管理有限公司	2015-7-3	www.joininghome.com	0755-23610361
深圳凯盈华枫创业投资合伙企业（有限合伙）	2016-1-22	—	0755-86529978
深圳力合载物创业投资有限公司	2016-8-16	www.leaguervc.com	0755-26608576
深圳南山上华红土双创股权投资基金合伙企业（有限合伙）	2017-8-25	—	0755-86668800
深圳奇迹之光创业投资企业	2016-3-24	—	18420086966
深圳前海创享恒利股权投资基金合伙企业（有限合伙）	2017-1-10	—	0755-26653799
深圳前海掌趣创享股权投资企业（有限合伙）	2014-8-22	—	0755-86653799
深圳市大米成长新兴产业股权投资基金合伙企业（有限合伙）	2017-4-13	www.damivc.com	—
深圳市海创创新基金合伙企业（有限合伙）	2016-4-19	—	0755-82568486
深圳市诺亚信成长一期股权投资合伙企业（有限合伙）	2015-5-27	—	0755-25588909
深圳市青橙资本股权投资管理合伙企业（有限合伙）	2015-4-8	www.limecap.com.cn/	0755-86656111
深圳市睿鼎成长一期投资基金合伙企业（有限合伙）	2016-4-22	www.readingcap.com	0755-23947927
深圳市中美创投硅谷行基金管理企业（有限合伙）	2015-1-9	www.suvc.com.cn	0755-35596629
深圳市中美共创互联网资产管理企业（有限合伙）	2015-11-4	www.suvc.com.cn	0755-86957093
深圳仙瞳精睿创业投资企业（有限合伙）	2014-12-30	—	0755-26069007
深圳仙瞳生物医疗股权投资基金合伙企业（有限合伙）	2016-11-8	—	0755-26069007
深圳远致富海新兴产业投资企业（有限合伙）	2016-2-16	—	0755-83885732
深圳追梦者投资企业（有限合伙）	2016-3-24	—	0755-22676481

续表

公司名称	成立日期	网址	电话
中山火炬开发区点亮天使投资合伙企业（有限合伙）	2016-12-19	—	0755-89366624
珠海横琴零壹智能科技产业投资合伙企业（有限合伙）	2017-3-21	—	—
珠海市庚通投资合伙企业（有限合伙）	2014-12-24	—	—
珠海市横琴乾元中鼎股权投资合伙企业（有限合伙）	2016-8-5	—	020-85655572
珠海市易合丁酉二号股权投资基金（有限合伙）	2017-4-27	www.rencapital.com.cn	0755-23890291
珠海市易合戊戌股权投资基金（有限合伙）	2018-6-5	www.rencapital.com.cn	0755-23890291
珠海香洲科滥天使投资合伙企业（有限合伙）	2017-5-16	—	0756-3616568
佛山金茂投资顾问管理有限公司	2008-6-5	—	—
佛山市博古科技投资有限公司	2009-9-14	—	0757-87380711
佛山市科海创业投资有限公司	2002-5-15	—	0757-86683130
佛山市科技风险投资有限公司	2010-9-10	—	0757-82583528
佛山优势资本创业投资管理有限公司	2012-9-26	—	0757-81231622
广东安信德摩牙科产业股权投资合伙企业（有限合伙）	2014-1-9	—	—
广东国科蓝海创业投资企业（有限合伙）	2015-6-17	—	0755-88265270
广东弘德恒顺新材料创业投资合伙企业（有限合伙）	2017-6-19	—	0755-88265270
广东弘德投资管理有限公司	2010-9-14	—	0755-88265270
广东集成富达基金管理中心（有限合伙）	2009-12-16	—	0757-83216333
广东金九格基金管理有限公司	2017-3-7	—	0757-86234541
广东力合开物创业投资基金合伙企业（有限合伙）	2017-1-12	—	0757-86367375
广东猎投创业投资基金合伙企业（有限合伙）	2014-10-28	—	0757-86367375
广东睿和投资管理有限公司	2010-12-8	www.gdjrh.cn	0757-81850246
广东顺德高新创业投资管理有限公司	2013-9-17	—	0757-22229666
广东顺德科创基金投资有限公司	2019-1-2	—	—

续表

公司名称	成立日期	网址	电话
广东优势易盛创业投资管理合伙企业（有限合伙）	2016-7-26	—	0757-81231622
爱特众创空间（厦门）投资管理有限责任公司	2015-5-8	—	0592-8010345
弘信创业工场投资集团股份有限公司	1996-10-30	—	18259079801
罗普特（厦门）投资管理有限公司	2013-5-30	—	0592-3662253
厦门爱爱特投资管理合伙企业（有限合伙）	2014-9-12	—	0592-8010345
厦门博芮投资股份有限公司	2012-5-29	www.xmbory.com	18250758527
厦门高能投资有限公司	1999-11-18	—	0592-2682688
厦门高新技术创业中心有限公司	1996-12-18	www.xmibi.com	0592-3923888
厦门高新科创天使创业投资有限公司	2013-3-11	www.xmibi.com	0592-6036652
厦门国海坚果投资管理有限公司	2013-3-28	www.capitalnuts.com	0592-2577214
厦门海西创业投资有限公司	2015-6-9	www.hxvc.cn	0592-2519991
厦门海西股权投资中心管理有限公司	2013-9-30	—	0592-2519991
厦门弘信移动互联股权投资合伙企业（有限合伙）	2014-8-1	—	0592-5670277
厦门弘信云创业股权投资管理合伙企业（有限合伙）	2014-6-12	—	0592-5670277
厦门红土投资管理有限公司	2010-6-12	—	0592-5778290
厦门火炬产业发展股权投资基金有限公司	2015-3-10	—	—
厦门火炬集团创业投资有限公司	2004-4-5	www.xmhjtz.com	0592-5711928
厦门坚果投资管理有限公司	2012-8-7	www.capitalnuts.com	0592-2577214
厦门健和熙资本管理有限公司	2016-1-16	—	0592-5952900
厦门京道产业投资基金管理有限公司	2011-12-27	www.kingdomcapital.com.cn	0592-3869888
厦门京道科创投资合伙企业（有限合伙）	2015-8-17	—	0592-3869888
厦门科技创业投资有限公司	2011-4-6	—	0592-5711928
厦门隆领海西创业投资合伙企业（有限合伙）	2016-1-14	—	0592-2652999

续表

公司名称	成立日期	网址	电话
厦门隆领投资合伙企业（有限合伙）	2011-3-29	www.lognling.com	0592-2652999
厦门铭源红桥投资管理有限公司	2011-8-31	—	0592-2278621
厦门软件产业投资发展有限公司	1998-12-2	www.xsoft.com.cn	0592-2519991
厦门锐泰隆投资发展有限公司	2011-7-6	—	13696979930
厦门天鉅基业股权投资合伙企业（有限合伙）	2011-6-17	—	18950069009
厦门伟泰晟弘股权投资合伙企业（有限合伙）	2017-3-2	—	0592-5655853
厦门文广投资管理有限公司	2014-11-17	—	0592-6308352
厦门携合创业投资合伙企业（有限合伙）	2013-8-1	—	0592-2278621
厦门信诚通创业投资有限公司	2015-3-27	—	0592-5952900
厦门信息集团资本运营有限公司	2015-1-30	—	0592-5952900
厦门英诺爱特投资管理有限公司	2016-3-8	—	0592-8010345
厦门英诺嘉业股权投资基金合伙企业（有限合伙）	2016-8-12	—	13400645852
厦门英特嘉投资管理有限公司	2016-5-10	—	—
厦门中和元投资管理有限公司	2011-12-19	www.cnhor.om	0592-2511533
厦门中和致信创业投资合伙企业（有限合伙）	2012-12-11	—	0592-2511533
宸科创业投资（深圳）合伙企业（有限合伙）	2017-7-17	—	0592-86522019
宸科创业投资（深圳）有限公司	2017-6-14	—	13728701001
诚承投资控股有限公司	2013-10-8	—	020-38894990
光大控股创业投资（深圳）有限公司	2001-4-4	—	0755-83024379
广东国科创业投资有限公司	2010-10-28	—	0755-88265270
国信弘盛创业投资有限公司	2008-8-8	www.hs.guosen.com.cn	0755-83235934
君盛投资管理有限公司	2003-1-13	www.junsancapital.com	0755-82571118
蓝鲸家族资本管理（深圳）有限公司	2015-6-4	www.ljjzcapital.com	0755-26910546
深圳创展谷创业投资有限公司	2016-10-31	—	0755-86681555
深圳德威精选股权投资有限公司	2013-11-25	—	0755-88603888
深圳国成世纪创业投资有限公司	2003-4-16	www.ciamvc.com	0755-83733767
深圳国金纵横投资管理有限公司	2013-12-6	www.guojin.com	0755-82997467

续表

公司名称	成立日期	网址	电话
深圳加法创业投资有限公司	2017-2-23	—	13798545070
深圳力合清源创业投资管理有限公司	2010-4-28	www.leaguercapital.com	0755-26711968
深圳力合融通创业投资有限公司	2011-12-13	—	—
深圳力合智汇创新基金管理有限公司	2016-8-18	www.leaguerf.com	0755-86577888
深圳诺辉岭南投资管理有限公司	2015-3-5	—	0755-86705783
深圳鹏德创业投资有限公司	2010-7	—	0755-26549385
深圳前海同威资本有限公司	2013-4-10	—	0755-86715587
深圳前海中力股权投资基金管理有限公司	2015-10-15	—	—
深圳市保腾创业投资有限公司	2007-12-3	www.platinumvc.cn	0755-23982886
深圳市保中太创业投资有限公司	2007-4-6	—	0755-83244848
深圳市博爱生投资管理有限公司	2003-6-30	—	0755-86111029
深圳市博叡创业投资有限公司	2010-3-18	www.boricapital.com	0755-83669873
深圳市创东方投资有限公司	2007-8-21	www.cdfcn.com	0755-83189608
深圳市创福汇产业运营信息有限公司	2017-11-22	—	0755-89826666
深圳市创新投资集团有限公司（管理）	1999-8-25	www.szvc.com.cn	0755-82912888
深圳市达晨财智创业投资管理有限公司	2008-12-15	—	0755-83515108
深圳市达晨创业投资有限公司	2000-4	www.fortunevc.com	0755-83515108
深圳市鼎实创业投资有限公司	2001-4-18	—	0755-25771135
深圳市鼎正投资咨询有限公司	2003-4-23	—	0755-26551907
深圳市分享创业投资管理有限公司	2009-4-28	www.sharecapital.cn	0755-86331909
深圳市分享投资合伙企业（有限合伙）	2007-8-27	www.sharecapital.cn	0755-86331909
深圳市孚威创业投资有限公司	2007-10-15	www.szfuweivc.com	0755-25771135
深圳市福田投资控股有限公司	1983-11-29	www.ftid.com.cn	0755-82078603
深圳市高新投创业投资有限公司	1994-12-29	www.szhti.com.cn	0755-82852588
深圳市国成科技投资有限公司	1997-9-8	www.szgcvc.com	0755-83516448
深圳市和康投资管理有限公司	2010-9-17	—	0755-26776208

续表

公司名称	成立日期	网址	电话
深圳市红土星河创业投资合伙企业（有限合伙）	2016-3-16	—	0755-83883956
深圳市洪韦盛实业有限公司	2000-11-6	—	0755-86052996
深圳市华智创业投资管理有限公司	2016-2-26	—	0755-26907260
深圳市佳利泰创业投资有限公司	2009-7-20	www.jialitai.com	0755-25312078
深圳市金域九鼎股权投资中心（有限合伙）	2012-5-23	—	0755-26551907
深圳市君丰创业投资基金管理有限公司	2009-9-30	www.jfamc.com	0755-82823636
深圳市纳兰德投资基金管理有限公司	2010-11-8	—	0755-23814191
深圳市年利达创业投资有限公司	2007-9-20	—	0755-23993628
深圳市朋年投资集团有限公司	2007-3-21	www.pn1970.com	0755-26501133
深圳市坪山区红土创新发展创业投资有限公司	2015-12-24	—	0755-82912888
深圳市前海乐途资本管理有限公司	2015-6-20	—	0755-86575081
深圳市融创创业投资有限公司	2008-1-23	www.szrci.com	0755-22678441
深圳市深港产学研科技发展有限公司	2001-4-6	www.ier.org.cn	0755-33631902
深圳市时代伯乐创业投资管理有限公司	2011-4-25	—	13923477000
深圳市松禾创业投资有限公司	1996-9	www.iervc.com.cn	0755-83290633
深圳市松禾资本管理有限公司	2007-4-26	www.pinevc.com.cn	0755-83290633
深圳市天成投资集团有限公司	2001-5-15	—	0755-88285522
深圳市同创伟业创业投资有限公司	2000-6-26	www.cowincapital.com.cn	0755-82877047
深圳市同心文鼎基金管理有限公司	2014-10-31	—	0755-86958592
深圳市欣龙控股股权投资基金管理有限公司	2018-12-20	—	0755-82563086
深圳市亚布力创新股权投资管理有限公司	2017-3-24	—	0755-88605150
深圳市倚锋创业投资有限公司	2007-8-22	www.efung.cc	0755-88302078
深圳市倚锋投资管理企业（有限合伙）	2012-3-7	www.efungcapital.com	0755-88316141
深圳市云创业投资管理有限公司	2015-7-21	—	0755-86360026
深圳西交海纳创业投资有限公司	2018-12-19	—	0755-86525985
星火工场（深圳）创业投资有限公司	2013-9-29	www.sparkchina.net	0755-26926349

续表

公司名称	成立日期	网址	电话
盈富泰克创业投资有限公司	2000-4-20	www.infovc.com	0755-82966478
招商局科技集团有限公司	1995-12-20	www.cmtech.net	18018727007
汉中投资基金管理有限公司	2017-8-4	—	0916-8858001
汉中众合创业投资管理有限公司	2018-4-2	—	0916-67853462
千山资本管理有限公司	2016-2-4	www.qianshancapital.com	010-65889989
陕西半导体先导基金管理有限公司	2019-4-9	—	029-85269966
陕西创文投资管理有限公司	2016-5-20	—	029-81121603
陕西德同福方投资管理有限公司	2012-12-20	—	029-88894811
陕西电子信息产业投资管理有限公司	2016-5-4	www.seci.vip	029-61816633
陕西动漫股权管理有限公司	2016-2-2	—	029-83216888
陕西敦敏投资合伙企业（有限合伙）	2017-2-14	—	029-86262570
陕西供销知守基金管理有限公司	2015-11-16	—	029-88893260
陕西航天红土创业投资有限公司	2010-6-24	—	029-89195223
陕西和灵投资管理有限公司	2012-6-12	www.hlholdings.com.cn	029-68295961
陕西宏信创业投资有限公司	2017-12-29	www.sxhxtz.com	029-89188628
陕西鸿创投资管理有限公司	2014-3-4	—	029-68200936
陕西华秦永和投资管理有限公司	2014-4-3	www.sxhqyh.com	029-89833544
陕西金河科技创业投资有限责任公司	2010-7-8	—	029-68255642
陕西金控知守基金管理有限公司	2017-3-10	—	029-88893260
陕西金资基金管理有限公司	2016-12-12	—	029-89820961
陕西景润投资管理有限公司	2015-1-19	www.jrinvest.com.cn	029-85411206
陕西久毅投资管理有限公司	2014-4-2	www.jiuyiziben.como	029-88601780
陕西科技创业投资管理有限公司	2012-9-18	www.cycn.net	029-88446713
陕西科控启元创业投资管理合伙企业（有限合伙）	2017-1-19	—	029-68953830
陕西科迈投资管理合伙企业（有限合伙）	2015-8-31	—	029-81107655
陕西空港金控资产管理有限公司	2018-4-16	—	029-33637669

续表

公司名称	成立日期	网址	电话
陕西空港临空产业投资管理有限公司	2018-9-21	—	029-33636035
陕西农发投资管理有限公司	2013-5-16	www.nongfacapital.com	029-88811438
陕西青年创业投资管理有限公司	2018-1-15	—	029-88888186
陕西荣厚源创业投资有限公司	2012-7-12	—	029-89864267
陕西省创业投资引导基金管理中心	2009-4-21	—	029-87311506
陕西省高新技术产业投资有限公司	1999-9-3	www.china-hics.com	029-68688232
陕西省西咸新区信息产业园投资发展有限公司	2012-5-30	www.xixianxbyg.com	029-38020610
陕西投资基金管理有限公司	2015-11-4	www.shaanxifund.cn	029-68296200
陕西文化产业投资基金（有限合伙）	2014-6-25	www.scgpimc.com	029-89558052
陕西中海创业投资有限公司	2014-5-23	www.zhhtz.com	029-89183253
神木金益基金管理有限公司	2017-1-4	—	0912-7110293
西安产业投资基金管理有限公司	2019-4-26	—	029-88858820
西安浐灞基金管理有限公司	2016-5-27	www.xajkgroup.com	029-83540065
西安德同迪亚士投资管理有限公司	2011-9-28	—	029-88894881
西安电子科大创投基金管理有限公司	2018-9-3	—	13669246525
西安敦成投资管理有限公司	2017-1-12	—	029-89528946
西安高新技术产业风险投资有限责任公司	1999-2-1	www.capitech.com.cn	029-65690856
西安高新盈峰创业投资管理有限公司	2016-11-23	—	029-81113016
西安关天西咸投资管理有限公司	2012-3-8	—	029-88854188
西安国海柏睿投资管理有限公司	2013-8-2	—	13817193231
西安航创基金管理有限公司	2017-6-5	www.hangchuangfund.com	029-62651380
西安航空城产业基金管理有限公司	2018-4-27	—	029-89083755
西安航天基地创新投资有限公司	2009-7-8	www.xaibfs.com	029-85688713
西安巨川国际投资公司	1995-5-5	—	029-88311659

续表

公司名称	成立日期	网址	电话
西安军融电子卫星基金投资有限公司	2016-5-13	—	029-68518971
西安科耐特投资管理有限公司	2014-7-8	www.chinacnt.com.cn	029-88272744
西安科睿投资管理有限公司	2018-11-14	—	—
西安霖禾创业投资管理合伙企业（有限合伙）	2017-10-27	—	—
西安青实资本管理有限公司	2017-10-26	www.xaeeq.com	029-89645185
西安上恩创业投资管理有限公司	2018-3-28	—	029-88217511
西安同泽投资有限公司	1995-5-5	—	029-88310595-208
西安微纳点石投资管理有限公司	2017-4-27	—	029-81123325
西安西交科创股权投资合伙企业（有限合伙）	2016-2-4	—	029-89550936
西安西交一八九六资本管理有限公司	2017-6-12	www.xj1896.com	029-89550936
西安熙信科创资本管理合伙企业（有限合伙）	2016-1-22	—	029-89550936
西安现代服务业发展基金合伙企业（有限合伙）	2016-10-24	—	029-89836300
西安韵杰投资管理有限公司	2016-1-25	—	029-86180569
西安知守创业投资管理有限公司	2017-3-24	—	029-88608363
西安知行投资管理有限公司	2009-3-18	—	—
西安中辰伟业投资有限公司	2014-9-18	—	029-88810988
西咸新区金控资本资产管理有限公司	2017-9-5	—	029-33131925
亚联民加（西安）股权投资有限公司	2017-11-20	—	029-88815988
榆林能源产业基金管理有限公司	2016-11-21	www.ylnyfund.com	0912-7180262
中大兴业投资有限公司	2010-3-22	—	029-87999530
中兴众创（西安）投资管理有限公司	2017-9-15	—	029-88723051
杨凌东方富海现代农业生物产业股权投资企业（有限合伙）	2011-6-17	—	0755-83475866
陕西高端装备高技术创业投资基金（有限合伙）	2013-6-28	—	0917-3322911
宁夏国投基金管理有限公司	2002-8-26	—	0951-3026489
宁夏和鑫基金管理有限公司	2015-11-25	—	—

续表

公司名称	成立日期	网址	电话
宁夏穆坤投资基金管理有限公司	2014-3-19	www.mukunpe.com	0951-5099567
宁夏泰昇祥投资管理有限公司	2014-5-7	—	0951-3026600
宁夏中财高新投资管理有限公司	2013-4-17	www.nxzcgx.com	0951-7834967
白银科键创新创业投资基金合伙企业（有限合伙）	2016-11-4	—	0931-8539642
白银兰白大健康产业创业投资基金（有限合伙）	2017-2-15	—	0931-8539642
甘肃低碳产业科技发展投资基金（有限合伙）	2017-9-5	—	0931-8826221
甘肃兰白试验区张江创新创业投资基金合伙企业（有限合伙）	2017-1-10	—	021-50313139
甘肃普高创业投资基金（有限合伙）	2016-9-14	www.gspgct.com	0931-8515983
甘肃省科技风险投资有限公司	2001-8	—	0931-8537882
甘肃中睿泰德新兴农业投资基金（有限合伙）	2016-7-11	—	010-57613004
兰州鸿富创业投资基金	2018-8-2	www.gspgct.com	0931-8551882
兰州科技产业发展投资基金（有限合伙）	2016-7-28	www.hljczb.com	0931-4890527
兰州科技创新创业风险投资基金（有限合伙）	2016-7-28	—	0931-4890527
兰州重点产业知识产权运营基金（有限合伙）	2018-7-19	—	0931-8388539
博汇源创业投资有限合伙企业	2009-5-26	—	0755-29966130
霍尔果斯嘉泽创业投资有限公司	2012-11-28	—	13301286983
霍尔果斯凯风进取创业投资有限公司	2014-8-5	www.cowinvc.com	0512-66969517
喀什新昆创业投资有限公司	2012-7-24	—	13908871906
乌鲁木齐高新技术融资担保有限公司	2007-5-9	www.uhdz.gov.cn	0991-3650729
乌鲁木齐新奇康医药健康产业股权投资有限合伙企业	2019-7-9	—	0991-3638350
乌鲁木齐银创一期股权投资有限公司	2011-12-7	—	—
新疆合众易富股权投资合伙企业（有限合伙）	2011-9-29	—	13534003645
新疆火炬创业投资有限公司	2012-8-9	www.tvcxj.com	0991-3678085
新疆融汇鑫创业投资管理有限公司	2011-11-30	—	0991-6993761
新疆赛科森投资咨询有限责任公司	2002-4	—	13899913358

续表

公司名称	成立日期	网址	电话
新疆维吾尔自治区国有资产投资经营有限责任公司	1998-4-23	—	0991-2831446
新疆新科源科技风险投资管理有限公司	2004-8	—	0991-3680756
新疆兴华富疆股权投资管理有限公司	2015-8-6	—	0991-3955612
新疆浙新股权投资有限合伙企业	2011-11-2	—	13819485869
新疆中科援疆创新创业私募基金管理有限公司	2015-10-9	—	0991-3820157
新疆中小企业创业投资股份有限公司	2010-1-26	www.xjvc.cn	0991-4583310
紫腾投资有限公司	2010-7-20	—	0991-4528202
石家庄高新区科发投资有限公司	2010-3-23	—	0311-66685387
大连海融高新创业投资管理有限公司	2008-2-18	—	0411-66863683
大连海融高新创业投资基金有限公司	2007-12-29	—	0411-66863675
大连航天半岛创业投资基金合伙企业（有限合伙）	2018-6-1	—	0411-84722820
大连天使创业投资有限公司	2006-4-14	—	0411-84753206
大连万融天使投资有限公司	2010-11-30	—	0411-66863683
大连网信创业投资管理有限公司	1999-6-28	—	0411-82529852
大连银信创业投资有限公司	2006-9-13	—	0411-84802259
德晟创业投资有限公司	2011-3-9	—	0411-82778081
联合创业集团有限公司	2005-7-7	—	0411-88009333-819
三众投资有限公司	2009-5-21	—	0411-86797999
福建红桥创业投资管理有限公司	2007-8-29	www.hqcapital.com.cn	0592-2278621
蓝图创新投资管理（北京）有限公司	2014-3-13	www.lanfund.com.cn	—
厦门长融投资管理有限公司	2012-10-19	www.xmcrcapital.cn	0592-5035671
厦门创翼创业投资有限公司	2008-6-20	—	0592-2360788
厦门高能海银创业投资管理有限公司	2014-3-4	—	0592-2681116
厦门高新技术风险投资有限公司	1998-12-9	—	0592-2078632
厦门广道创业投资管理有限公司	2010-12-30	www.bnwvc.com	0592-5961813

续表

公司名称	成立日期	网址	电话
厦门红土创业投资有限公司	2010-6-8	—	0592-5778290
厦门华登创业投资有限公司	2008-8-13	www.xmerqing.com	0592-2206777
厦门吉相股权投资有限公司	2016-8-24	www.geecap.com	0592-3180206
厦门嘉壹创业投资有限公司	2014-9-12	—	0592-5134300
厦门七匹狼创业投资有限公司	2009-7-3	www.sw-gh.com	0592-5977387
厦门七匹狼节能环保产业创业投资管理有限公司	2012-12-28	—	0592-5977387
厦门青瓦投资管理有限公司	2014-5-5	www.greytile.cn	0592-2387228
厦门市弘磐投资管理有限公司	2016-6-28	—	0592-5757513
厦门永红创业投资有限公司	2006-12-19	—	0592-5051629
珠海港湾科宏创业投资有限公司	2018-3-16	—	0756-3616903
珠海港湾科睿创业投资有限公司	2018-3-16	—	0756-3616903
珠海高科创业投资管理有限公司	2017-9-28	—	—
珠海高新创业投资有限公司	2015-9-29	—	—
珠海高新技术创业投资管理有限公司	2017-8-25	—	0756-3616903
珠海高新天使创业投资有限公司	2017-1-25	—	0756-3616903
珠海红杉资本股权投资中心（有限合伙）	2010-3-26	—	010-84475668
珠海金控高新产业投资中心（有限合伙）	2014-4-23	—	—
珠海九控投资有限公司	2015-4-16	—	0756-3262037
珠海力高壹号创业投资基金合伙企业（有限合伙）	2018-5-30	—	0756-3616903
珠海领先互联高新技术产业投资中心（有限合伙）	2014-9-3	—	0756-3333838-8305
珠海清华科技园创业投资有限公司	2001-7	www.tspz.com	0756-3612888
珠海招商银科股权投资中心（有限合伙）	2012-1-21	—	0755-26672068
大同市财汇基金管理有限公司	2015-12-11	—	15935298633
晋商世纪山西股权投资管理有限公司	2013-8-7	www.jssjjt.com	0351-5627586
灵石县晋典投资管理有限公司	2013-3-11	—	13485494658
山西 TCL 汇融创业投资有限公司	2010-9-26	—	13683376156

续表

公司名称	成立日期	网址	电话
山西晨皓创业投资有限公司	2011-3-15	—	0351-8062171
山西丰创股权投资管理有限公司	2016-2-2	—	13834215856
山西高新产业投资基金管理有限公司	2017-7-5	—	0351-2799766
山西国盈富通股权投资管理有限公司	2018-5-3	—	0351-5618189
山西佳信德股权投资管理有限公司	2016-12-27	—	0358-8292188
山西金通创业投资有限公司	2012-12-7	—	0351-5623730
山西九昱龙股权投资管理有限公司	2017-9-28	—	—
山西龙城燕园创业投资管理有限公司	2012-2-15	—	0351-2986873
山西省产业基金管理有限公司	2017-10-12	—	0351-8687353
山西省中小企业创业投资有限公司	2013-10-25	—	0351-8225779
山西首赫投资管理有限公司	2012-11-14	www.sxshouhe.cn	0351-5269168
山西太钢创业投资有限公司	2010-2-5	—	0351-5262800
山西信卓股权投资管理有限公司	2017-9-26	—	—
山证基金管理有限公司	2013-6-5	—	0351-7028554
太原海信汇峰资产管理有限公司	2016-1-29	—	0351-5619652
太原清控科创投资基金管理有限公司	2016-4-7	—	—
太原市海信小微企业创业基金管理有限公司	2016-9-14	—	0351-5669996
天安地恒资产管理有限公司	2016-3-1	—	0351-5222373
魏都基金管理有限公司	2014-9-4	www.weidujijin.com	0352-2831777
阳泉市众科高新技术产业股权投资有限公司	2014-10-15	—	0353-6699027
宁波北岸智谷海邦创业投资合伙企业（有限合伙）	2016-7-7	—	0574-83088585
宁波北远创业投资中心（有限合伙）	2010-8-27	—	0574-27706565
宁波创业风险投资有限公司	1999-5-6	—	0574-86896339
宁波东元创业投资有限公司	2005-5-16	www.nbvc.com.cn	0574-87747281
宁波复旦创新中心有限公司	2013-10-23	—	0574-63906312
宁波海邦人才创业投资合伙企业（有限合伙）	2011-9-29	—	0574-83088585
宁波海达鼎兴投资管理有限公司	2011-11-11	—	0574-89019220
宁波弘晟致和投资管理合伙企业（有限合伙）	2018-2-11	—	0574-86681110

续表

公司名称	成立日期	网址	电话
宁波经济技术开发区金帆投资有限公司	2010-1-28	www.nbjinfan.com	0574-86789014
宁波开云融汇创业投资合伙企业（有限合伙）	2015-5-18	—	0574-27903661
宁波锎诚股权投资有限公司	2020-1-15	—	0574-28830033
宁波民和风险投资有限公司	2010-6-3	—	0571-55001908
宁波欧迅创业投资有限公司	2010-9-28	—	0574-83887739
宁波杉杉望新科技创业投资有限公司	2009-12-14	—	0574-56801567
宁波盛世鸿元投资管理有限公司	2014-2-21	—	0574-28830033
宁波市伯乐开图创业投资合伙企业（有限合伙）	2013-6-19	—	0574-27903661
宁波市天使投资引导基金有限公司	2013-1-8	www.nbstf.org.cn	0574-87910930
宁波天骥赢和股权投资管理有限公司	2016-4-18	—	—
宁波天堂硅谷合众股权投资合伙企业（有限合伙）	2012-2-16	—	0571-87081027
宁波天堂硅谷和慧创业投资合伙企业（有限合伙）	2013-1-15	—	0571-86483523
宁波天堂硅谷融正股权投资合伙企业（有限合伙）	2014-1-8	—	0571-86483523
宁波新以创业投资管理有限公司	2010-1-13	www.infinty-equity.com	0571-87993883
宁波新以创业投资合伙企业（有限合伙）	2010-1-29	www.infinity-equity.com	0574-87993883
宁波英飞伯乐创业投资管理有限公司	2015-6-25	www.infinity-equity.com	0574-87993883
宁波英飞伯乐创业投资合伙企业（有限合伙）	2015-9-10	—	0571-87993883
宁海盛世鸿升投资管理有限公司	2014-3-11	—	0571-28830033
维科产业投资管理有限公司	2018-1-17	—	0574-87254556
浙江蓝源投资管理有限公司	2011-10-21	www.bluesource.hk	0574-89019220
浙江以琳创业投资有限公司	2014-8-8	—	0574-89065938
成都银科创业投资有限公司	2009-3-18	www.ykvc.cn	028-85336380
成都盈创德弘创业投资合伙企业（有限合伙）	2015-9-23	—	028-85988466
毕节市科技创业投资有限公司	2014-12-29	—	0851-85567187

续表

公司名称	成立日期	网址	电话
鼎信博成创业投资有限公司	2010-8-26	—	0851-85806707
贵阳博实火炬新兴产业创业投资企业（有限合伙）	2013-7-30	—	0851-84111363
贵阳成创合力创业投资管理企业（有限合伙）	2011-3-25	—	0851-84757198
贵阳创新天使投资基金有限公司	2014-3-1	—	0851-85806600
贵阳高新创业投资有限公司	2011-4-27	—	0851-82203995
贵阳工投生物医药产业创业投资有限公司	2013-2-19	—	0851-84757198
贵阳贵银科技创业投资基金管理中心（有限合伙）	2016-12-9	—	—
贵阳花溪科技创业投资有限公司	2011-7-19	—	0851-83863159
贵阳甲秀创业投资中心（有限合伙）	2011-4-8	—	0851-84757198
贵阳市大数据安全产业创业投资基金有限公司	2017-10-19	—	0851-84757198
贵阳市服务外包及呼叫产业创业投资基金有限公司	2016-2-19	—	0851-84757198
贵阳市工业和信息化产业发展引导基金有限公司	2016-12-26	—	0851-84757198
贵阳市星火现代服务业创业投资有限公司	2014-5-13	—	0851-85806600
贵阳市引凤高技术产业创业投资基金有限公司	2014-5-13	—	0851-84757198
贵州创在青春创业投资中心（有限合伙）	2018-7-16	www.kkmfund.cn	0851-85281869
贵州得天汇信创业股权投资中心（有限合伙）	2013-9-23	—	0851-85081869
贵州鼎信博成投资管理有限公司	2009-9-16	—	0851-85806707
贵州鼎信卓越创业投资有限公司	2013-12-6	—	0851-85806707
贵州贵孵一起创天使基金投资中心（有限合伙）	2015-9-25	www.kkmfund.com	0851-85281869
贵州红土创业投资有限公司	2014-8-22	—	0851-84397138
贵州金通达投资有限公司	2012-10-22	www.jtd.cc	0592-8079999
贵州经开创业投资管理有限公司	2012-6-1	www.gzjkct.com	0851-3890646
贵州经开创业投资有限公司	2012-8-21	—	0851-3890646
贵州省贵鑫瑞和创业投资管理有限责任公司	2014-7-31	—	0851-86893303

续表

公司名称	成立日期	网址	电话
贵州省科技风险投资有限公司	1998-12	—	0851-85806600
贵州中水建设管理股份有限公司	2004-2-17	www.gsgcgw.com	0851-85584571
贵州筑银资本管理有限公司	2012-3-2	—	0851-84757198
六盘水市科技创业投资有限公司	2011-4-14	—	0851-84847535
黔西南州创业投资基金有限公司	2015-7-31	—	0851-3890646
铜仁梵净山科技创业投资有限公司	2013-4-9	—	0851-85806597
遵义科技创业投资有限公司	2010-11-5	—	0851-28235322
鞍山激光产业股权投资基金合伙企业中心（有限合伙）	2016-9-5	—	0412-31905001
鞍山科技创业投资有限责任公司	2001-3-22	—	0412-5200199
鞍山先进制造创新创业投资基金管理中心（有限合伙）	2018-6-14	—	0412-2601111
朝阳金河创业投资有限公司	2011-10-25	—	0421-2996628
辽宁诚泰投资有限公司	2012-10-31	—	024-83760928
辽宁创投投资管理有限公司	2016-8-3	www.lnvc.com.cn	024-2344922
辽宁国拓投资基金管理有限公司	2014-6-16	—	024-5667222
辽宁科发实业有限公司	1993-2-23	—	024-62265580
辽宁科技创业投资有限责任公司	2000-2-28	www.lnvc.com.cn	024-23244922
辽宁瑞世鑫源投资管理有限公司	2014-2-17	—	18940190077
盘锦宏盛股权投资基金管理有限公司	2016-6-30	—	0427-2680605
盘锦中以英飞投资管理有限公司	2016-6-29	—	0427-2680609
沈阳德鸿创展股权投资有限公司	2017-2-22	—	024-83785673
沈阳禾诚科技项目投资合伙企业（有限合伙）	2016-4-1	—	024-83760928
沈阳恒信安泰股权投资基金管理有限公司	2012-11-23	www.hxatvc.com	024-67767952
沈阳锦绣中和资本管理有限公司	2013-9-17	—	—
沈阳起点创业投资有限公司	2013-6-19	—	024-25626262
沈阳青果投资管理有限公司	2011-1-28	—	13624990901
沈阳星科汇创业投资有限公司	2017-9-14	—	024-83766267
沈阳裕泓投资管理有限公司	2016-6-20	—	024-22528949

续表

公司名称	成立日期	网址	电话
浙商创投（沈阳）有限公司	2013-8-21	www.zsvc.com.cn	024-31857212
中天辽创投资管理有限公司	2016-8-11	—	024-22870888
哈尔滨爱立方投资管理有限公司	2016-3-31	—	0451-85996739
哈尔滨创新投资有限公司	2002-6-28	—	0451-84686551
哈尔滨创业投资集团有限公司	2009-2-26	www.hrbvc.com.cn	0451-82668766
哈尔滨东方汇富创业投资管理有限公司	2015-7-10	—	13817502705
哈尔滨富德恒创业投资企业（有限合伙）	2014-1-24	—	18686790885
哈尔滨君丰创业投资企业（有限合伙）	2015-1-29	—	0451-82336520
哈尔滨朗江创新股权投资企业（有限合伙）	2015-4-1	—	0451-84865253
哈尔滨联创创业投资企业（有限合伙）	2015-12-3	—	010-65288289
哈尔滨市天琪创业投资企业（有限合伙）	2014-7-30	—	0451-82287777
哈尔滨市天琪股权投资基金管理企业（有限合伙）	2014-7-25	www.tqtz.com.cn	0451-82287777
哈尔滨越榕阳光投资企业（有限合伙）	2014-12-25	—	0451-87186164
哈尔滨云谷创业投资管理有限公司	2016-4-15	—	13904649197
哈尔滨云谷创业投资企业（有限合伙）	2013-7-9	—	13904649197
绵阳久盛科技创业投资有限公司	2004-3-5	—	0816-2354363
绵阳市金慧丰股权投资基金管理中心（有限合伙）	2014-3-26	—	13350011221
兰州高科创业投资担保有限公司	2003-11-28	—	0931-8711873
陕西源丰投资发展有限公司	2009-3-24	—	029-68255896
西安创新投资管理有限公司	2001-7-6	—	029-89183830
西安浩蓝行远投资管理有限公司	2017-7-17	—	029-81142186
西安红土创新投资有限公司	2008-6-24	—	029-89183830
西安君铸投资管理合伙企业（有限合伙）	2017-4-25	—	029-81124787
西安西旅创新投资管理有限公司	2008-6-24	—	029-89183830
海南青创投资管理有限公司	2014-3-17	www.joyoty.com	0898-65252198
海南师范大学科技园管理有限公司	2014-7-1	www.hkdsp.com	0898-65797407
海南雨点小额贷款有限公司	2016-4-6	—	15011398002

续表

公司名称	成立日期	网址	电话
海南众汇资本管理有限公司	2015-11-12	—	—
青岛长城高创创业投资管理有限公司	2014-3-21	—	—
青岛高创澳海股权投资管理有限公司	2016-7-21	—	0532-66072656
青岛高创投资管理有限公司	2009-12-25	—	0532-66072676
青岛高新创业投资有限公司	2011-6-24	www.qdhvc.com	0532-58882882
青岛华仁创业投资有限公司	2010-12-27	www.chinar.com.cn	0532-80905588
青岛里程碑创业投资管理有限公司	2011-5-20	www.ms-vc.com	0532-80931757
青岛迈通创业投资管理有限公司	2016-4-21	www.ms-vc.com	0532-80931757
青岛少海高创天地投资管理有限公司	2017-9-1	www.qdshgc.com	0532-66850075
青岛市科技风险投资有限公司	2000-8-17	huatongvc.com	0532-88013916
青岛协同创新股权投资管理有限公司	2013-9-30	—	0532-85063788
青岛信中利少海汇高创投资管理有限公司	2016-12-12	—	010-85550508
青岛英飞中润投资管理有限公司	2014-12-30	www.qdyfzr.com	0532-66850075
青岛知灼创业投资有限公司	2010-11-2	—	0532-85063788
青岛中科育成投资管理有限公司	2017-4-11	www.zkyctz.com	0532-55528759
长春市科技发展中心有限公司	1997-6-6	—	0431-88578575
长春市新兴产业股权投资基金有限公司	2012-3-23	www.cei.jl.cn	0431-81952959
吉林省摆渡创新工场有限公司	2014-5-23	www.baiduworks.com	0431-81940729
吉林省创投基金管理有限公司	2018-7-26	—	0431-85578002
吉林省科技投资基金有限公司	2009-12-16	www.jlkjtz.com	0431-81951206
福建北辰星投资管理有限公司	2014-2-24	www.poritarcap.com	18750108821
福建华兴创业投资有限公司	2000-12-26	www.fjhxvc.com	0591-88524881
福建省乐助投资有限公司	2011-4-25	—	0591-87886170
福州盈通投资管理有限公司	2035-4-26	—	0591-83815306
南安市红桥创业投资有限公司	2010-8-13	www.hqcapital.com.cn	0595-86392980
泉州市红桥创业投资有限公司	2010-2-22	www.hqcapital.com.cn	0595-28292980

续表

公司名称	成立日期	网址	电话
泉州市红桥民间资本管理股份有限公司	2008-10-29	www.hqcapital.com.cn	0595-82032099
青海国科创业投资基金（有限合伙）	2013-10-23	—	0971-5115081
青海汇富科技成果转化投资基金（有限合伙）	2015-12-21	—	0971-5115081
青海科技创新投资基金（有限合伙）	2013-12-25	—	010-88301980
青海省科技创新引导基金（有限合伙）	2018-12-12	—	0971-8239424
广西广投鼎新引导基金运营有限责任公司	2015-11-20	—	0771-5573871
广西国富创新股权投资基金管理有限公司	2016-1-29	—	0771-5573396
广西国厚资产管理有限公司	2016-12-23	—	0771-4796604
广西海东科技创业投资有限公司	2010-4-14	—	0772-3867268
广西锦蓝投资管理中心（有限合伙）	2016-4-16	—	0771-5382610
广西来宾鑫隆创业基金投资管理有限公司	2016-4-14	—	0772-4251335
广西米富基础创投投资管理中心（有限合伙）	2015-11-3	—	0771-5711009
广西钦州联同众创投资咨询有限公司	2015-12-30	—	18707770521
广西榕华创业孵化基地有限公司	2015-5-18	www.gxrhcyfh.com	0770-6128836
广西榕华科技投资有限公司	2015-11-12	—	13807704884
广西中小企业创业投资有限公司	2009-8-12	www.gxfi.net	0771-5782036
南宁厚润德基金管理有限公司	2016-5-18	—	0771-5656665
南宁市揽胜亿融基金管理有限公司	2016-10-21	—	0771-3389381
梧州市引导基金有限责任公司	2019-12-13	—	0774-3887678
海通远致股权投资管理（深圳）有限公司	2019-11-1	—	—
湖北长江招银产业基金管理有限公司	2016-1-29	—	—
宁波梅山保税港区蔚来新能投资管理有限公司	2016-8-25	www.niocapital.com	021-39137100
苏州工业园区致道投资管理有限公司	2018-5-8	—	0512-66609795
苏州中顺易资产管理有限公司	2016-7-15	—	—
武汉百赢汇智创业投资基金合伙企业（有限合伙）	2018-1-26	—	027-68789379
武汉百赢生物产业投资管理有限公司	2016-8-16	—	027-68789379

续表

公司名称	成立日期	网址	电话
武汉点亮创业投资基金合伙企业（有限合伙）	2017-1-9	—	—
武汉东湖高新硅谷天堂股权投资合伙企业（有限合伙）	2017-3-3	www.ggttvc.com	027-84844886
武汉高琰股权投资管理有限公司	2018-7-2	—	13297099117
武汉固德银赛创业投资管理有限公司	2009-4-21	www.gdysct.com	027-59817357、027-59817367
武汉科技创业天使投资基金合伙企业（有限合伙）	2014-1-10	—	027-87734202
武汉普华真新股权投资合伙企业（有限合伙）	2017-1-6	—	—
武汉睿成股权投资管理有限公司	2015-5-28	—	027-87171551
武汉天禾大健康产业股权投资基金合伙企业（有限合伙）	2019-6-6	—	—
中科院创业投资管理有限公司	2017-11-16	—	010-86252888
中科院科技成果转化创业投资基金（武汉）合伙企业（有限合伙）	2018-2-13	—	—
常熟金茂创业投资管理有限公司	2010-11	www.jolmo.com	025-84730370
高投名力成长创业投资有限公司	2007-4-29	www.mcgf.com.cn	021-62889998
江苏鼎信咨询有限公司	1998-4-27	—	025-86586900
江苏鼎信资本管理有限公司	2009-6-25	—	025-86586900
江苏高弘投资管理有限公司	2006-9	—	025-52308939
江苏高科技投资集团有限公司	1992-7-30	www.js-vc.com	025-85529999
江苏高投成长价值股权投资合伙企业（有限合伙）	2011-5	—	025-85529999
江苏高投创新科技创业投资合伙企业（有限合伙）	2011-4	—	025-85529999
江苏高投创新天使创业投资合伙企业（有限合伙）	2013-11-1	—	025-85529612
江苏高投创业投资管理有限公司	1999-1-29	—	025-85529999
江苏高投发展创业投资有限公司	2010-7-16	—	025-85529999
江苏高投科贷创业投资合伙企业（有限合伙）	2013-12-31	—	025-85529999
江苏高投宁泰创业投资合伙企业（有限合伙）	2012-1-30	—	025-85529999

续表

公司名称	成立日期	网址	电话
江苏高投中小企业创业投资有限公司	2009-5	—	025-85529999
江苏高新创业投资管理有限公司	2005-1-14	www.js-vc.com	025-85529819
江苏高新创业投资有限公司	2005-8-15	www.js-vc.com	025-85529819
江苏弘瑞科技创业投资有限公司	2002-9	—	025-52308939
江苏华控创业投资有限公司	2008-7-10	www.huakongpe.com	025-87716620
江苏华控投资管理有限公司	2008-1-15	—	025-87716620
江苏华睿投资管理有限公司	2010-6-12	www.hrvc.vip	025-82263032
江苏汇鸿创业投资有限公司	2004-7-6	—	025-86770767
江苏巨能控股集团有限公司	2010-8-23	—	025-86716841
江苏科泉高新创业投资有限公司	2012-10-31	www.kequanvc.com	025-85589170
江苏隆鑫创业投资有限公司	2006-5	—	025-84575383
江苏人才创新创业投资二期基金（有限合伙）	2015-5-19	—	025-85529999
江苏人才创新创业投资合伙企业（有限合伙）	2014-3-25	—	025-85529612
江苏瑞明创业投资管理有限公司	2009-12-30	—	025-83172132
江苏省高新技术创业服务中心	1996-10	www.jsbi.cn	025-83315408
江苏省现代服务业发展创业投资基金（有限合伙）	2015-5-29	—	025-85529999
江苏苏豪投资集团有限公司	1999-5-6	—	—
江苏天氏创业投资有限公司	2005-10-9	—	025-85867799
江苏毅达成果创新创业投资基金（有限合伙）	2015-5-19	—	025-85529617
江苏毅达股权投资基金管理有限公司	2014-2-18	—	025-85529999
江苏鹰能创业投资有限公司	2007-8-28	—	025-85529999
江苏紫金文化产业二期投资基金（有限合伙）	2014-9-16	—	025-85529999
江苏紫金文化产业发展基金（有限合伙）	2010-3-15	—	025-85529999
江苏紫金文化创业投资合伙企业（有限合伙）	2011-8-4	—	025-85529999
金雨茂物投资管理股份有限公司	2009-7-9	www.jolmo.net	025-84730370
南京恩然瑞光投资管理中心（有限合伙）	2016-12-14	www.ennovationvc.com	025-84488956

续表

公司名称	成立日期	网址	电话
南京高达资本管理有限公司	2011-9-22	www.goodvc.cn	025-83153506
南京高新创业投资有限公司	2012-6-1	—	025-58539385
南京红土创业投资有限公司	2010-5-31	www.szvc.com.cn	025-58861750
南京栖霞科技发展投资有限公司	2012-3-16	—	025-85393171
南京市高新技术风险投资股份有限公司	2001-2-24	www.nj-vc.com	025-86579659
南京市鼓楼科技创新投资发展有限公司	2011-3-17	—	025-83170781
南京市栖霞区科技创业投资有限公司	2009-7-31	—	025-85329822
南京文化创业投资有限公司	2011-2-24	—	025-83196330
南京协立创业投资有限公司	2009-5-11	—	025-86816827
南京中成创业投资有限公司	2009-8-28	—	025-83196330
南京紫金创投基金管理有限责任公司	2011-9-2	—	025-86579655
南京紫金科技创业投资有限公司	2011-8-8	www.njzjkc.com	025-86579606
浙江东翰高投长三角投资合伙企业（有限合伙）	2010-9-20	—	025-85529999
长三角创业投资企业	2008-1-7	—	021-53835999
常熟博瀚创业投资有限公司	2009-11-23	—	0512-52350818
常熟博融创业投资有限公司	2016-8-12	—	0512-52350818
常熟开晟股权投资基金有限公司	2012-7-16	www.11467.com/suzhou/co/350986.htm	—
常熟市国发创业投资有限公司	2010-11-25	—	0512-52896730
常熟市瑞特创业发展有限公司	2016-6-21	—	0512-52009598
常熟市中科东南创业投资有限公司	2010-2-8	—	0512-52839888
常熟苏虞海创创业投资合伙企业（有限合伙）	2018-4-25	—	—
东吴创业投资有限公司	2010-1	www.dwjq.com.cn	0512-62938012
国润创业投资（苏州）管理有限公司	2008-5	www.guorun.com	0512-62998661
江苏昌盛阜创业投资有限公司	2008-8-22	—	0512-69560209
江苏国投衡盈创业投资中心（有限合伙）	2010-11-22	—	021-62781088
江苏金茂低碳产业创业投资有限公司	2010-11-19	—	025-84730370

续表

公司名称	成立日期	网址	电话
江苏省苏高新风险投资股份有限公司	2000-3-31	www.sz-vc.com	0512-68240582
江苏盛泉创业投资有限公司	2007-6	www.vc-century.com	025-52346678
江苏通顺创业投资有限公司	2009-8-25	—	0512-69560209
江苏同兴财富投资管理有限公司	2008-5	—	0512-69560209
江苏信泉创业投资管理有限公司	2006-12-30	—	025-52346678
昆山红土创业投资管理有限公司	2012-8-8	—	0512-36607931
昆山红土高新创业投资有限公司	2012-7-13	—	0512-36607931
昆山银桥投资中心（有限合伙）	2016-11-24	—	—
人保（苏州）科技保险创业投资企业（有限合伙）	2016-10-9	—	—
苏州博彦嘉铭创业投资中心（有限合伙）	2016-5-25	—	—
苏州诚美真和管理咨询合伙企业（有限合伙）	2015-6-1	—	010-82518850
苏州诚美真华创业投资合伙企业（有限合伙）	2017-8-4	—	010-82518850
苏州丛蓉投资管理合伙企业（有限合伙）	2015-6-11	www.j-capital.cn	0512-62825556
苏州德睿亨风创业投资有限公司	2010-4-21	—	0512-66969662
苏州德晟亨风创业投资合伙企业（有限合伙）	2011-9-7	—	0512-66969662
苏州荻溪二号创业投资中心（有限合伙）	2015-1-5	—	—
苏州荻溪网络信息投资管理公司	2012-12-18	—	0521-88162157
苏州东方汇富创业投资企业（有限合伙）	2012-12-6	—	0512-65126847
苏州高创天使电子商务产业投资合伙企业（有限合伙）	2016-10-24	—	0512-66066050-8005
苏州高创天使二号投资合伙企业（有限合伙）	2016-10-21	—	0512-6606050-8005
苏州高创天使三号投资合伙企业（有限合伙）	2016-12-21	—	0512-66066050-8005
苏州高创天使一号投资合伙企业（有限合伙）	2015-11-9	—	0512-66066050-8005
苏州高锦创业投资有限公司	2009-3-27	—	0512-68240392
苏州高美云景创业投资合伙企业（有限合伙）	2018-5-25	—	0512-86660809
苏州高铨创业投资企业（有限合伙）	2011-11-10	—	0512-68240582

续表

公司名称	成立日期	网址	电话
苏州高投创业投资管理有限公司	2007-1	—	0512-68059097
苏州高新创业投资集团融联管理有限公司	2012-2-8	—	0512-68081106
苏州高新创业投资集团融享投资管理有限公司	2017-12-19	—	0512-68081156
苏州高新创业投资集团太湖金谷资本管理有限公司	2016-2-15	—	0512-68084575
苏州高新创业投资集团新麟管理有限公司	2008-12-4	—	0512-68762911
苏州高新创业投资集团有限公司	2008-7-30	www.sndvc.com	0512-68310566
苏州高新创业投资集团中小企业发展管理有限公司	2013-12-5	—	0512-66066050-8005
苏州高新创业投资集团中小企业天使投资有限公司	2015-9-9	—	0512-66066050-8005
苏州高新风投创业投资管理有限公司	2009-2-23	—	0512-68240582
苏州高新富德投资企业（有限合伙）	2015-4-22	—	0512-68313299
苏州高新国发创业投资有限公司	2009-5-22	—	0512-65126847
苏州高新明鑫创业投资管理有限公司	2010-12-29	www.sndvc.com	0512-68326120
苏州高新启源创业投资有限公司	2011-5	www.sndvc.com	0512-66066050-8005
苏州高新区创业科技投资管理有限公司	2003-3-3	—	0512-66066050-8005
苏州高新新联创业投资管理有限公司	2009-6-24	—	0512-68313528
苏州高新友利创业投资有限公司	2010-4-28	—	0512-68313528
苏州高远创业投资有限公司	2007-3	—	0512-68059097
苏州高钺创业投资管理有限公司	2011-2-16	—	0512-68240392
苏州工业园区辰融创业投资有限公司	2008-5-14	www.jsqr.com.cn	0512-62998837
苏州工业园区创业投资引导基金管理中心	2007-3-24	—	0512-67068000
苏州工业园区弘丰创业投资有限公司	2010-4	—	0512-69560209
苏州工业园区领军创业投资有限公司	2012-12-20	www.leadervc.com.cn	0512-67068258
苏州工业园区领军天使创业投资中心（有限合伙）	2015-10-8	—	0512-69560210

续表

公司名称	成立日期	网址	电话
苏州工业园区南凯创业投资有限公司	2011-3	—	0512-69560209
苏州工业园区启纳创业投资有限公司	2011-7	—	0512-69993000
苏州工业园区太浩成长二期创业投资合伙企业（有限合伙）	2016-1-22	—	0512-66329155
苏州工业园区元禾原点创业投资管理有限公司	2013-9-24	www.oriza.com.cn	0512-66969539
苏州工业园区原点正则壹号创业投资企业（有限合伙）	2013-11-19	—	0512-66969539
苏州工业园区原点种子创业投资企业（有限合伙）	2017-12-7	—	0512-66969539
苏州国发创新资本管理有限公司	2007-1-16	www.szvc.com.cn	0512-65165790
苏州国发创新资本投资有限公司	2007-1-12	—	0512-36607931
苏州国发创业投资控股有限公司	2008-5-8	www.sidvc.com	0512-65126370
苏州国发东方创业投资管理有限公司	2008-11-14	—	0512-65126847
苏州国发服务业创业投资企业（有限合伙）	2012-4-23	—	0512-65126847
苏州国发高铁文化创业投资管理有限公司	2013-8-19	—	—
苏州国发高铁文化创业投资中心（有限合伙）	2013-9-29	—	—
苏州国发高新创业投资管理有限公司	2008-12-17	—	0512-65126847
苏州国发股权投资基金管理有限公司	2012-11-21	—	0512-65126847
苏州国发恒富创业投资企业（有限合伙）	2011-6-2	—	0512-65126370
苏州国发宏富创业投资企业（有限合伙）	2011-4	—	0512-65126847
苏州国发建富创业投资企业（有限合伙）	2010-6-30	—	0512-65126847
苏州国发聚富创业投资有限公司	2010-3-25	—	0512-65126847
苏州国发黎曼创业投资有限公司	2010-5-19	—	0512-65126847
苏州国发融富创业投资管理企业（有限合伙）	2009-12-28	—	0512-65126847
苏州国发融富创业投资企业（有限合伙）	2010-1-20	—	0512-65126847
苏州国发天使创业投资企业（有限合伙）	2011-6	—	0512-65126847
苏州国发添富创业投资企业（有限合伙）	2012-5-9	—	0512-65126847
苏州国发文化产业创业投资企业（有限合伙）	2012-12-17	—	0512-65126847
苏州国发涌富创业投资企业（有限合伙）	2011-6	—	0512-65126847

续表

公司名称	成立日期	网址	电话
苏州国发源富创业投资企业（有限合伙）	2011-1	—	0512-65126847
苏州国发智富创业投资企业（有限合伙）	2011-3-21	—	0512-65126847
苏州国润创业投资发展有限公司	2008-7	www.guorunpe.com	0512-62998661
苏州国润瑞祺创业投资企业（有限合伙）	2011-7	www.guorunpe.com	0512-62998661
苏州昊君华兴创业投资合伙企业（有限合伙）	2018-9-19	www.hawkinsvc.com	18116013203
苏州红土大数据创业投资有限公司	2017-6-9	—	13776301770
苏州华创赢达创业投资基金企业（有限合伙）	2012-1-30	—	0512-63936960
苏州华研投资管理合伙企业（有限合伙）	2015-5-21	—	0512-87773355
苏州环秀湖创业投资中心（有限合伙）	2019-1-30	—	0512-65808802
苏州嘉睿万杉创业投资合伙企业（有限合伙）	2017-12-6	—	0512-66108880
苏州金茂新兴产业创业投资企业（有限合伙）	2011-6	www.jolmo.net	025-84730370
苏州境成高锦股权投资企业（有限合伙）	2017-12-15	—	0512-62840582
苏州君实协立创业投资有限公司	2014-1-6	—	025-86816827
苏州君玄创业投资中心（有限合伙）	2011-4-11	—	025-86816827
苏州科技城创业投资有限公司	2007-12-24	—	0512-66066050-8005
苏州坤融创业投资有限公司	2010-3-15	—	0512-62998837
苏州蓝贰创业投资有限公司	2010-1	—	0512-62993166
苏州蓝壹创业投资有限公司	2008-3	—	0512-62993166
苏州龙驹创联创业投资企业（有限合伙）	2017-2-9	—	0512-66108886
苏州龙驹东方投资管理企业（有限合伙）	2017-1-17	—	0512-66108886
苏州麦创投资管理有限公司	2016-10-9	—	0512-67316828
苏州麦创正信创业投资中心（有限合伙）	2018-1-1	—	0512-67316828
苏州孟溪创业投资中心（有限合伙）	2019-10-15	—	0512-65808802
苏州明鑫高投创业投资有限公司	2011-2-15	www.sndvc.com	0512-68313299
苏州农发创新资本管理有限公司	2011-3-4	—	0512-62990952
苏州勤芯创业投资合伙企业（有限合伙）	2018-12-24	—	—
苏州清策创业投资合伙企业（有限合伙）	2019-12-31	—	13812611009

续表

公司名称	成立日期	网址	电话
苏州清弘环创投资合伙企业（有限合伙）	2018-7-13	—	—
苏州清商成长创业投资企业（有限合伙）	2011-9	—	0512-68075806
苏州清研汽车产业创业投资企业（有限合伙）	2014-10-18	—	0512-63936960
苏州清研资本管理企业（有限合伙）	2014-3-7	—	0512-63936973
苏州清源华擎创业投资企业（有限合伙）	2017-5-19	—	0512-87773355
苏州融联创业投资企业（有限合伙）	2012-3-15	—	0512-68081156
苏州瑞华投资合伙企业（有限合伙）	2015-7-6	—	025-83172132
苏州瑞璟创业投资企业（有限合伙）	2010-11-17	—	0512-87659826
苏州瑞曼投资管理有限公司	2010-3-17	—	0512-87659826
苏州盛泉百涛创业投资管理有限公司	2010-12-15	—	025-52346678
苏州盛泉海成创业投资合伙企业（有限合伙）	2014-10-23	—	025-52346678
苏州盛泉万泽创业投资合伙企业（有限合伙）	2011-3-3	—	025-52346678
苏州市科技创新创业投资有限公司	1993-7	—	0512-69330075
苏州市历史文化名城发展集团创业投资有限公司	2014-3-24	—	18550117555
苏州市千苏创业投资合伙企业（有限合伙）	2018-1-15	—	021-63912568
苏州市吴中创业投资有限公司	2007-1-12	—	0512-65855866
苏州市相城创新产业创业投资中心（有限合伙）	2017-11-13	—	0512-65808802
苏州市相城创业投资有限责任公司	2008-7-4	—	0512-65808805
苏州市相城埭溪创业投资有限责任公司	2016-6-17	—	0512-65808802
苏州市相城高新创业投资有限责任公司	2009-3-12	—	0512-65808802
苏州市相城基金管理有限公司	2009-1-16	—	0512-65808802
苏州市相城蠡溪创业投资中心（有限合伙）	2018-11-8	—	0512-65808812
苏州市相城区澄悦创业投资有限责任公司	2018-12-13	—	0512-65808802
苏州市相城区湘溪创业投资有限公司	2018-7-24	—	0512-65808812
苏州水木清华资本管理有限公司	2012-8-29	—	0512-68075806
苏州顺融创业投资管理合伙企业（有限合伙）	2014-9-10	www.shunrongvc.com	0512-67902058

续表

公司名称	成立日期	网址	电话
苏州顺融进取创业投资合伙企业（有限合伙）	2016-11-12	—	0512-67902058
苏州顺融进取二期创业投资合伙企业（有限合伙）	2018-1-4	www.shunrongvc.com	0512-67902098
苏州顺融瑞腾创业投资合伙企业（有限合伙）	2015-6-10	www.shunrongvc.com	0512-67902058
苏州顺融天使二期创业投资合伙企业（有限合伙）	2014-11-19	www.shunrongvc.com	0512-67902058
苏州顺融天使三期创业投资合伙企业（有限合伙）	2015-10-16	www.shunrongvc.com	0512-67902058
苏州顺融天使四期创业投资合伙企业（有限合伙）	2019-5-23	www.shunrongvc.com	0512-67902098
苏州顺融投资管理有限公司	2015-3-20	www.shunrongvc.com	0512-67902098
苏州苏科创投资管理有限公司	2016-5-4	—	0512-66066938-8012
苏州苏商联合产业投资合伙企业（有限合伙）	2017-7-7	—	021-20329333
苏州太浩成长创业投资合伙企业（有限合伙）	2014-11-5	—	0512-66329155
苏州太浩创业投资管理合伙企业（普通合伙）	2014-6-6	—	0512-66329155
苏州蔚蓝投资管理有限公司	2008-3-7	—	0512-62993166
苏州吴中国发创业投资管理有限公司	2008-8-28	—	0512-65126847
苏州吴中国发创业投资有限公司	2008-8-28	—	0512-65126847
苏州吴中科技创业投资有限公司	2012-10-26	—	0512-65855866
苏州羲融创业投资有限公司	2010-2-1	—	0512-62998837
苏州香塘创业投资有限责任公司	2007-9-7	—	0512-53560126
苏州协立创业投资有限公司	2013-4-28	—	025-86816827
苏州协立宽禁带创业投资中心（有限合伙）	2017-9-17	—	025-86816827
苏州协立投资管理有限公司	2011-3	—	025-86816827
苏州新麟创业投资有限公司	2009-1-22	—	0512-68762977
苏州新麟二期创业投资企业（有限合伙）	2011-11	—	0512-68762911
苏州新麟三期创业投资企业（有限合伙）	2017-3-8	—	0512-68762911
苏州信慧成创业投资管理有限公司	2014-7-28	—	025-52346678

续表

公司名称	成立日期	网址	电话
苏州亿和创业投资有限公司	2009-12-29	—	0512-68436312
苏州亿文创新资本管理有限公司	2007-12-3	—	0512-68364700
苏州亿新熠合投资企业（有限合伙）	2012-9-28	—	0512-68436312
苏州毅达创新创业投资合伙企业（有限合伙）	2015-3-16	—	0512-68059097
苏州银基创业投资有限公司	2006-5-10	—	0512-67157278-806
苏州银基美林创业投资管理有限公司	2012-9-3	—	0512-36830117
苏州银基美林创业投资合伙企业（有限合伙）	2012-10-23	—	0512-67157278-806
苏州永溪创业投资中心（有限合伙）	2019-12-24	—	0512-65808802
苏州元禾控股股份有限公司	2007-9-11	www.oriza.com.cn	0512-66969999
苏州中和春生三号投资中心（有限合伙）	2016-8-22	—	0755-26776208
苏州钟鼎创业二号投资中心（有限合伙）	2011-12-2	www.easternbellvc.com	021-61652668
苏州钟鼎创业投资中心（有限合伙）	2010-1-14	www.easternbellvc.com	021-61652668
苏州钟鼎汇元创业投资管理中心（有限合伙）	2011-9-14	www.ebvc.com.cn	021-61652668
吴江东方创富创业投资企业（有限合伙）	2012-10-29	—	0512-65126847
吴江东方国发创业投资有限公司	2008-11-11	—	0512-65126847
吴江东方融富创业投资管理企业（有限合伙）	2012-10-12	—	0512-68126847
吴江东运创业投资有限公司	2008-6-24	www.dyvc.net	0512-63960218
吴江华业创业投资管理中心（有限合伙）	2011-12-21	—	0512-63936960
江苏风行天下创业投资有限公司	2017-8-8	—	0516-69090027
徐州淮海红土创业投资有限公司	2014-1-14	www.szvc.com.cn	0511-85988775
徐州开宏创业投资有限公司	2017-4-21	—	18251728988
徐州中金创业投资有限公司	2016-9-29	—	0516-89656788
常创（常州）创业投资合伙企业（有限合伙）	2013-9-3	www.jzvc.cn	0519-85220322
常创天使（常州）创业投资中心（有限合伙）	2014-3-4	www.jzvc.cn	0519-85220322
常州常金创业投资有限公司	2014-12-12	—	0519-82690301
常州常荣创业投资有限公司	2009-9-8	www.ndinvest.cn	0519-89816652

续表

公司名称	成立日期	网址	电话
常州常以创业投资管理有限公司	2009-12-31	—	0519-89629927
常州常以创业投资中心（有限合伙）	2010-1-12	—	0519-89629927
常州创业投资集团有限公司	2013-12-27	www.eccjt.com	0519-86680622
常州德丰杰清洁技术创业投资中心（有限合伙）	2009-12	www.dfjcompass.com	0519-89189161
常州德丰杰投资管理有限公司	2009-12	www.dfjcompass.com	0519-89189161
常州德丰杰正道创业投资中心（有限合伙）	2012-3	www.dfjcompass.com	0519-89189161
常州德丰杰正道投资管理有限公司	2012-2-20	www.dfjcompass.com	0519-89189161
常州东方产业引导创业投资有限责任公司	2016-4-1	—	0519-89863367
常州丰益投资管理中心（有限合伙）	2016-9-22	—	0519-85100926
常州沣时扬创业投资中心（有限合伙）	2017-11-7	www.xcap.com.cn	0519-89189161
常州蜂鸟创业投资合伙企业（有限合伙）	2012-6-21	—	13806116858
常州高睿创业投资管理有限公司	2007-9-24	—	0519-85150557
常州高投创业投资有限公司	2008-7-22	—	0519-85150557
常州高新创业投资有限公司	2012-1-18	—	0519-81235028
常州高新技术风险投资有限公司	2000-12-22	www.cz-vc.com	0519-85150557
常州高新区印刷电子产业基金创业投资有限公司	2013-9-5	—	0519-88850171
常州和嘉资本管理有限公司	2015-12-16	—	—
常州和泰股权投资有限公司	2001-10-29	—	0519-85176186
常州和裕创业投资有限公司	2011-4	—	0519-85176186
常州红土人才投资合伙企业（有限合伙）	2017-11-27	www.szvc.com.cn	0519-86318332
常州华软投资管理有限公司	2010-7-7	—	010-65538990
常州嘉和达创业投资中心（有限合伙）	2016-12-12	—	—
常州金陵华软创业投资合伙企业（有限合伙）	2010-8-5	—	010-65538990
常州金码创业投资管理合伙企业（有限合伙）	2011-11-30	www.jolmo.net	025-84730307
常州金茂经信创业投资管理企业（有限合伙）	2013-12-31	www.jolmo.net	025-84730307

续表

公司名称	成立日期	网址	电话
常州金茂新兴产业创业投资合伙企业（有限合伙）	2011-9	—	025-84730370
常州九洲创星创业投资合伙企业（有限合伙）	2018-1-3	www.jzvc.cn	0519-85220322
常州力合创业投资有限公司	2008-10-10	www.leaguercapital.com	0519-86220118
常州力合华富创业投资有限公司	2010-9-27	www.leaguercapital.com	0519-86220118
常州力合清源投资管理合伙企业（有限合伙）	2011-12-14	www.leaguercapital.com	0519-86220118
常州力合投资管理有限公司	2008-8	www.leaguercapital.com	0519-86220118
常州领创创业投资有限公司	2016-5-11	—	0519-86680622
常州牡丹江南创业投资有限责任公司	2010-3-15	—	0519-68866959
常州青枫云港投资中心（有限合伙）	2017-5-26	—	0519-86026862
常州青年创业投资中心（有限合伙）	2012-12-20	www.jzvc.cn	0519-85220322
常州青企联合创业投资合伙企业（有限合伙）	2013-1-5	www.jzvc.cn	0519-85220322
常州清源创新投资管理合伙企业（有限合伙）	2016-1-25	www.leaguercapital.com	0519-86220118
常州清源东方投资管理合伙企业（有限合伙）	2016-6-12	www.leaguercapital.com	0519-86220118
常州瑞烁创业投资合伙企业（有限合伙）	2017-6-15	—	—
常州睿泰捌号创业投资中心（有限合伙）	2018-2-27	—	0518-81081860
常州睿泰创业投资管理有限公司	2012-1-6	—	0519-81081860
常州睿泰创业投资中心（有限合伙）	2012-1-9	—	0519-81081861
常州睿泰贰号创业投资中心（有限合伙）	2017-7-20	—	0519-81081860
常州睿泰玖号创业投资中心（有限合伙）	2019-9-2	—	0519-81081860
常州睿泰陆号创业投资中心（有限合伙）	2017-11-20	—	0519-81081860
常州睿泰叁号创业投资中心（有限合伙）	2017-10-18	—	0519-81081860
常州赛富高新创业投资管理有限公司	2009-10-28	www.sbaif.com	0519-89603600
常州赛富高新创业投资中心（有限合伙）	2009-12	www.sbaif.com	0519-89603600
常州市久益股权投资中心（有限合伙）	2010-7-30	www.nd-invest.cn	0519-89816652

续表

公司名称	成立日期	网址	电话
常州天崑股权投资中心（有限合伙）	2016-10-19	—	0519-81081860
常州天融股权投资中心（有限合伙）	2016-6-30	—	—
常州武进红土创业投资有限公司	2008-8-19	www.szvc.com.cn	0519-86318332
常州武岳峰创业投资管理有限公司	2011-3-3	www.summitviewcapital.com	0519-86220218
常州武岳峰创业投资合伙企业（有限合伙）	2011-3-23	www.summitviewcapital.com	0519-86220218
常州新北区壹号纾困股权投资中心（有限合伙）	2019-9-24	—	—
常州信辉创业投资有限公司	2007-5-11	—	0519-88137096
常州悦石科泰思投资合伙企业（有限合伙）	2017-9-28	—	010-83020158
常州正赛联创业投资管理有限公司	2017-5-24	—	0519-69877777
常州正赛联创业投资合伙企业（有限合伙）	2017-6-6	—	0519-69877777
常州重道投资管理有限公司	2015-10-27	—	0519-81581151
江苏常州武商创业投资合伙企业（有限合伙）	2013-4-10	www.jzvc.cn	0519-85220322
江苏高晋创业投资有限公司	2008-6-12	—	0519-85150557
江苏津通创业投资有限公司	2007-6-25	www.jinton.com	0519-86220888
江苏九洲创业投资管理有限公司	2007-9-30	www.jzvc.cn	0519-85220322
江苏九洲投资集团创业投资有限公司	2007-9-19	www.jzvc.cn	0519-85220322
江苏万硕投资有限公司	2017-9-19	—	0519-85118388
江苏新材料产业创业投资企业（有限合伙）	2013-11-13	www.jolomo.net	025-84730370
江苏兴科创业投资有限公司	2007-8-20	www.jsxkct.com	0519-86302528
江苏中关村科技产业园创业投资有限公司	2016-4-26	—	0519-80996817
启赋安泰（常州）新材料产业基金合伙企业（有限合伙）	2017-3-3	—	010-83020158
江苏金炻创业投资有限公司	2012-5-25	—	0515-82342000
盐城中小企业创业投资实业有限公司	2007-12	—	0515-81369922
丹阳市高新技术创业投资有限公司	2010-12-31	—	0511-86873352

续表

公司名称	成立日期	网址	电话
江苏聚融创业投资有限公司	2011-11-16	—	0511-87899196
句容市高新创业投资有限公司	2014-10-10	—	0511-80789908
扬中市创新投资有限公司	2015-10-9	—	0511-88329629
镇江高科创业投资有限公司	2012-3-16	—	0511-85289990
镇江高投创业投资有限公司	2008-8	—	025-85529999
镇江高新创业投资有限公司	2010-6-11	—	0511-83179322
镇江国投创业投资有限公司	2011-10-19	—	0511-85606910
镇江红土创业投资有限公司	2011-4-22	www.szvc.com.cn	0511-85988775
镇江京口高新技术创业服务中心	2006-9	—	0511-88781306
镇江君鼎协立创业投资有限公司	2013-2-4	—	025-86816827
镇江君舜协立创业投资中心（有限合伙）	2016-9-8	—	025-86816827
镇江康成亨创业投资合伙企业（有限合伙）	2013-8-12	—	13912286858
镇江力合天使创业投资企业（有限合伙）	2012-12-13	—	0511-88884035
镇江领军人才创新创业股权投资有限公司	2016-10-20	—	0511-85601080
镇江朴卓瑞诚投资中心（有限合伙）	2015-7-22	—	021-61259523
镇江乾鹏创业投资基金企业（有限合伙）	2012-11-20	—	0511-80896166
镇江亿致能源科技孵化器有限公司	2010-10-18	—	0511-85986133
镇江银河创业投资有限公司	2012-6-11	—	010-66568022
镇江中科金山创业投资企业（有限合伙）	2011-8-24	www.csm-inv.com	0510-82739911
江苏华全创业投资有限公司	2013-1-5	—	13961076917
江苏智光创业投资有限公司	2015-4-22	—	0523-87320009
泰州华诚高新技术投资发展有限公司	2005-12-21	www.tzibi.com	0523-86196006
泰州华健创业投资有限公司	2007-6-8	—	0523-86200562
江苏高鼎科技创业投资有限公司	2007-8-31	www.js-vc.com	025-85529819
扬州长晟安众创业投资基金合伙企业	2017-3-6	—	0514-87186568
扬州长晟创业投资基金合伙企业	2014-12-3	—	0514-87188338
扬州长晟创业投资有限公司	2014-11-25	—	0514-87188338
扬州富海扬帆互联网文化投资中心（有限合伙）	2015-8-14	www.ofcapital.com	021-63099906

续表

公司名称	成立日期	网址	电话
扬州海圣创业投资中心	2012-7-9	—	0514-87991537
扬州邗江高新创业投资有限公司	2011-8-5	—	0514-87770527
扬州经信新兴产业创业投资中心（有限合伙）	2013-1	www.jolmo.net	025-84730370
扬州平衡宜创创业投资基金中心（有限合伙）	2014-12-22	—	025-51889752
扬州平衡资本管理中心（有限合伙）	2014-11-25	—	025-51889752
扬州市创业投资有限公司	2007-5-21	www.jrjt.yangzhou.gov.cn	0514-80789370
扬州市富海永成股权投资合伙企业（有限合伙）	2014-9-22	—	021-63099906
扬州市金创京杭创业投资基金中心（有限合伙）	2017-3-2	—	0514-80789370
扬州市金创邮城创业投资基金中心	2017-6-29	—	0514-80789370
扬州英飞尼迪创业投资管理有限公司	2010-11-8	—	18151067200
扬州英飞尼迪创业投资中心（有限合伙）	2010-11-26	—	18151067200
扬州运河之帆投资基金中心（有限合伙）	2018-1-26	—	0514-80785691
海安峰融创业投资有限公司	2014-12-18	—	0513-88760065
海安峰融投资管理有限公司	2014-10-15	—	0513-88760065
海安富阳创业投资有限公司	2016-12-14	—	0513-88826567
海安海高创业投资有限公司	2016-3-28	—	15370608008
海安海开创业投资有限公司	2016-3-28	—	13901478210
海安晗泰创业投资有限公司	2016-6-29	—	0513-88651230
海安华强创业投资有限公司	2016-9-28	—	0513-88966279
海安嘉和投资有限公司	2016-7-13	—	—
海安建新创业投资有限公司	2016-9-18	—	0513-88783109
海安开泰创业投资有限公司	2016-3-28	—	—
海安蓝天创业投资有限公司	2016-11-15	—	0513-88869893
海安青蓝创业投资有限公司	2015-3-26	—	—
海安双惠创业投资有限公司	2015-3-25	—	0513-88765003
海安泰港创业投资有限公司	2015-6-24	—	0513-88260071

续表

公司名称	成立日期	网址	电话
海安向嵘投资合伙企业（有限合伙）	2019-3-15	—	0513-88773296
红岭控股有限公司	2017-1-17	www.hlholdings.com	0513-55883969
江苏恒凯投资有限公司	2013-10-24	—	—
江苏红黄蓝创业投资有限公司	2014-2-19	—	0513-88869893
江苏南通沿海创业投资基金（有限合伙）	2016-11-8	—	—
江苏如东高新创业投资有限公司	2014-5-5	—	0513-88158079
江苏省高科技产业投资股份有限公司	1997-4-8	www.jsvc.com.cn	0513-86639999
明石创业投资江苏有限公司	2015-1-13	—	0513-88478979
南通邦融二期股权投资基金中心（有限合伙）	2017-11-24	—	0513-88760065
南通创源投资有限公司	2012-2-27	—	0513-86267318
南通国泰创业投资有限公司	2006-10-20	www.ntgtvc.com	0513-85288204
南通恒富创业投资合伙企业（有限合伙）	2013-12-16	—	0513-86126130
南通红土伟达创业投资管理有限公司	2014-4-21	www.szvc.com.cn	0513-83562508
南通红土伟达创业投资有限公司	2014-4-21	www.szvc.com.cn	0513-83562508
南通金源汇富创业投资合伙企业（有限合伙）	2015-4-7	—	025-86816827
南通科创创业投资管理有限公司	2013-4-23	—	0513-85728710
南通科技创业投资有限公司	2011-4-22	—	0513-55005137
南通蓝海投资有限公司	2010-11-11	—	0513-86639999
南通平衡创业投资基金中心（有限合伙）	2015-6-11	—	025-51889763
南通松禾创业投资合伙企业（有限合伙）	2009-1	—	0513-55005135
南通松禾资本管理有限公司	2009-1-5	—	0513-55005135
启东天择产业投资合伙企业（有限合伙）	2018-11-22	—	0755-25117348
江苏昊海投资发展集团有限公司	2012-11-26	www.hhco.cc	0518-80538626
江苏新顶旭科技创业投资有限公司	2010-4-27	—	0518-85882962
江苏振海投资发展有限公司	2007-5-18	—	0518-85917545
连云港金海创业投资有限公司	2006-7-19	www.lygjhvc.com	0518-85523512
连云港市润财创业投资发展有限公司	2010-10-22	—	0518-85523092
淮安市淮上英才创业投资有限公司	2014-7-17	—	0517-83660936

续表

公司名称	成立日期	网址	电话
淮安市金控创业投资有限公司	2016-10-19	www.hajrkg.cn	0517-83509316
宿迁国发创业投资企业（有限合伙）	2011-7-22	—	0527-87031252
宿迁科技创业投资有限公司	2012-3-23	—	0527-81686005
宿迁市开创创业投资有限公司	2010-9-7	—	0527-88859883
DCM 投资管理咨询（北京）有限公司	2007-11-29	www.dcm.com	—
爱康创业投资有限公司	2008-4-3	www.aikanggroup.com	—
奥仁治创业投资管理（北京）有限公司	2008-9-26	—	010-82175141
北极光投资顾问（北京）有限公司	2005-12-15	www.nlvc.com	010-5769-6500
北京阿普瑞投资咨询有限公司	2008-1-10	www.upring.cn	010-82969319
北京安芙兰创业投资有限公司	2009-6-11	www.vcpe.hk	0532-88018557
北京奥瑞吉创业投资有限公司	2007-12-11	—	—
北京百度投资管理有限公司	2016-3-18	www.bv.ai/zh	010-65615996
北京宝盈银通创业投资有限公司	2009-11-2	—	—
北京北方华城创业投资有限公司	2010-12-24	—	—
北京铂运发投资基金管理有限公司	2010-4-15	—	010-82525058
北京博思辰光资产管理有限公司	2010-12-16	—	—
北京博星投资管理有限公司	2006-5-19	www.bestar.com.cn	010-58561111
北京仓源投资基金管理有限公司	2010-9-8	www.cycap.com.cn	010-84370081
北京长运兴安投资有限责任公司	2004-4-14	—	—
北京晨晖创新投资管理有限公司	2015-2-27	www.aurora-pe.com	—
北京初者之心投资管理有限公司	2015-4-22	www.chuxincapital.com	—
北京创动投资咨询有限公司	2011-3-24	—	—
北京创时信和创业投资有限公司	2009-12-8	—	—
北京春晓汇商股权投资管理有限公司	2015-5-5	www.chunxiao.cn	010-5951-9900
北京达德厚鑫投资管理有限公司	2013-11-28	—	—
北京德联运通投资管理有限公司	2008-2-20	www.bjdeliancap.com	—

续表

公司名称	成立日期	网址	电话
北京鼎典泰富投资管理有限公司	2011-11-8	—	010-84464688
北京鼎峰新材料创业投资合伙企业（有限合伙）	2019-10-23	—	13520998155
北京鼎晖时代创业投资有限公司	2007-10-11	—	—
北京鼎金翔辉创业投资有限责任公司	2010-6-29	www.dinkincapital.com	010-85679486
北京鼎元合创投资有限公司	2010-7-27	www.genesis-vc.com	010-83528966
北京芳晟投资管理中心（有限合伙）	2011-4-21	www.fangfund.com	010-65025588
北京丰泽久源创业投资有限责任公司	2002-7-2	—	—
北京风云际会投资管理有限公司	2015-11-20	www.fengyun.vc	010-84372755
北京高榕资本管理咨询有限公司	2014-3-3	www.gaorongvc.com	010-84442729
北京高特佳资产管理有限公司	2007-11-6	www.szgig.com	010-58156018
北京高新技术创业投资有限公司	1998-10-27	www.bhti.com.cn	010-62140588
北京工顺投资管理有限公司	2010-7-9	—	—
北京工研科技孵化器有限公司	2010-7-22	—	—
北京海富创业投资有限公司	2006-7-31	—	—
北京海纳百泉投资基金管理有限公司	2015-6-15	—	—
北京海洋基石创业投资管理有限公司	2011-9-22	www.stonevc.com	—
北京海豫祺创业投资管理有限公司	2012-2-22	www.haiyuqi.com	—
北京合一科文投资管理有限公司	2013-5-6	—	—
北京和光嘉诚投资管理有限公司	2011-9-21	—	—
北京荷塘国际健康创业投资管理有限公司	2017-10-18	—	010-62776611
北京恒资时代创业投资股份有限公司	2011-2-11	www.bjhzsd.com	010-83488782
北京红日创业投资股份有限公司	2009-12-8	—	010-85182588
北京厚生投资管理中心（有限合伙）	2010-3-18	www.hosencapital.com	010-58287188
北京华夏天信白鲸创业投资有限公司	2010-2-23	—	—
北京华信金石创业投资有限公司	2008-1-23	—	010-65511474

续表

公司名称	成立日期	网址	电话
北京汇江华盛创业投资有限公司	2010-2-8	—	—
北京加华伟业资本管理有限公司	2007-4-20	www.scharvestcap.com	010-59897660
北京嘉木英实创业投资管理中心（有限合伙）	2012-5-2	—	—
北京金科君创投资管理有限公司	2014-1-27	www.jkjccapital.com	010-64852921
北京金沙江创业投资管理有限公司	2006-3-30	www.gsrcapital.com	010-3317300
北京九合锐致投资合伙企业（有限合伙）	2018-12-21	—	010-52905493
北京开物投资管理有限公司	2011-5-16	www.kaiwucapital.com	010-34240557
北京蓝血科技投资有限公司	1999-8-5	—	—
北京朗玛峰创业投资管理有限公司	2010-7-19	www.lmfvc.com	010-52486519
北京力帆科技创业投资有限公司	2001-4-16	—	—
北京联想之星创业投资有限公司	2009-12-1	www.legendstar.com.cn	010-8298-2599
北京普思投资有限公司	2009-12-4	www.pusicapital.com	010-65818630
北京启赋投资咨询中心（有限合伙）	2013-10-21	—	010-82826963
北京青年创业投资有限公司	2000-4-29	—	010-88116668
北京青山同创投资有限公司	2011-11-18	www.hwazing.com	010-8591-0317
北京青云创业投资管理有限公司	2001-7-13	www.tsingcapital.com	010-56815700
北京清科创业投资管理中心（有限合伙）	2009-6-16	—	—
北京清石华山资本投资咨询有限公司	2010-1-25	www.westsummitcap.com	010-59797669
北京清源德峰投资管理有限公司	2000-4-29	—	—
北京融溢投资管理有限公司	2015-4-2	—	010-83278767
北京瑞鑫安泰创业投资中心（有限合伙）	2008-2-2	—	—
北京睿铂极因投资管理中心（有限合伙）	2014-10-21	www.genecapital.cn	—
北京三行资本管理有限责任公司	2015-3-20	www.triniticapital.com	010-6506-8290

续表

公司名称	成立日期	网址	电话
北京神都天骄投资管理有限公司	2009-9-9	www.stutendril.com	010-68131313
北京圣德创业投资有限公司	2000-10-9	www.sdziben.com	—
北京盛邦惠民创业投资有限责任公司	2009-5-25	www.shbhm.com	010-62151203
北京盛达瑞丰投资管理有限公司	2007-7-24	—	—
北京盛信开元投资管理有限公司	2011-9-23	—	—
北京施拉特创业投资管理有限公司	2014-1-3	—	—
北京市久盛立德创业投资管理中心（有限合伙）	2011-3-29	—	—
北京市元亨盈盛创业投资管理中心（有限合伙）	2011-3-29	—	—
北京首都科技发展集团投资管理有限公司	2014-12-8	www.bstig.cn	010-64841342
北京首业君立投资管理有限公司	2012-6-26	www.leadingcap.net	—
北京水木国鼎投资管理有限公司	2012-7-20	www.shuimu-vc.com	—
北京顺为创业投资有限公司	2011-5-17	www.shunwei.com	010-85315100
北京汤荣颐合风险投资有限公司	2006-6-20	—	—
北京腾业创业投资管理有限公司	2013-12-24	www.tengye-vc.com	—
北京天峰汇泉投资管理有限公司	2013-9-5	—	010-68945095-8008
北京天善资本投资管理有限公司	2015-6-16	www.skyviewfund.com	010-61190002
北京天星四海投资管理有限公司	2015-6-4	—	—
北京通盈盛世投资基金管理有限公司	2007-4-11	—	—
北京同方以衡资产管理有限公司	2013-10-18	—	—
北京拓世诺金投资有限公司	2009-4-16	—	—
北京万丰创新投资有限公司	2009-8-3	—	010-85296783
北京微梦创科创业投资管理有限公司	2014-4-9	—	—
北京沃衍资本管理中心（有限合伙）	2011-3-1	www.richlandcap.com	010-85184365
北京五岳天下投资咨询有限公司	2012-11-19	www.n5capital.com	010-64457337

续表

公司名称	成立日期	网址	电话
北京险峰长青投资咨询有限公司	2014-4-4	www.k2vc.com	—
北京协同创新黑马投资管理有限公司	2018-6-25	www.heimajijin.com	—
北京协同创新投资管理有限公司	2015-6	www.bici.org	010-60976530
北京新鼎荣盛资本管理有限公司	2015-5-8	www.xindingcapital.com	—
北京新光创业投资有限公司	2001-6-29	—	—
北京信中利投资股份有限公司	1999-5-17	www.chinaequity.net	010-85550508
北京雅惠资产管理有限公司	2015-11-10	—	010-85906188
北京亦庄国际投资发展有限公司	2009-2-6	www.etowncapital.com	—
北京亦庄普丰国际创业投资管理有限公司	2009-8-17	—	010-67877699
北京银富投资有限公司	2006-3-1	www.yinfutz.com	010-68413553
北京银河吉星创业投资有限责任公司	2010-8-27	—	010-66568890
北京引航创业投资有限公司	2007-11-8	www.pilotcapital.com	—
北京英诺创易佳科技创业投资中心（有限合伙）	2019-9-4	www.innoangel.com	010-82449487
北京盈科创业投资管理有限公司	2007-1-24	—	—
北京用友幸福投资管理有限公司	2010-5-12	www.ufcap.com	010-62436279
北京元航投资管理有限公司	2015-7-27	www.essentialscapital.com	—
北京源码资本投资有限公司	2014-4-3	www.sourcecodecap.com	010-69943483
北京远望创业投资有限公司	2001-9-27	—	—
北京浙控金诚资产管理有限公司	2012-7-6	—	010-51690535
北京正义合盈创业投资管理中心（有限合伙）	2008-3-3	—	010-51338935
北京执一资本投资管理有限公司	2015-10-12	www.zhiyivc.com	—
北京致诚联合创业投资有限责任公司	2003-5-14	—	—
北京中富投资集团有限公司	2010-12-16	www.zfinvest.com	010-59799661

续表

公司名称	成立日期	网址	电话
北京中技天博创业投资有限公司	2010-4-8	www.tbroadcapital.com	—
北京中经瑞益投资管理有限公司	2000-8-7	www.real-capital.cn	010-85910206
北京中科创星创业投资管理合伙企业（有限合伙）	2017-8-11	www.casstar.com.cn	010-62418390
北京中科图灵基金管理有限公司	2017-5-15	—	010-57031366
北京中通和达创业投资管理有限公司	2008-2-3	—	—
北京中投新华投资管理有限公司	2014-11-14	—	—
北京众海投资管理有限公司	2014-8-7	www.zandh.cn	—
北京子平创业投资有限公司	2001-12-26	—	—
晨山（北京）投资管理有限公司	2016-3-4	www.chenshancapital.com	010-65001116
德同（北京）投资管理股份有限公司	2009-7-21	www.dtcap.com	—
鼎晖华泰投资管理（北京）有限公司	2010-3-11	—	—
方正和生投资有限责任公司	2010-8-5	www.founderhf.com	010-66054842
丰厚投资管理（北京）有限公司	2012-11-26	www.fhcapital.cn	010-89508968
富程（北京）投资基金管理有限公司	2012-2-28	www.foch-fund.com	010-59196207
高能天汇创业投资有限公司	2007-1-29	www.powercapital.cn	010-52185240
光大三山创业投资管理有限公司	2007-12-14	www.everbright165.com	010-68947976
国科嘉和（北京）投资管理有限公司	2011-8-24	www.cashcapital.cn	010-59786889
国投创业投资管理有限公司	2016-1-12	www.sdicvc.com	—
国投高科技投资有限公司	1996-9-12	—	010-66579531
海风联投资顾问（北京）有限责任公司	2007-9-6	www.hflcapital.com	010-59733417
杭州天使湾投资管理股份有限公司	2010-9-28	www.tisiwi.com	0571-28237185
航发基金管理有限公司	2018-4-26	—	010-50868898
航天产业投资基金管理（北京）有限公司	2009-12-24	—	010-66251919
和谐爱奇投资管理（北京）有限公司	2009-1-7	—	—

续表

公司名称	成立日期	网址	电话
核建产业基金管理有限公司	2016-11-18	—	010-56717970
荷塘创业投资管理（北京）有限公司	2001-3-30	www.tsinghua-vc.com	010-62776611
红杉资本顾问咨询（北京）有限公司	2007-10-22	www.sequoiacap.com	—
红土嘉智投资管理顾问（北京）有限公司	2009-4-2	—	—
洪范基金管理有限公司	2009-2-24	—	010-59051120
洪泰资本	2014-10-24	www.apluscap.com	010-65000261
华盖医疗投资管理（北京）有限公司	2013-12-19	www.huagaicapital.com	010-64001990
华软投资（北京）有限公司	2008-3-13	www.chinasoftcapital.com	010-82525455-8014
华夏信诺创业投资管理（北京）有限公司	2006-9-12	—	—
华夏幸福创业投资有限公司	2010-11-26	—	—
汇力（北京）投资基金管理有限公司	2009-4-27	www.huilifund.com	010-57611888
惠银东方（北京）投资管理有限公司	2010-8-24	www.sinoibg.com	010-85615593
吉视传媒创业投资有限公司	2012-10-25	—	—
经纬创投（北京）投资管理顾问有限公司	2008-3-17	www.matrixpartners.com.cn	010-65000088
九合摩宝投资管理（北京）有限公司	2011-5-12	www.unityvc.com	—
九州华伟创业投资有限公司	2010-5-10	www.chinagreat.cn	—
君联资本管理股份有限公司	2003-11-19	www.legendcapital.com.cn	010-89139000
凯旋通（北京）投资顾问有限公司	2008-10-20	www.keytonevc.com	—
理工创动（北京）投资管理有限公司	2016-11-3	—	010-68730850-8004
联创策源投资咨询（北京）有限公司	2005-6-14	www.ceyuan.com	010-84028800
联想创投集团	2016-3-21	www.capital.lenovo.com	—
联想创新（北京）投资管理有限公司	2018-10-26	—	010-5886-8888

续表

公司名称	成立日期	网址	电话
领航蓝海投资咨询（北京）有限公司	2008-10-29	www.navicapital.com.cn	—
盘古创富（北京）创业投资管理有限公司	2009-3-3	www.vangoocapital.com	010-85351850
启迪之星（北京）投资管理有限公司	2014-8-22	www.tusstar.com	010-62785888
清控银杏创业投资管理（北京）有限公司	2015-7-10	www.th-vc.com	—
清流（北京）投资咨询有限公司	2012-12-3	www.crystalstreamcap.cn	—
仁和金砂（北京）投资基金管理有限公司	2011-2-24	www.cpembj.com	010-58673308
赛伯乐投资集团有限公司	2007-9-11	www.cybernaut.com.cn	—
上海峰上投资管理有限公司	2015-9-23	www.fengshion.com	—
深圳市前海大米成长资产管理有限公司	2014-10-31	www.damivc.com	—
深圳市前海青松创业投资基金管理企业（有限合伙）	2013-12-13	www.qingsongfund.com	0755-33326333-8696
苏州风物资产管理有限公司	2016-12-7	—	—
通用技术创业投资有限公司	2012-3-19	www.gtimvc.com.cn	—
同冀华成创业投资（北京）有限公司	2010-10-27	—	—
维多利安创业投资管理有限公司	2012-4-27	—	—
梧桐投资有限公司	2011-6-16	www.sycaventures.com	—
银港创业投资有限责任公司	2009-11-17	—	—
优点（北京）投资管理咨询有限公司	2008-1-17	—	—
浙商万嘉（北京）创业投资管理有限公司	2010-12-22	www.entworks.com.cn	—
执一（北京）投资管理有限公司	2013-8-27	www.zhiyivc.com	010-84442268
中国风险投资有限公司	1987-4-24	www.c-vc.com.cn	010-64685180
中国科技产业投资管理有限公司	1987-10-17	www.casim.cn	010-82607629
中科智能（北京）投资中心（有限合伙）	2016-4-29	—	010-84244188
中天利达风险投资有限公司	2001-11-15	—	010-65260663
中希农创业投资有限公司	2013-12-10	—	—

续表

公司名称	成立日期	网址	电话
中信建投资本管理有限公司	2009-7-31	www.ccmc.csc108.com	—
中英低碳创业投资有限公司	2010-3-3	—	—
德阳市天使人才股权投资基金合伙企业（有限合伙）	2019-6-20	—	0838-6150976
德阳阳光天使投资有限公司	2015-7-30	—	0838-6150976
德阳盈创阳光天使创业投资管理有限公司	2015-9-14	—	0838-6150976
广安小平故里发展基金管理有限公司	2015-12-7	www.gajcjt.com	0826-2563397